Hans-Peter Pracht

Blutige Eifel

Historische Kriminalfälle aus unserer Region
vom 18. bis zum 20. Jahrhundert

ELV

Hans-Peter Pracht

BLUTIGE EIFEL

Historische Kriminalfälle aus unserer Region vom 18. bis zum 20. Jahrhundert

ELV

Eifeler Literaturverlag 2022

Impressum

1. Auflage 2022

Printed in Germany

Eifeler Literaturverlag
Verlagsgruppe Mainz
Süsterfeldstraße 83
52072 Aachen
www.eifeler-literaturverlag.de

Gestaltung, Druck und Vertrieb:
Druck & Verlagshaus Mainz
Süsterfeldstraße 83
52072 Aachen
www.verlag-mainz.de

Umschlaggestaltung:
Dietrich Betcher

Abbildungsnachweis:
https://www.freepik.com/free-photo/man-walking-misty-woods_13461966.htm

ISBN-10: 3-96123-042-0
ISBN-13: 978-3-96123-042-6

INHALT

EINFÜHRUNG

Das Verbrechen als unmenschliches Vorgehen gegen Leib, Leben und Sachen stellte schon immer den Spiegel des gesellschaftlichen Umfelds und der geistig-moralischen Einstellung bestimmter Menschen dar. Dabei kristallisierten sich stets andersdenkende und unterschiedlich empfindende Zeitgenossen deutlich heraus, indem sie in ihrer eigenbestimmten Art das friedliche Zusammenleben und Nebeneinander in der Gemeinschaft durchbrachen. Die Motivation lag darin, sich persönliche Vorteile zu verschaffen oder andere, bereits zuvor begangene Straftaten zu verdecken. Auch Rache an Menschen zu nehmen, die nicht den eigenen Vorstellungen entsprachen oder dem Täter nicht in seinem Sinne nachgekommen waren, sind Gründe für körperliche Übergriffe. Verzweiflung und Ausweglosigkeit waren nicht selten Ursachen für Handlungen, von denen niemand betroffen werden wollte und die nicht immer nur Ausnahmen blieben.

Das vorliegende Werk beschreibt außergewöhnliche Tötungsdelikte in der Eifel, grenzübergreifend nach Belgien hinein, begangen vom 18. bis zum 20. Jahrhundert, einer Zeit, in der Leben und körperliche Unversehrtheit anderer Menschen der Habgier und persönlichen Bereicherung bestimmter Einzelpersonen und Gruppen untergeordnet scheinen und offensichtlich einen niederen Stellenwert erfuhren.

Bei der Durchführung von Gewalttaten wider das Leben gab es unterschiedlichste Motive. Auch variiert die Anzahl der daran beteiligten Täter.

Auffallen wird bei der Beschreibung einiger Fälle, dass es zu sogenannten »Übertötungen« kam. Das bedeutet, dass rohe körperliche Gewalt über das eigentliche Maß einer Tötungsabsicht und Tötungsvollendung hinausging, ein Begriff aus der heutigen Kriminalistik, der zwei Gründe für derartiges Verhalten vorsieht. Einerseits konnte sich ein Täter in einem unkontrollierbaren Blutrausch befinden, vielfach noch von Mittätern angefeuert und von zuvor ausgiebigem Alkoholkonsum gesteuert. Er konnte von seinem Opfer nicht ablassen, obwohl er selbst nicht mehr realisierte, wie er da eigentlich handelte. Andererseits konnte es auch gezielte Absicht gewesen sein, sozusagen auf »Nummer sicher« zu gehen, dass später die Opfer ihre Täter nicht mehr beschreiben und gegen sie aussagen konnten. Es deutete vieles bereits im Vorfeld darauf hin, dass Täter ohne Gesichtsmasken bei ihrer Tatausführung schon mit dem Vorsatz erschienen, ihre Opfer ohnehin zu töten und unschädlich zu machen, ganz gleich, wie sich der Überfall und das Ergebnis der Beute gestalten würden.

Es waren Einzeltäter bekannt, die ihre Taten genau planten, aber auch solche, die spontan zum Verbrecher wurden. Das zeigt sich zum Beispiel im Mordfall von Großlangenfeld im Jahr 1929. Ein Mann war im Bereich Bleialf in der Schneifel zu Fuß unterwegs, angeblich auf der Suche nach seiner eigenen Frau, die ihn verlassen hatte. Auf einem abgelegenen Hof traf er dann auf eine Frau, die ihn in ihrem Haus sogar noch mit Brot und Kaffee versorgte. Noch nichts deutete zu diesem Zeitpunkt auf eine Gewalttat hin. Nach Verlassen des Anwesens besann sich der Mann mit einem Male anders, kehrte zurück und übte spontan und ohne lange Vorplanung ein grausames Verbrechen aus.

Ein Einzeltäter anderer Kategorie trieb Anfang des 20. Jahrhunderts sein Unwesen im Bereich von Boos in der Nähe von Kelberg. Seine Sozialprognose erwies sich bereits von frühester Kindheit als nicht vielversprechend. Sein Erzeuger hatte gleich nach der Geburt das Weite gesucht, die Mutter verfügte über keinen festen Wohnsitz, in der Regel eine wichtige Voraussetzung für die Erziehung eines Kindes. Sie war also nicht sesshaft, hielt sich mal hier, mal da auf. Immer wieder traten andere Menschen in ihr Leben. Das Kind lebte ohne positive soziale Perspektiven, Verlässlichkeit, Halt, Gewöhnung an über längere Zeit anwesende Personen und Liebe blieben auf der Strecke, wurden ihm nicht zuteil. Als er später zu allem Überfluss bei einem Unglücksfall auch noch einen Unterarm verlor, war seine Zukunft besiegelt. Es gelang ihm nicht mehr, Fuß zu fassen, wurde von der Gesellschaft ausgestoßen, verrohte schnell durch die Ablehnung der Menschen, die ihm begegneten. Er schlug sich notgedrungen mit Wilderei durch, hielt sich überwiegend versteckt in den dichten Wäldern auf und war zudem zu allem bereit, nur um sich selbst vor der Gesellschaft zu schützen, der er nicht mehr angehörte. Es kam sogar so weit, dass eigentlich ihm noch vertraute Personen ihr Leben lassen mussten, weil sich sein Misstrauen in unbedingten Selbstschutz steigerte. Er betrachtete schließlich alle Menschen als Verräter und befürchtete, von ihnen an die Behörden ausgeliefert zu werden.

Manche unredlichen Zeitgenossen fühlten sich aber stärker und vielleicht auch mutiger, wenn sie Mittäter an ihrer Seite hatten, vorstellbar auch als Selbstschutz, wenn sie bei Entdeckung oder Festnahme die Schuld auf andere schieben konnten. Mit drei Mann – eher eine kleine Gruppe und noch nicht als eigentliche Bande zu betrachten – wurde im Jahr 1928 zur Nachtzeit lediglich ein Überfall auf einen reichen, alten Mann in Waldesch bei Mayen geplant. Allerdings führten unvorhersehbare Umstände und missverständliche, unkoordinierte Verfahrensweisen bei der Tatausübung schließlich zum Tod des Opfers. Der vielzitierte Kommissar Zufall brachte zwei Jahre später die Klärung des Falls, nachdem die Ermittlungen ins Stocken geraten waren. Zeugen zur Tatzeit waren nicht verfügbar. Das spätere Gerichtsverfahren gestaltete sich dann schwierig, weil es durch gegenseitige Schuldzuweisungen der Beteiligten geprägt war.

Allzu oft fielen unschuldige und rechtschaffene Menschen, die nur auf redliche Art ihren Lebensunterhalt verdienen und mit der Familie in Frieden leben wollten, Verbrechen zum Opfer.

Johann Greber war bekannt als ein korrekter Bahnarbeiter, der sich selbst in den schlechten Zeiten nach dem Ersten Weltkrieg nicht zu zweifelhaften Geschäften hinreißen ließ, obwohl die Versuchung stets groß war. Die Wälder im deutsch-belgischen Grenzgebiet galten damals als unsicher, besonders nachts. Es wimmelte dort von Schmugglern und anderen zwielichtigen Gestalten, die bestrebt waren, den ersteren wiederum die Waren abzunehmen. Täglich musste der Bahnarbeiter dieses zweifelhafte Gebiet passieren, um von Hauset nach Aachen-Ronheide zu seinem Arbeitsplatz und zurück zu gelangen. Es war nur eine Frage der Zeit, bis durch einen heimtückischen Raubüberfall mit Waffengewalt in diesem Bereich das Leben des Neununddreißigjährigen beendet wurde. Das Verstecken des Lohnes in seinen Socken war offenbar ein allseits bekanntes und angewandtes Versteck und hatte ihm nichts genutzt.

Verzweiflung über den viele Jahre unverändert negativen Verlauf des Lebens und vermeintliche Ausweglosigkeit führten zu sinnlosen Taten, die sich in ihrer Grausamkeit steigerten. Anlass waren da unabwendbare Schicksalsschläge, aufgestaute Schulden, nicht zu bewältigende Krankheit und vor allem die Befürchtungen, bei den anderen Dorfbewohnern ins Gerede zu kommen. Diese Ansammlung negativer, unüberwindbarer Fakten veranlasste einen Familienvater in Waldesch bei Mayen im Jahr 1937 zum Schlimmsten. Zunächst hatte er in seiner Verzweiflung die Absicht, sich das Leben zu nehmen, um den Gegebenheiten zu entfliehen. Aber offenbar private Missverständnisse führten schließlich zur Auslöschung einer ganzen Familie.

Einsam gelegene Gehöfte, Mühlen und andere Anwesen waren besonders beliebte Ziele von Räuberbanden. Hier stand im Vordergrund, dass die Möglichkeit einer schnellen Hilfe für die Betroffenen nach einem Überfall kaum bestand. Die einsame Lage und die schlechte oder kaum bestehende Infrastruktur standen dem entgegen. Der Rückzug vom Tatort bedurfte keiner großen Eile. Dichte Wälder, unzählige Höhlen, verlassenes Gemäuer oder Burgruinen und alte Herrschaftssitze waren beliebte Aufenthaltsorte von Banden, in denen sie nach den Taten ihre Beute ungestört und in Ruhe aufteilen konnten. Dort fühlten sich die Verbrecher sicher, da sich in den unruhigen Zeiten ohnehin niemand dorthin wagte.

Im Jahr 1800 war das einsam gelegene Wirtshaus Düttling bei Hergarten in der Nordeifel und 1946 der Burgerhof bei Andernach Ziel von brutalen Überfällen, die in regelrechte Hinrichtungen der dort lebenden Menschen ausarteten. Sogar vor unschuldigen Kindern machten die Raubbrenner nicht halt. Denn auch diese wären in der Lage gewesen, über Tathergang und beteiligte Personen Auskunft zu geben. Bei Überfällen durch Banden, eine ganz berüchtigte war die sogenannte Moselbande, soll es üblich gewesen sein, dass sich die Mitglieder bei ihren blutrünstigen Taten gegenseitig anstachelten und sich in ihren Brutalitäten zu übertreffen versuchten, was wiederum zu unnötigen Ausschreitungen während der eigentlichen Tötungen führte.

Neben dem traurigen Schicksal, nahestehende Menschen durch ein grausames Gewaltverbrechen verloren zu haben, traf es die Angehörigen besonders hart, wenn Ermittlungsarbeiten nicht in dem Maße und Umfang betrieben wurden oder betrieben werden konnten, die Täter schnell zu ermitteln und der gerechten Strafe zuzuführen. Bereits um 1900 galt die Gegend um Aachen erwiesenermaßen als ein gefährlicher Bereich, besonders für Frauen. Aber darüber hinaus war die Gefahr grundsätzlich für jedermann groß, Opfer eines Verbrechens zu werden. Als nach einem Mord im Drimborner Wald kein Täter ermittelt und seiner gerechten Strafe zugeführt werden konnte, steigerte sich deshalb die Unruhe in der Bevölkerung. Stimmen wurden laut, die die Fähigkeit von Polizei und Justiz in Zweifel stellten. In einem Fall im Jahr 1906 gerieten die Behörden in Aachen derart unter Druck, dass sogar das Innenministerium in Berlin eingeschaltet werden musste.

Menschenverachtend und skrupellos war sehr oft nicht nur die Vorgehensweise von Tätern, an ihre Beute zu gelangen und ihre Opfer, die als Zeugen hätten aussagen können zu töten, sondern auch das Verhalten direkt nach der Tat. Sie nahmen sich sogar noch die Zeit, den später ermittelnden Behörden die Arbeit zu erschweren, wenn sie die Gesichter und Hände ihrer Opfer bis zur Unkenntlichkeit zerstörten oder sogar in einem Fall bei zwei Opfern die Köpfe vertauschten. Damals ohne DNA-Abgleiche waren andere Maßnahmen erforderlich, die heute Routine sind.

Wenn durch gemeinsame Interessen Menschen zusammenkommen, bedeutet das in der Regel eine positive Verbindung, die von gegenseitigem Vertrauen getragen wird. Anders allerdings erwies es sich, als im Jahr 1966 kriminelle Absichten bestimmter Personen im Vordergrund standen. Weil Straftäter jedem, selbst Tatbeteiligten, grundsätzlich aus Gründen des Eigenschutzes misstrauen mussten, kam es zu einem Mord an einem Komplizen, dessen Loyalität von seinen Mittätern plötzlich infrage gestellt wurde. Ein Mitwisser einer Kleinbande aus Köln mit ihrem »Tätigkeitsbereich Eifel« musste beseitigt werden. Tatort war der Innenraum eines Autos, der Fundort des ahnungslosen Opfers zwischen Eupen und Ternell in Belgien. Dank der damals schon gut funktionierenden grenzüberschreitenden Zusammenarbeit zwischen der belgischen Gendarmerie und der Kölner Kriminalpolizei konnte diese Tat schnell aufgeklärt werden.

Besonders Förster standen häufig im Fokus von Verbrechern, die sich nicht damit abfinden konnten, dass nach jahrhundertelanger »Selbstbedienung« an Wild und Holz Recht und Ordnung im Wald einkehren sollten. Um 1900 kam es daher zu einer gezielten Ermordung am Förster Michel in Hertogenwald am Hillbach. Persönliches Engagement von zwei Zollbeamten, das über die dienstlichen Pflichten hinausreichte, führte zur Ergreifung der Täter. Hier wurde der Einsatz der Beamten besonders gewürdigt und mit einer Anerkennungsprämie bedacht.

Soweit ein kurzer einführender Einblick in einige der hier geschilderten spektakulären Verbrechen, die Hintergründe derartiger brutaler Straftaten und ihre Ausführungsweisen …

DAS GRAUSAME MASSAKER IN DER SPRINKER MÜHLE

Die Sprinker Mühle bei Mückeln im Alfbachtal in der heutigen Verbandsgemeinde Daun war Ende des 18. Jahrhunderts im Besitz des Klosters Springiergsbach. Die angesehene und wohlhabende Familie Krones hatte diese Mühle für vierzig Reichstaler pro Jahr angepachtet und betrieb sie schon sehr viele Jahre zur Zufriedenheit aller, die ihre Dienstleistung in Anspruch nahmen.

Der Müller Johann Krones hatte seine Frau Maria, geborene Bell, im Jahr 1768 geheiratet. Sie war gebürtig aus Strohn, einem zehn Kilometer nördlich gelegenen Ort. In den Jahren 1770 bis 1792 bekamen die Eheleute zwölf Kinder.

Die verwandtschaftlichen Verbindungen der Müller-Familie Krones reichten bis zu den Betreibern der Mühlen in Hasborn, Oberscheidweiler und Oberöfflingen.

Das Familien- und Arbeitsleben in der Sprinker Mühle verlief in geordneten Bahnen. Die Menschen waren fleißig, hielten zusammen und unterstützten sich gegenseitig. Die ganze Familie Krones kam jahrein, jahraus einer schweren körperlichen Arbeit nach und erreichte damit gute Lebensverhältnisse. Alle waren mit ihrem Dasein mehr als zufrieden, keiner musste sich beklagen.

Allerdings ganz ohne tägliche Sorge konnten die Menschen, nicht nur in der Mühle, in damaliger Zeit nicht leben. Es streunten Räuberbanden, aber auch Einzeltäter durch das Land, die immer wieder Überfälle verübten, um fremden Eigentums habhaft zu werden, sich daran zu bereichern und ihren Lebensunterhalt dadurch zu bestreiten. Angst vor dieser ständigen Bedrohung trübte das Leben der Menschen. Ihnen war durch andere Vorfälle bekannt, dass das Handeln der Täter zu oft mit großer Brutalität einherging, dass diese ihre Opfer regelrecht abschlachteten, um sicher zu gehen, dass spätere Zeugenaussagen nach einer möglichen Festnahme nicht zu ihrer Überführung führen konnten.

Bei den brutalen Verbrechern in der Region, in der die Familie Krones lebte, soll es sich überwiegend um die sogenannte Moselbande gehandelt haben, die das Land unsicher machte. Ihr Anführer war ein gewisser, aus Reil stammender, Johann Schiffmann.

Am 22. August 1796 hielt sich dieser auf dem Markt in Manderscheid auf. Auch Johann Krones hatte sich an diesem Tag in den Eifelort begeben, um Besorgungen zu machen. Als ihm Schiffmann zufällig begegnete, nahm Krones die Gelegenheit wahr und sprach ihn an. Er erinnerte ihn an einen Geldbetrag, den dieser ihm noch schuldig war. Krones glaubte, dass der Schuldner die Rückzahlung einfach nur vergessen hatte. Dieser nicht böse gemeinte Hinweis sollte sich aber schon bald als Beginn eines Schreckenswegs erweisen. Schiffmann, der sich als Anführer einer fast zwanzigköpfigen Räuberbande immer im Recht sah und weder Widersprüche noch irgendwelche Maßregelungen duldete, geriet wegen dieser Andeutung von Krones derart in Wut, dass er dem Müller mit eindringlicher und bedrohlicher Stimme ankündigte, in einer der nächsten Nächte mit ihm abrechnen zu wollen. Der Teufel solle ihn bezahlen, ergänzte er. Dieser verbale Wutausbruch erfolgte so lautstark, dass es zahlreiche Marktbesucher und Händler mitbekamen. Unbeeindruckt ließ Schiffmann von seinen in der Öffentlichkeit ausgestoßenen Androhungen unvorsichtigerweise nicht ab. Er kündigte sogar zusätzlich lautstark und siegessicher an, dass er schon eine Möglichkeit finden werde, sich die Sprinker Mühle, auch wenn sie Erbbestand sei, anzueignen. Ähnlich lautende Drohungen hatte er bereits vor einiger Zeit ausgestoßen, nur Krones hatte diese schwerwiegende Bedeutung nicht ernst genommen oder vielleicht auch nicht erkannt. Deutlich wurde dadurch allerdings, dass die Übernahme der Sprinker Mühle schon von langer Hand geplant worden war.

Der Zeitpunkt war gekommen, an dem die skrupellose Bande offenbar ein härteres Vorgehen gegenüber der Familie Krones durchsetzen wollte, zumal der älteste Sohn der Familie, Johann Adam, drei Monate zuvor von Schiffmann übel malträtiert und mit schweren Verletzungen hilflos am Straßenrand zurückgelassen worden war. Weil dieser Angriff ohne einen ersichtlichen Grund erfolgt war, sah Krones sich und seine Familie nach den jüngsten Androhungen von Schiffmann nun in noch größerer Gefahr als je zuvor. In diesem Zusammenhang erinnerte sich Krones, dass ihm Schiffmann zu einem anderen Zeitpunkt bereits angekündigt hatte, ihm eines Tages den Hals brechen zu wollen.

Krones ahnte nicht, dass bereits am 23. August 1796, gerade nur einen Tag nach der besorgniserregenden Begegnung mit Schiffmann auf dem Manderscheider Markt, die Drohungen in Realität umschlagen und ihm und seiner Familie einen schweren Schicksalsschlag zufügen würden.

Am Morgen des 24. August 1796 wurde fast die ganze Müller-Familie in ihrer Mühle von einem Gehilfen, der in einem anderen Ort wohnte und jeden Tag zur Arbeit in der Mühle erschien, tot aufgefunden – alle bestialisch ermordet und über das Maß der Tötung entstellt.

Umgehend wurde der Richter in Manderscheid informiert, der zeitnah in Begleitung von zwei Ärzten und Ermittlungsbeamten zum Tatort Sprinker Mühle eilte. Die Art der Verletzungen, die den Opfern in grausamer und unmenschlicher Vorgehensweise zugefügt worden waren, ließ selbst den Ärzten, die schon manches körperliche Leid gesehen und miterlebt hatten, den Atem stocken. Sie fanden vier tote Menschen vor, die nahezu bis zur Unkenntlichkeit verstümmelt waren. Es war ein Anblick des Schreckens, der ein sofortiges Handeln lähmte. Ratlos standen sie zuerst da und fragten sich, was nun zu tun sei. Aus medizinischer Sicht war eindeutig, dass weitere Maßnahmen, gleich welcher Art, nicht mehr helfen würden.

Der grausame Tathergang musste sich am späten Abend kurz vor dem Zubettgehen oder etwas später schon zur Schlafenszeit der Opfer ereignet haben. Die Müllerin war mit einem Nachthemd bekleidet und wurde als erste in einem kleinen Raum im Erdgeschoss quer über einer Backmulde entdeckt. Ihr Kopf hing über den Rand hinunter. Während der eingehenden Untersuchung stellte sich heraus, dass ihr Schädel mit fünf kräftigen Schlägen mit einem harten Gegenstand zertrümmert worden war. Aus allen offenen Wunden quoll Hirnmasse hervor. Das unnatürliche Herabhängen des Kopfes war darauf zurückzuführen, dass ihr zusätzlich die Kehle fast völlig durchtrennt worden war und nur noch einige Muskelfasern das Hinabfallen verhinderten. Zudem war ihr ein Ohr fast gänzlich abgetrennt worden.

Der Müller lag unmittelbar neben seiner Frau. Er war nur mit einer Hose bekleidet. Auch bei ihm war der Tod durch heftige Schläge auf den Kopf herbeigeführt worden.

Auf dem Bett im selben Raum lag der von unzähligen Schlag- und Stichwunden gezeichnete siebenjährige Matthias. Die Art des Vorfindens und der Zustand seines leblosen Körpers ließen darauf schließen, dass er mit all seiner geringen kindlichen Kraft um sein Leben gekämpft haben musste. Das hatte zur Folge, dass ihm die Finger beider Hände abgerissen worden waren und überall im Raum verteilt herumlagen.

Die dreiundzwanzigjährige Anna wurde ebenfalls mit schwersten Schädelverletzungen in ihrer Schlafkammer in der ersten Etage aufgefunden. Offenbar um sicherzugehen, dass auch sie nicht als Zeugin des Massakers aussagen könne und somit unbedingt den Tod finden musste, wurde ihr zusätzlich noch siebenmal mit einem Messer in den Rücken gestochen.

Es war zu diesem Zeitpunkt davon auszugehen, dass sie während des Überfalls durch die verzweifelten Todesschreie ihrer Eltern und ihres Bruders aus dem Schlaf gerissen worden war. Dann musste sie verzweifelt versucht haben, durch das geöffnete Fenster ihres Zimmers die Bewohner auf dem in Sichtweite liegenden Nachbarhof auf die schrecklichen Vorgänge in der Sprinker Mühle aufmerksam zu machen. In panischer Angst muss ihr dabei entgangen sein, dass der oder die Täter hinter ihrem Rücken durch die Tür den Raum betraten und ohne Vorwarnung auf sie einschlugen. Durch ihren Abwehrkampf büßte sie ebenfalls zwei Finger ein. Bei dem brutalen Angriff wurden ihr zudem mehrere große Haarbüschel ausgerissen, die nun über den Boden des Zimmers verteilt waren.

Im Stockwerk darüber wurde der ältere Sohn Gerhard schwer verletzt und hilflos aufgefunden. Er lebte noch. Von den schrecklichen Ereignissen in den beiden unteren Bereichen des Hauses muss er zunächst nichts mitbekommen haben. Dann machten sich schließlich die Eindringlinge auch über ihn her, während er noch schlief. Auch ihm wurden schwerste Kopfverletzungen zugefügt. Mehrere Zähne waren ihm ausgeschlagen worden, die Zunge hatten ihm die Täter gespalten, sodass er sich nur unter heftigsten Schmerzen und kaum zu verstehenden Worten zu dem äußern konnte, was ihm in der Nacht widerfahren war.

Er versicherte, dass er keinen der Täter erkannt habe oder kenne, weil er ja geschlafen habe, abrupt geweckt worden war und dann gleich unter den ihm zugefügten Schmerzen das Bewusstsein verloren habe. Später stellte sich im Rahmen der weiteren Ermittlungen allerdings heraus, dass diese Aussage nicht den Tatsachen entsprach. Es wurde vielmehr rekonstruiert, dass ein nahezu abgerissener Zeigefinger auf seine heftige Gegenwehr bei dem Angriff schließen ließ. Es war daher denkbar, dass er entgegen seiner Aussage einen der Verbrecher erkannt hatte und deshalb glaubte, sich mit seiner gegenteiligen Aussage selbst schützen zu können, da sich schließlich die Täter noch auf freien Fuß befanden und nicht identifiziert waren. Er befürchtete bei wahrheitsgemäßer Aussage die mögliche Rückkehr der Täter, die sich dann vermutlich eines lästigen Zeugen hätten entledigen können.

Den Ermittlern war klar, dass noch mehr Menschen den brutalen Tätern zum Opfer gefallen wären, hätten sie sich zum Zeitpunkt der Tat in der Mühle aufgehalten. Jeder Zeuge des Verbrechens wäre mit großer Wahrscheinlichkeit rücksichtslos beseitigt worden. Deshalb kam der zwölfjährige Sohn der Familie, Johannes Krones, in dieser tragischen Nacht unversehrt und mit seinem Leben davon, weil er sich bei Verwandten in Mückeln aufgehalten und dort übernachtet hatte.

Die Ermittlungsbeamten standen zunächst vor der Frage, wo sie mit ihrer schwierigen Arbeit beginnen sollten. Es gab keine Tatzeugen, an deren Aussagen sie hätten einen Anfang finden können. Über ein mögliches Motiv waren sie sich vollkommen im Unklaren.

In der Bevölkerung allerdings mutmaßte man bald vorsichtig, dass die berüchtigte Moselbande möglicherweise in Verbindung mit dem Verbrechen gebracht werden könnte, zumal sich die Nachricht darüber wie ein Lauffeuer verbreitete. Einige Leute erinnerten sich zudem an den spektakulären Vorfall vom Vortag auf dem Markt, sodass schnell eine Verbindung zu den schrecklichen Ereignissen geknüpft wurde. Sogar Namen wurden jetzt leise ins Spiel gebracht, wie eben Johann Schiffmann aus Reil an der Mosel, der auch den Beinamen »Tuchhannes« trug. Weiter waren da Hans Bastian Nikolay aus Krinkhof, der Metzger Bruttig aus Bertrich und Jakob Krämer mit dem Beinamen »Iltis Jakob«. Dieser stammte ursprünglich aus dem Gebiet jenseits der Mosel, also dem

Hunsrückbereich, hatte sich aber auf dem Trautzberger Hof bei Strohn niedergelassen und sich schnell mit den Gegebenheiten vor Ort vertraut gemacht.

Bei den Bandenmitgliedern musste man nicht davon ausgehen, zumindest, was die Tat in der Sprinker Mühle anging, dass ein uneingeschränkter Zusammenhalt der Gruppe bestand. Da muss es eine undichte Stelle gegeben haben. Der Grund, warum Bastian Nikolay Einzelheiten des Tathergangs ohne besondere Aufforderung einer fremden Frau offenbarte, ist unverständlich. Jedenfalls beschrieb er unvorsichtigerweise genau die Vorgänge und den Ablauf der Tat in der Sprinker Mühle. Das waren Tatsachen, die nur jemandem bekannt sein konnten, der unmittelbarer Augenzeuge oder selbst Mittäter gewesen war. Demnach war es Tuchhannes, der, als er am Tatabend auf den Müller der Sprinker Mühle gestoßen sei, unvermittelt brutal auf ihn eingeschlagen und dabei die gleichen hasserfüllten Worte benutzt habe, wie tags zuvor auf dem Manderscheider Markt. Die Müllerin habe weinend danebengestanden und händeringend um Gnade gefleht. Als diese erkennen musste, dass alles Bitten und Betteln den Täter von seiner Schandtat nicht abhalten konnte, habe sie sich sogar vor den Verbrechern hingekniet und um ihr und ihres Mannes Leben mit erhobenen, gefalteten Händen gebetet. All dies war aber vergebens. Nachdem die brutalen Eindringlinge ihre Tat an dem Müller vollendet hatten, führten sie ungeachtet aller Wehklagen der Müllerin ihr abscheuliches Handeln fort und brachten auch diese in brutalster Weise um, zumal sie als lästige Zeugin der Vorgänge ohnehin beseitigt werden musste.

Dieser Nikolay soll sich sogar später einmal gegenüber dem Überlebenden und nach längerer Zeit von dem Überfall genesenen Gerhard Krones im volltrunkenen Zustand zu der Tat geäußert haben. Er bedauerte, dass die ihm in der Mühle verabreichten Hiebe nicht zu einem anderen Ergebnis geführt hätten. Damit drückte er eindeutig aus, dass die Verletzungen leider nicht zu einem erfolgreicheren Ergebnis, nämlich dem Tod des Zeugen, ausgereicht hatten.

In der Gesamtrekonstruktion der Tat ist allerdings nicht auszuschließen, dass dieses grausige Ende überhaupt nicht geplant war. Möglicherweise sollte der Müller Johannes Krones nur an die Übermacht der Bande erinnert und ihm Furcht eingeflößt werden, was allerdings nicht ohne körperliche Schmerzen geschehen sollte. Als die körperlichen Übergriffe dann ausuferten, die Schläge auf den Kopf unkontrollierbar wurden und zum Tode führten, gab es keinen anderen Weg für die Täter, als die anderen Familienmitglieder als Zeugen ebenfalls zu beseitigen. Es ist auch nicht auszuschließen, dass die Bandenmitglieder vor der Tat Alkohol zu sich genommen hatten, wodurch ein Übermaß in ihrem Verhalten verursacht wurde.

Wären den Behörden viele dieser Fakten zu Beginn der Ermittlungen bekannt gewesen und von Gerhard aus Furcht vor den flüchtigen Tätern nicht verschwiegen worden, hätte die Aufklärung des Falles und die Aburteilung der Täter schneller erfolgen können. Diese Versäumnisse ermutigten sie jedoch weitere sechs Jahre, in denen sie noch mehr Straftaten begehen konnten. So wurden ein französischer Fuhrknecht aus Ürzig und ein Theodor Mungel aus Waldkönigen Opfer der brutalen, skrupellosen Bande.

Schließlich konnten eines Tages die Aufenthaltsorte einiger Bandenmitglieder ermittelt und diese festgenommen werden. Hinweise führten zu weiteren Mitgliedern der Bande.

Es war der 1. September 1799, an dem gegen dreizehn inhaftierte und drei noch auf freiem Fuß befindliche Bandenmitglieder vor dem Koblenzer Gericht wegen einer großen Anzahl von Schwerverbrechen Anklage erhoben wurde.

Überraschend war die Tatsache, dass Nikolay als Belastungszeuge gegen seine Kumpane auftrat. Dieser hatte in früherer Zeit in mehreren Fällen zwischen den Bandenmitgliedern und den Opfern Vermittlungsversuche unternommen. Allerdings rutschte er wegen des ständigen Kontakts zur Bande immer tiefer in ihre Fänge und Machenschaften, bis er schließlich eine höhere Stellung in der Banden-Hierarchie einnahm, sich sozusagen hochgearbeitet hatte. Offenbar wegen der zunehmenden Zersplitterung der Gruppe, die in der Folgezeit durch stetige ermittlungstechnische Festnahmen erfolgte, sah er das nahende Ende dieser kriminellen Verbindung und wollte seiner Bestrafung entgegenwirken oder wenigstens Milde erreichen. Allerdings nutzte ihm diese Absicht nichts. Das Gericht vertrat eine andere Auffassung. Auch er sollte wegen der gemeinschaftlich begangenen Taten seine gerechte Strafe erhalten.

Die Verhandlungen vor Gericht gingen zügig vonstatten, trotz der Vielzahl der zu befragenden Personen. Nachdem einundsiebzig Zeugen vernommen worden waren und sich ein umfangreiches Bild der Untaten darstellte, kamen am 11. September 1799 die Geschworenen zu einem Urteilsspruch gegen die dreizehn anwesenden Angeklagten. Es wurde sechsmal die Todesstrafe sowie sechsmal eine langjährige Galeerenstrafe verhängt. Einmal entschieden sich die Geschworenen in einem erwiesenermaßen minderschweren Fall für einen Freispruch.

Bereits am 17. Dezember 1799 wurden die Todesurteile in Koblenz auf dem Klemensplatz vollstreckt. Mit der Guillotine wurden die Enthauptungen unter anderem von Bruttig und Iltis vollzogen.

Hierbei ist zu bemerken, dass sich die Strafe nicht auf die brutalen Morde in der Sprinker Mühle bezog. Zur Ahndung kamen zwei weitere Morde. Da Tuchhannes noch flüchtig war, erging gegen ihn das Todesurteil in Abwesenheit. Bei Bastian Nikolay war es noch nicht gelungen, ihn der Mittäterschaft zu überführen.

Aber weitere Zeugen machten in der Folgezeit entsprechende sachdienliche Aussagen, die Nikolay massiv belasteten. Unter den Zeugen waren wiederum andere Bandenmitglieder. Das Geflecht der Anschuldigungen wurde schließlich so eng, dass er am 21. August 1900 auf dem Markt in Bausendorf festgenommen werden konnte.

Knapp ein Jahr später, am 31. Juli 1801, begann gegen Bastian Nikolay der Strafprozess in Koblenz. Zunächst wies er vehement jede Teilnahme an den Verbrechen der Bande zurück. Die ursprüngliche Absicht, gegen seine Kumpane auszusagen, wiegte ihn in Sicherheit, einer Strafe zu entgehen oder zumindest ein milderes Urteil erwarten zu können. Das Gericht allerdings erkannte zweifelsfrei seine Mittäterschaft an den brutalen Morden in der Sprinker Mühle. Das Todesurteil wurde am 3. August verkündet, nachdem eine Revision kein anderes Ergebnis gebracht hatte. Die Vollstreckung folgte im Herbst des Jahres 1801.

Als letzter der Bande war jetzt nur noch Tuchhannes auf freiem Fuß. Ihm war zugetragen worden, dass er in Abwesenheit zum Tode verurteilt worden sei. Es blieb ihm nichts anderes übrig, als sich seiner Festnahme und somit der Bestrafung zu entziehen. Er verließ die Eifel, weil dort das Risiko einer Entdeckung zu groß war. Er tauchte daher im Lothringischen unter. Aber auch das brachte ihm keine Straffreiheit. Der Fahndungsdruck und vor allem sein Bekanntheitsgrad weit über die Grenzen der Eifel hinaus waren zu groß. So wurde schließlich sein Aufenthaltsort verraten, Tuchhannes verhaftet und nach Koblenz gebracht.

Die Folge war, dass der Kriminalfall »Sprinker Mühle« erneut verhandelt werden musste. Der angebliche Aufenthaltsort des Angeklagten in der Tatnacht des Massakers in der Sprinker Mühle erwies sich sehr schnell als nicht den Tatsachen entsprechend. Seine Frau hatte bestimmten Personen Geld zugesteckt, damit diese entsprechend entlastende Aussagen für ihren Mann zu Protokoll geben sollten.

Den Durchbruch in dem Prozess brachte schließlich Gerhard Krones. Er brach sein Schweigen, revidierte seine einstige Aussage, weil er nicht mehr die Rache der Bandenmitglieder zu fürchten hatte. Er sagte aus, Tuchhannes und Nikolay tatsächlich in der schrecklichen Nacht in der Sprinker Mühle als Täter erkannt zu haben.

Am 19. Juni 1802 erging das Todesurteil mit anschließender Vollstreckung.

Die berüchtigte und landesweit gefürchtete Moselbande war endgültig zerschlagen. Es ging keinerlei Gefahr mehr von dieser verbrecherischen, unberechenbaren Verbindung aus. Die Menschen in einem ganzen Landstrich konnten aufatmen und besseren, furchtlosen Zeiten entgegensehen.

Als einziger Überlebender des Massakers in der Sprinker Mühle am 23. August 1796 verstarb Gerhard Krones am 11. Dezember 1842 im achtundsiebzigsten Lebensjahr in Strohn. Dort fand er auch seine letzte Ruhestätte.

MORDE IM WIRTSHAUS DÜTTLING BEI HERGARTEN

In Düttling, dem kleinsten Ortsteil der Stadt Heimbach in der Nordeifel, lebten im Mai 1800 weniger als einhundert Menschen. Dort war der Schauplatz eines schrecklichen Verbrechens, das ebenfalls von einer skrupellosen Bande ausging.

Die Zeiten damals waren landesweit unsicher und niemand wusste, ob er irgendwann durch einen Einzeltäter oder eine kriminelle Verbindung zum Opfer einer Straftat werden konnte. Bei der Beschaffung von Beute, ganz gleich welcher Art, waren die Täter durchaus bereit, Menschenleben zu opfern. Was für sie zählte, war einzig und allein ihre Bereicherung an fremdem Eigentum und das unbedingte Verhindern von Zeugenaussagen, die sie ihrer Taten überführt und der gerechten und gefürchteten Strafe zugeführt hätten.

Es war der 20. Mai des Jahres 1800, ein lauer und ruhiger Tag im aufblühenden Frühjahr nach einem langandauernden, dunklen und harten Winter.

Der Wirt des Wirtshauses Düttling, Johann Nießen, hatte seine Gaststätte an diesem Tag bereits geschlossen. Alles war aufgeräumt und gesäubert. Er legte stets großen Wert darauf, dass am darauffolgenden Tag seine Gäste alles wieder sauber und auf Vordermann gebracht vorfanden.

Das Haus des Wirtes befand sich an einem seit langer Zeit genutzten Pilgerweg nach Trier. An dieser Stelle hatten damals die Franzosen eine Hebestelle mit Schlagbaum für Fuhr- und Kaufleute eingerichtet. Das bedeutete, dass jeder, der diese Stelle passieren wollte, eine Mautgebühr zu entrichten hatte. Dieser Weg war auf der Tranchot-Karte als »Grand Chemin de Gemund à Cologne« verzeichnet. Der französische Geograph Jean Joseph Tranchot hatte seinerzeit den amtlichen Auftrag, die umfassende Kartenaufnahme der Rheinlande durchzuführen.

Noch vor dem Einmarsch der Franzosen hatte der gläubige Nießen ganz in der Nähe seines abgelegenen Hauses eine Kapelle errichten lassen, in der ein Pater aus Mariawald immer sonntags die Messe feierte. Als dann die Franzosen das Bürgermeisteramt Gemund einrichteten, wurde Johann Nießen, der großes Vertrauen genoss, zum Gemeinderatsmitglied ernannt.

Nach getaner Arbeit am besagten 20. Mai, begab sich Nießen todmüde in die erste Etage seines Hauses in seine Schlafkammer. Dort wartete bereits seine Frau auf ihn. Schnell schlief er ein im Bestreben, am nächsten Tag mit neuer Kraft seine Gäste zu ihrer Zufriedenheit bewirten zu können.

Es war kurz vor Mitternacht, als Nießen unsanft durch lautes, menschliches Geschrei und anderen heftigen Lärm aus dem Schlaf gerissen wurde. Schlaftrunken konnte er zunächst keine Ursache für die panisch klingenden Schreie ausmachen, befürchtete aber dann, dass im Haus womöglich ein Feuer ausgebrochen war. In diesem Moment war Johann hellwach. Er sprang in seiner Nachtbekleidung aus dem Bett und eilte zum Fenster, weil er dort eine Bestätigung seiner Befürchtung suchte, wie Rauch oder Feuerschein in dunkler Nacht. Aber nichts dergleichen konnte er dort draußen erkennen. Eine andere ungewöhnliche Feststellung vor dem Haus erschreckte ihn dermaßen, dass ihm fast der Atem stockte. Dort befand sich eine Horde fremder Männer, vom unruhigen Schein der Fackeln beleuchtet, schemenhaft und nur undeutlich wahrnehmbar. Diese waren gerade im Begriff, mit einem mächtigen Baumstamm die schützende Mauer, die das Haus umgab, einzurammen und zu zerstören. Das alles erfolgte in größter Eile.

In einer Stube im Erdgeschoss neben dem Schankraum trafen die zuerst Eingedrungenen auf den Fuhrmann Hentz. Er wollte dort nur diese eine Nacht bleiben, weil er am nächsten Tag frisch und ausgeschlafen in aller Frühe weiterfahren wollte. Ohne ein Wort zu sagen, überwältigten ihn die Verbrecher, fesselten und knebelten ihn. Sie hatten leichtes Spiel mit ihrem überraschten Opfer. Dann zertrümmerten sie einen bereitstehenden Stuhl, ergriffen ein Stuhlbein, um damit dem hilflosen Mann in ihrer Übermacht so lange auf den Kopf zu schlagen, bis er blutüberströmt und nicht mehr zu erkennen regungslos am Boden liegen blieb. Dann machten sie sich über die wenigen Habseligkeiten her, die er mit sich führte. Sie durchwühlten alle Taschen und andere Behältnisse, die er mit sich führte. Bargeld und sonstige Sachen, die ihnen wertvoll erschienen, steckten sie ein. Nießen und seine Frau, die zwischenzeitlich ebenfalls wach geworden und ihrem Mann gefolgt war, beobachteten in diesem Moment durch eine schmale Öffnung aus der Küche, was sich da im Nebenraum abspielte. Johann Nießen wollte gerade zu seinem Gewehr greifen, um durch einen Schuss das grausame Vorgehen zu beenden. Aber seine Frau hielt ihn mühevoll davon ab, weil sie schlimmere Folgen befürchtete, zumal die Anzahl der fremden Männer im Haus und draußen nicht abzuschätzen war.

In dieser Schreckensnacht hielt sich noch ein weiterer Übernachtungsgast in dem Haus auf. Es war der ledige Notar Bücken. Er hatte am Abend Nießen in steuerlichen Belangen beraten. Tagsüber hatte er bei anderen beruflichen Tätigkeiten eine größere Menge an Geld eingenommen, das er noch bei sich hatte.

Bücken war ein regelmäßiger Übernachtungsgast in diesem Wirtshaus. Er war nämlich damals der einzige zuständige Notar für Gemund und darüber hinaus noch für zehn weitere Bürgermeisterämter im gleichen Kanton. Düttling lag so günstig, das er von dort aus über kurze Strecken die in seinem Zuständigkeitsbereich liegenden Orte zu Pferd schnell erreichen konnte. Im Rahmen seiner Tätigkeit gesehen, lag Düttling eben sehr zentral, obwohl es auch sehr einsam und entfernt in der Landschaft lag.

Zwei herausragende Fakten standen für die Zeitgenossen, die sich mit Raub und Diebstahl durchs Leben schlugen, im Vordergrund, die Wirtschaft in Düttling zu überfallen: Es waren die Abgeschiedenheit des Ortes und die Gewissheit, in Kenntnis der dort nächtigenden oder ein- und ausgehenden Personen gute Beute machen zu können. Sie hatten die Sicherheit in ihren Tatausführungen, dass sie nicht direkt mit Gendarmen konfrontiert werden konnten. Denn nach deren Benachrichtigung wäre längere Zeit vergangen, bis sie am Tatort eingetroffen wären, Zeit genug, das Weite zu suchen.

Nießen schlich sich jetzt in die Stube von Bücken, weckte ihn vorsichtig, aber dennoch in aller Eile, und teilte ihm flüsternd mit, dass das Haus von allen Seiten von Räubern umstellt sei. Er befürchtete, dass alle sich im Haus befindlichen Gäste wegen der Übermacht der Verbrecher verloren seien. Nießen nahm an, dass irgendjemand herausgefunden hatte, dass sich der Notar mit einem größeren Bargeldbetrag im Haus befand und nun von schneller und leichter Beute ausging.

Die beiden Männer mussten die Nerven behalten, beruhigten sich flüsternd und mit Gesten gegenseitig und zogen hastig ihre Tageskleidung an. In der Zwischenzeit hatte sich auch Frau Nießen angezogen. In panischer Angst wollte sie nun aus dem Fenster springen, um sich vor den brutalen Eindringlingen in Sicherheit zu bringen. Diese Absicht allerdings hätte nicht zu einem erfolgreichen Ergebnis geführt, denn es bestand nicht die geringste Möglichkeit, ihr Leben vor den draußen verbliebenen aufgebrachten Horden zu retten. Sie wäre ihnen direkt in die Arme gelaufen. Gerade noch im letzten Moment griff der Notar Bücken ein, zerrte Frau Nießen vom Fenster zurück und verhinderte ihr aussichtsloses Vorhaben. Nahezu im gleichen Moment fielen draußen die ersten Schüsse, denen Frau Nießen mit größter Wahrscheinlichkeit zum Opfer gefallen wäre. Gleichzeitig drang ein anderer Teil der Angreifer ins Innere des Hauses vor. Es gab nun keine Stelle mehr im ganzen Gebäude, an der jemand sicher gewesen wäre.

Es dauerte nur kurze Zeit, bis Nießens Schwiegersohn Matthias Esser und seine Frau, ein Ehepaar, das ständig in dem Gasthof lebte, in ihrem Schlafzimmer überrumpelt und ebenfalls gefesselt, geknebelt und handlungsunfähig gemacht wurden. Die Beute der Verbrecher waren Geld und Schmuckstücke wie Ringe und Ketten. Die Opfer verhielten sich passiv, wehrten sich nicht, wechselten mit den Räubern kein Wort, um womöglich noch brutaleres Vorgehen zu vermeiden. So war es für die Verbrecher nicht schwer, ihrer Beute habhaft zu werden. Körperliche Gewalt war nicht erforderlich.

Frau Nießen gelang es schließlich doch noch, unbemerkt das Haus durch ein kleines Seitenfenster zu verlassen und sich außerhalb des Haupthauses in einem sicheren Versteck vor den Verbrechern zu verbergen. Ebenso handelte die Dienstmagd. Dem jungen mutigen Mädchen gelang es noch rechtzeitig, unbeobachtet über eine Leiter nach draußen zu klettern und auf engstem Raum im Hühnerstall einen sicheren Zufluchtsort zu finden. Keiner der Eindringlinge konnte davon ausgehen, dass sich ein Mensch in einem derartig engen Bereich verbergen könne. Bis zu dem Zeitpunkt, an dem sich die Räuber schließlich von dem Anwesen zurückzogen, hatte die Magd dort geduldig ausgeharrt und sich dadurch ihre körperliche Unversehrtheit bewahrt.

Nach der Flucht seiner Frau und in der Hoffnung, dass wenigstens sie einen sicheren Platz gefunden hatte, versuchte Nießen so gut es ging im Schlafzimmer vor den

Eindringlingen Schutz zu suchen. Er schob Möbel und andere bewegliche Gegenstände vor die Tür, verbarrikadierte den Raum, um den Zutritt zu verhindern. Diese Maßnahme brachte allerdings nicht den gewünschten Erfolg. Es war nur kurze Zeit möglich, den Eindringlingen den Weg zu versperren. Diese waren in der Überzahl und gaben sich nicht geschlagen. Durch den massiven Widerstand vermuteten sie noch größere Beute im Innern dieses Raumes. Schließlich gelang es ihnen trotz der heftigen Gegenwehr, die Tür aufzubrechen. Nachdem sie auch noch die dahinter aufgestapelten Gegenstände zur Seite gedrückt hatten, wurde der Gastwirt Nießen schnell überwältigt. Aber es blieb nicht dabei. Er wurde von den durch seine Gegenwehr noch wütender gewordenen Verbrechern mit Gewehrkolben und Pistolenknäufen brutal zusammengeschlagen. Unermüdlich knüppelten teilweise mehrere Täter gleichzeitig wie in Ekstase auf Nießen ein und verlangten dabei laut schreiend die Herausgabe von Geld und anderen Wertsachen. Die Misshandlungen wollten kein Ende nehmen, obwohl das Opfer unter Schmerzen beteuerte, nichts Wertvolles zu besitzen. Diese Tatsache hätten viele bezeugen können, die die wirtschaftlichen Verhältnisse Nießens kannten. Wutentbrannt, in ihrem Bestreben nicht weiterzukommen und ihr Vorhaben nicht vollenden zu können, wurden Nießen von den Verbrechern die Ellenbogen, die Schienbeine und Knie brutal zerschlagen. Ganz überraschend beendete schließlich einer aus der Bande das Massaker mit den Worten, es sei nun genug. Hätte dieser Mittäter geradezu im letzten Moment nicht eingegriffen, hätten seine Kumpane unkontrolliert in ihrem Blutrausch möglicherweise weitergehandelt, bis der Tod des Gastwirts mit großer Wahrscheinlichkeit eingetreten wäre. Als die Eindringlinge dann von ihrem einer Ohnmacht nahen Opfer abließen, war es blutüberströmt, wegen der Schwere der Verletzungen nahezu bewegungsunfähig, es zitterte und wimmerte wegen der starken Schmerzen.

Auch am Notar Bücken hatten zwischenzeitlich andere Täter all ihre sinnlose, brutale Wut ausgelassen. Offenbar war es ihnen nicht nur um die Beute gegangen, sondern auch darum, einen Menschen, der unter besseren sozialen Umständen lebte, wohlhabender war und allseits Anerkennung genoss, zu demütigen. Die Absicht war, ihren eigenen, minderwertigen Stand in der Gesellschaft zu demonstrieren. Das wurde besonders deutlich, als einer der Bande seine Kumpanen lautstark anfeuerte, es dem Notar »mal so richtig kräftig zu geben«. Das bedeutete, weiter nach Leibeskräften auf ihn einzuschlagen. Der Hetzer ergänzte dann noch, dass er mit dem Notar früher schlechte Erfahrungen gemacht habe. Also war hier auch persönliche Rache im Spiel, die der Betroffene durch seine Mithelfer ausführen ließ.

Als Notar Bücken diese Stimme vernahm, erinnerte er sich an eine Person namens Züll aus Hergarten. Mit dieser hatte er tatsächlich vor einiger Zeit zu tun gehabt. Damals hatte er eine richtige, aber für diese betroffene Person nicht passende Entscheidung gefällt. Als Bücken, der sich noch genau an diesen Fall erinnern konnte, am Boden liegend eine Rechtfertigung abgeben wollte in der Hoffnung, das brutale Vorgehen der wilden Horde beenden zu können, erhielt er einen heftigen Schlag auf den Kopf, der eine stark blutende Wunde verursachte. Bücken sah ein, dass es keinen Sinn hatte, diesen Verbrechern mit sachlichen Argumenten und Diskussionen entgegen zu treten, weil sie die ohnehin nicht verstanden hätten und deshalb auch nicht zugänglich dafür waren. Als einer der Peiniger in diesem Moment erkannte, in welch schlechtem und hilflosem Zustand sich der Notar befand, versuchte er seine Kumpane in ihren unkontrollierten, sinnlosen Handlungen zu bremsen. Und tatsächlich ließen sie in diesem Moment von ihrem Opfer ab und bewahrten es damit vor dem sicheren Tod.

Die Suche nach Wertgegenständen setzten sie aber fort. Das Zerstören von Schränken, Vitrinen und Truhen dauerte fast eine Stunde an. Als die Bande nach ihrer Zerstörungswut gerade im Begriff war, das Haus zu verlassen, nahm einer der Täter eine brennende Fackel und hielt sie unter das Bett von Nießen. Er wollte kontrollieren, was sich darunter befand. Derartige Stellen wurden in damaliger Zeit meistens genutzt, um Wertgegenstände sicher zu verstecken. Im gleichen Moment griff die lodernde Flamme der Fackel auf die trockene Matratze über. Ein Feuer entstand, das schnell auf andere Einrichtungsgegenstände übergriff. Rasch verließen die Täter das Haus und suchten das Weite.

Trotz der schweren Verletzungen und der Fesseln gelang es dem Notar und dem Wirt, sich aus dem brennenden Haus zu retten. Obwohl sie sich vor Schmerzen kaum bewegen konnten, ließen sie sich die Treppe hinunterrollen und erreichten die offenstehende Haustür. Auch dem Fuhrmann Hentz gelang es, sich gerade noch rechtzeitig durch den dichten Rauch ins Freie zu retten.

In der Zwischenzeit hatte das Dienstmädchen vorsichtig ihr sicheres Versteck außerhalb des Hauses verlassen. Sie ging davon aus, dass sich die Eindringlinge entfernt hatten, weil ihre zahlreichen, grölenden Stimmen verstummt waren. Trotz des Schocks und ihrer Todesangst erkannte sie schnell die heikle Situation und betrat das brennende Haus, aus dem sie todesmutig das Ehepaar Esser rettete.

Dem Sohn Andreas Nießen und der fünfjährigen Enkelin konnte nicht mehr geholfen werden. Der Fluchtweg aus einer etwas abgelegenen Kammer, worin sie sich verborgen hatten, wurde ihnen durch die Flammen und den dichten Rauch abgeschnitten. Sie erstickten und verbrannten.

Schließlich wurde das ganze Haus ein Raub der Flammen, weil wegen der Abgeschiedenheit keinerlei Möglichkeit bestand, schnelle Hilfe zum Löschen zu holen. Als am nächsten Morgen die Sonne aufging, lag die Gaststätte Düttling in Schutt und Asche. Nur noch qualmende Trümmer zeigten, wo dieses stolze Anwesen einmal gestanden hatte. Der halbverkohlte Körper von Andreas Nießen wurde später geborgen. Von dem fünfjährigen Kind wurden nur noch wenige Knochen aufgefunden. Es ist aber davon auszugehen, dass die Verbrecher kurz zuvor in sein Zimmer eingedrungen waren und Andreas Nießen niedergestochen hatten. Ein mit Blut behaftetes zurückgelassenes Bajonett deutete darauf hin. Außerdem soll eine andere Person, die sich zu dieser Zeit im Haus aufgehalten hatte, später bezeugt haben, Andreas Stimme gehört zu haben, als er schrie: »Drickes, tust du mir was?« Ein anderer sagte aus, dass Andreas laut gerufen haben soll: »Jesus, Maria!« Dann war nichts mehr zu vernehmen gewesen. Das war auch derselbe Moment, als im Haus die Flammen um sich gegriffen und wenig später auf den Viehstall, die Scheune und den Hühnerstall übergeschlagen hatten.

Offenbar hatte Andreas einen der Täter erkannt, sodass er als Zeuge sterben musste.

Der sechzigjährige Gastwirt Nießen stand wie versteinert vor den Ruinen seines Lebenswerkes. Ihm war nichts geblieben. Er war über Nacht ein mittelloser, gebrochener Mann geworden. Dem Notar erging es nicht anders. Die Gelder, die er bei sich gehabt hatte und bei seiner Dienststelle hätte abliefern müssen, musste er aus eigener Tasche ersetzen. Wenigstens war ihm sein Leben geblieben.

Zwei Mitglieder der Familie Nießen hatten den Tod gefunden, das Haus und die Anbauten wurden ein Raub der Flammen. Neben dem Schaden am Gebäude von angeblich 1500 Talern waren auch drei Rinder, zwei Kälber und ein Schwein in den angrenzenden Stallungen durch die Flammen verendet.

Als die Bevölkerung im Umkreis von dem schmerzlichen Schicksal der allseits beliebten Familie Nießen erfuhr, wurde schnell beschlossen, für die nun Mittellosen Geld zu sammeln, um erst einmal die größte Not zu lindern.

Die ersten Befürchtungen, dass sich Johannes Bückler, der landauf, landab gefürchtete »Schinderhannes«, mit seiner Bande vom Hunsrück auf die linke Seite der Mosel, in die Eifel, gewagt hatte, bestätigten sich nicht. Es handelte sich bei der Bande vielmehr um Personen, die sich in der hiesigen Gegend auskannten, wie Johann Brand und Peter Züll aus Hergarten. Schnell kam man ihnen auf die Spur, sodass sie schon wenig später gefasst und vor Gericht gestellt werden konnten. In dem Verfahren wurden sie schuldig gesprochen und zum Tod durch die Guillotine verurteilt. Andere Mittäter wurden noch später ermittelt und festgenommen. Diese hatten sich auf der Flucht so auffällig und unvorsichtig verhalten, dass sie mit der Tat in Düttling in Zusammenhang gebracht werden konnten. Aber auch Hinweise von Personen, die unerkannt bleiben wollten, brachten Erfolge. Unter den Verdächtigen befand sich auch ein »Drickes«, den Andreas Nießen unmittelbar vor seinem Tod erkannt hatte. Der richtige Name lautete Heinrich Böhmer, er war ein Musiker aus Hoven.

Viele der an der Tat beteiligten Täter wurden erst viel später identifiziert und der Gerichtsbarkeit übergeben und auch wegen zahlreicher anderer nachgewiesener Gewaltverbrechen der Guillotine zugeführt. Aus insgesamt zweiundvierzig Männern und sogar einer Frau, Elisabeth Wirz, bestand damals die Bande.

Abschließend sei noch zu den Gerichtsverfahren zu bemerken, dass damals die Franzosen eine eindeutige rechtliche Ordnung im linksrheinischen Gebiet anstrebten, aber die allgemeinen Verhältnisse noch sehr instabil waren und die Übergangsphase ziemlich lange andauerte. Die umherziehenden kriminellen Banden waren Polizei und Justiz personell häufig noch überlegen, sodass die Behörden große Probleme hatten, Oberhand zu gewinnen. Die Gerichtsbarkeit zeigte sich für damalige Zeiten aber schon verhältnismäßig zukunftsweisend. So wurden Geschworene berufen und die Verhandlungen für die Öffentlichkeit zugänglich gemacht. Auf diese Weise wurde eine gewisse Transparenz im Rechtswesen angestrebt, die Vertrauen schaffen, aber auch potenzielle Täter von Straftaten abschrecken sollte. Allerdings wurde diese Verfahrensweise wegen der noch bestehenden Unerfahrenheit mit ihr häufig durch Formfehler blockiert. Revisionen der Verfahren wurden erforderlich. Eine Aburteilung von Tätern zog sich somit in die Länge. Zudem konnten sich potenzielle Zeugen später nicht mehr erinnern oder waren verstorben.

Im Fall Düttling verhielt es sich ebenso. Als sich kurz vor Ende des Prozesses herausstellte, dass ein Geschworener erst neunundzwanzig Jahre alt war, musste der Prozess zeitraubend neu aufgerollt werden. Die gesetzlichen Vorgaben verlangten ein Mindestalter von dreißig Jahren.

Der »Düttlinger« Prozess verlief daher in verschiedenen Revisionen über die Gerichte von Aachen, Köln, Trier und zuletzt Koblenz.

DIE BLUTIGE SPUR VON »STUMPFARM« JOHANN MAYER

Als Johann Mayer am 2. April 1886 in Uersfeld, damals Kreis Adenau, heute Landkreis Daun, geboren wurde, war natürlich noch nicht abzusehen, welch folgenschwerer Lebensverlauf vor ihm lag und welchen Menschen ein grauenhaftes Schicksal durch ihn widerfahren würde. Seine Geburt wurde unter Nummer 41 des Standesamtsregisters am 5. April 1886 vom Standesbeamten in Kelberg folgendermaßen beurkundet:

»Vor dem unterzeichneten Standesbeamten erschien heute, der Persönlichkeit nach bekannt, die Hebamme Maria Catherina Mindermann, wohnhaft in Uersfeld, katholischer Religion, und zeigte an, dass von der Anna Maria Knorr, katholischer Religion, Ehefrau des umherziehenden Tagelöhners Johann Wilhelm Mayer, katholischer Religion, wohnhaft früher zu Gunderath, jetzt ohne bekanntes Domizil zu Uersfeld, in der Wohnung des Philipp Eberhard am zweiten April des Jahres tausendachthundertachtzig und sechs mittags um 12 Uhr ein Kind männlichen Geschlechts geboren worden sei, welches den Vornamen Johann erhalten habe.«

Bereits am Tag der Geburt nahm ein unheilvolles Schicksal seinen Lauf. Wegen seines bedenklichen körperlichen Allgemeinzustandes unterzog man den Neugeborenen einer Nottaufe. Als sich dann einige Zeit später die Gesundheit des Kindes stabilisierte, wurde es nochmals in der Pfarrkirche zu Uersfeld unter normalen Bedingungen getauft. Die Taufpaten waren damals Johann Schmitz aus Kaperich und Anna Bretz aus Nachtsheim.

Der Geburtsort Uersfeld war reiner Zufall und hätte an jedem anderen Ort in der Eifel sein können. Die Mutter hatte damals eine Unterkunft in einer Scheune des Leyendeckerschen Anwesens. Eine eigene Wohnung stand ihr nicht zur Verfügung. Offensichtlich hatte der Kindsvater schon vor längerer Zeit seine Frau verlassen.

Nachdem sich Maria Mayer Knorr von den Strapazen der Geburt ihres Sohnes erholt hatte, begab sie sich zunächst zusammen mit ihrem Neugeborenen wieder auf Wanderschaft. Ihre Lebensumstände waren sehr schwierig. Als Nichtsesshafte zog sie bettelnd durch das Land. Armut und Elend bestimmten ihr Leben. Erst später ließ sie sich in Boos nieder.

Johann Mayer machte dazu allerdings zu einem späteren Zeitpunkt als Erwachsener andere Angaben. Er behauptete, mit achtzehn Monaten seinen Vater verloren zu haben. Seine Mutter sei geistesschwach gewesen und schließlich in einem Irrenhaus untergebracht worden. In seinem zehnten Lebensjahr sei er dann nach Hirten gekommen, nachdem er dort einem Vormund zugesprochen worden sei. Der Aufenthalt dort soll nur von kurzer Dauer gewesen sein. Er gelangte dann wieder zurück nach Boos.

Als er damals als Jugendlicher in Mayen eine Bäckerlehre begonnen habe, wurde er schon nach zwei Wochen von seinem Vormund nach Hause zurückgeholt. Die Ausbildungsstelle wurde aufgegeben.

Seine nächste Lehrstelle trat Mayer beim Schustermeister Nell an. Allerdings bekam er bei diesem nicht ausreichend zu essen, musste Hunger leiden und verließ seinen Lehrherrn bereits nach vierzehn Tagen wieder und kehrte nach Boos zu seinem Vormund zurück.

Sein unstetes und ungefestigtes Leben sollte sich fortsetzen. Mayer arbeitete nur kurz in einer holzverarbeitenden Fabrik in Sinzig am Rhein. Dann kam er bei verschiedenen Bauern in Drees und Boos unter. Später gelangte er in die Steinbrüche von Einig. Dort allerdings ereilte ihn ein schwerer Schicksalsschlag, der ausschlaggebend dafür war, wie sich sein weiteres Leben, insbesondere seine Einstellung gegenüber anderen Menschen, gestalten sollte.

Bei Sprengarbeiten im Steinbruch oder beim »Spielen« mit Sprengstoff, der genaue Grund wurde nie bekannt, wurde ihm der linke Unterarm abgerissen. Seitdem begleitete ihn der Spitzname »Stumpfarm«.

Seine ohnehin ungünstigen Voraussetzungen, eine Beschäftigung zum Lebensunterhalt zu finden, waren jetzt durch körperliche Einschränkung noch schwieriger geworden. Dennoch hielten Mayer die geringen Löhne mehrerer Arbeitsplätze als einfacher Gehilfe bei Bauern über Wasser. Es ist bekannt, dass er in den Jahren 1907 und 1908 in Kruft bei der Kartoffelernte geholfen hat. Um 1912 arbeitete er bei einer Familie Schüller in Laubach. Zu Beginn des Ersten Weltkrieges fand er eine Beschäftigung als Knecht beim Bauern Matthias Simon in Mannebach. Doch als eines Tages Gendarmen bei Matthias Simon erschienen und ihn darauf hinwiesen, dass sein Knecht Mayer »nicht ganz sauber« sein soll, was immer zu diesem Zeitpunkt auch damit gemeint war, verlor dieser sofort seinen Arbeitsplatz und somit auch seine geregelten, wenn auch geringen Einkünfte.

Mayer blieb nun keine andere Wahl, als sich wegen der ständigen Rückschläge auf seine Weise um seinen Unterhalt und sein Überleben zu kümmern. Er beschaffte sich einen Karabiner samt Munition und begann fortan in den Wäldern dem Wild illegal nachzustellen. Die Beute verkaufte er. Trotz seiner körperlichen Einschränkung war er ein guter Schütze, sodass er sich mit dieser illegalen Tätigkeit eine mehr oder weniger regelmäßige Einnahmequelle sichern konnte. Dennoch war er nicht abgeneigt, sich wenn sich die Gelegenheit bot, hin und wieder an fremdem Eigentum zu vergreifen, um seine »Einkünfte« zu verbessern.

Es mögen wohl die widrigen Voraussetzungen seines Lebens gewesen sein, der genaue Grund ist nicht nachzuvollziehen, als sich der Stumpfarm im Jahr 1916 gegen jegliche Moral und geltende Gesetze entschied und mit der bestehenden Rechtsordnung, die ihm keine gleichberechtigten Chancen einzuräumen schien, vollends brach. Es muss ein hartes Los für ihn gewesen sein, wegen seiner Behinderung für normale Arbeiten nur eingeschränkt einsatzfähig und zudem für den Kriegsdienst nicht tauglich gewesen zu sein. Mayer fühlte sich minderwertig, abgeschoben, aus der Gesellschaft ausgeschlossen. Er war am Ende. Zu diesem Zeitpunkt erfolgte die verhängnisvolle Weichenstellung, die ihm die Richtung zu seinem späteren Hinrichtungsort wies.

Mayer streifte ziellos in den Wäldern umher, schoss jegliches Wild, das ihm vor die Flinte kam und zum eigenen Überleben als Nahrung beitragen konnte. Er nächtigte überall dort, wo es ihm die Natur erlaubte. Das war nicht selten in hohlen Baumstämmen.

Bemerkenswert ist allerdings, dass er trotz seines Lebenswandels, bei dem er manchmal spurlos verschwunden und über längere Zeiträume nicht auffindbar war, noch einige Verbindungen zu Menschen unterhielt und diese auch bis zu einem bestimmten Maß pflegte.

Die Anzahl der Menschen, zu denen Mayer noch einen Kontakt aufrecht hielt, war nicht mehr groß. Zu nennen sind hier Maria Dahm aus Mayen, Maria Falk aus Bonn, Nikolaus Schüller aus Kalenborn/Cochem, Lorenz Reuter aus Masburg und Katharina Forst aus Mannebach-Sickerath. Mit diesen Personen unterhielt er über einen längeren Zeitraum eine gute und sogar freundschaftliche Beziehung.

Es ist somit kaum verständlich und nachvollziehbar, dass alle diese Personen in einem Zeitraum von zwei Jahren Opfer von Mayers grauenhaften Neigungen, Entscheidungen und Handlungen wurden.

Im Jahre 1917 unterhielt Mayer sogar ein Liebesverhältnis zu der damals zweiundzwanzigjährigen Maria

Dahm aus Mayen. Nur die Eltern der jungen Frau waren mit dieser Verbindung nicht einverstanden. Ihnen war nämlich zugetragen worden, dass Mayer bereits in der Vergangenheit strafrechtlich verfolgt worden war. Als Maria Dahm keinerlei Möglichkeit mehr sah, zwischen ihren Eltern und ihrem Freund zu vermitteln, zog sie es vor, ihr Elternhaus am 17. März 1918 zu verlassen. Sie folgte Johann Mayer nach Eulgem. Dort übernachteten beide im Haus des Ackerers Mathias Wilhelmi. Am nächsten Morgen brach das Paar nach Masburg auf, von dort gingen beide weiter nach Kalenborn. Sie begegneten unterwegs dem Feldarbeiter Josef Michels, der sie mit nach Hause nahm. Dort tranken alle zusammen Kaffee.

Anschließend begaben sie sich auf den Weg nach Lirstal. Mayer erklärte, beim Schuster Eis ein Paar Schuhe, die er dort zur Reparatur abgegeben hatte, abholen zu wollen. Als beide den Ort erreichten, war es bereits sieben Uhr abends und dunkel. Sie trafen nur Frau Eis an, der Schuster selbst war nicht zu Hause. Später im Prozess gegen Mayer sagte Frau Eis als Zeugin aus, dass Mayer keine Schuhe zur Reparatur abgegeben hätte und auch am besagten Tag nicht danach gefragt hatte.

Der Aufenthalt im Haus des Schusters dauerte nicht lange. Mayer erklärte Frau Eis noch, dass er das Mädchen, das ihn begleitete, später einmal heiraten werde. Dann verließen sie am selben Abend Lirstal, um in vollkommener Dunkelheit zurück nach Uersfeld zu gehen. Seit diesem Zeitpunkt wurde Maria Dahm nicht mehr lebend gesehen.

Am 2. September 1918 gegen drei Uhr nachmittags fand der Hilfswaldhüter Josef Hennerici im Gemeindewald von Mayen nur wenige Schritte neben der Straße von Mayen nach Monreal in einer Tannenschonung ein Skelett. Nach eingehenden Untersuchungen konnte es später einer weiblichen Person zugeordnet werden. Daneben lagen vermoderte Kleidungsstücke: ein Rock, eine

Bluse, ein Paar Halbschuhe. Alle diese Gegenstände waren mit Fichtenreisig zugedeckt.

Die genaue Todesursache konnte nach so langer Zeit durch den Kreisarzt von Mayen nicht mehr bestimmt werden. Es wurden lediglich der Bruch einer Rippe und einige fehlende Zähne festgestellt. Anhand der Überreste der Kleidung bestätigten die Eltern, dass diese ihrer Tochter gehört hatten. Zudem erkannte der Vater, Franz Dahm, die Schuhe seiner Tochter, die er selbst einmal als Schuster repariert hatte.

Der Verdacht, dass Johann Mayer mit diesem Verbrechen in Verbindung zu bringen war, lag nahe. Er hielt sich, nachdem er mit Maria Dahm in Lirstal die Schusterwerkstatt Eis verlassen hatte, bis zum 25. März verborgen, war nicht auffindbar oder von irgendjemandem gesehen worden. Es ist davon auszugehen, dass er während dieser Zeit seinen Lebensunterhalt durch Wilderei bestritt.

Bemerkenswert ist die Tatsache, dass Mayer danach bei einem gewissen Wilhelmi, bei dem er schon einige Zeit zuvor als Aushilfe tätig gewesen war, eine ehrliche Arbeit angenommen hatte. Offenbar war es seine Absicht, erst einmal Gras über die Angelegenheit Dahm wachsen zu lassen. Der dringende Tatverdacht und die Zusammenhänge ließen keinen anderen Schluss zu, als dass Mayer mit dem Tod von Maria Dahm zu tun haben musste. Er wurde daher erst einmal festgenommen. Mit ausschlaggebend für diesen behördlichen Schritt war der Hinweis eines Zeugen namens Bäcker, dem Mayer zu Pfingsten 1919 persönlich den Mord an Maria Dahm gestanden und zudem ausführlich über den Tathergang berichtet haben soll.

Am 9. November 1918 wurde Mayer während der Revolutionswirren aus dem Untersuchungsgefängnis befreit und setzte sich mit unbekanntem Ziel ab. Er trieb sich in der Folgezeit weiter in den Wäldern umher und schoss das Wild, wie er es gerade brauchte, um seinen Hunger zu stillen und sich bei Kräften zu halten.

Der verhängnisvolle Weg, den Johann Mayer mit der ersten Tat eingeschlagen hatte, fand seine Fortsetzung. Sein nächstes Opfer war wieder eine Frau, die zunächst Vertrauen zu ihm aufgebaut hatte.

Eine Maria Falk aus Bonn betätigte sich nach dem Ersten Weltkrieg als sogenannte Hamsterin. In regelmäßigen Abständen kam sie nach Mannebach und in die umliegenden Dörfer. Dort tauschte sie die lebenswichtigen Landprodukte mit den Dingen, die es nur in der Stadt gab. Das galt als willkommene Bereicherung bei den Stadtmenschen sowie auch bei der Landbevölkerung.

Bei einem ihrer Besuche lernte sie auch den Strumpfarm Mayer kennen. Dieser war stets darauf bedacht, sich leichte Einnahmequellen zu erschließen. Er kam mit Frau Falk überein, den Tauschhandel gemeinsam zu betreiben. Die gemeinsamen Geschäfte liefen sehr gut. Mayer tauschte lebenswichtige Dinge aus der Stadt mit dem von ihm erlegten Wild, was für ihn als geübten Schützen und Wilderer eine leichte Aufgabe bedeute. Die Städter waren in diesen Zeiten ganz versessen auf das frische Wildfleisch.

Aus der anfänglich rein »geschäftlichen Verbindung« entwickelte sich nach und nach sogar eine private und persönliche Beziehung zur Frau Falk. Diese ging schließlich so weit, dass sie ihren Mann in Bonn verließ und ihrem »Geschäftspartner« Mayer in die Eifel folgte. Von dessen Zwielichtigkeit ahnte sie zu diesem Zeitpunkt noch nichts.

Es war nur eine Frage der Zeit, bis Frau Falk schließlich von dem unrühmlichen Vorleben ihres Partners erfuhr. Das gefiel ihr überhaupt nicht und versetzte sie in Zweifel, Angst und Schrecken.

Deshalb entschloss sie sich eines Tages, nicht länger bei ihm zu bleiben, nicht mehr mit ihm zusammenzuarbeiten und seine kriminellen Machenschaften nicht mehr zu unterstützen. Diese feste Absicht, sich von Mayer zu trennen, war gleichzusetzen mit ihrem Todesurteil.

Als Mayer von ihrer Entscheidung erfuhr, regelte er die unausweichliche Trennung auf seine besondere Weise. Er führte keine langen Diskussionen. Schon gar nicht versuchte er die Frau umzustimmen, bei ihm zu bleiben. Während eines gemeinsamen Spaziergangs im Februar 1919 in einem Waldstück zwischen Masburg und Hauroth erschoss er sein ahnungsloses Opfer heimtückisch. Die Leiche verscharrte er direkt am Tatort oberflächlich. Ein halbes Jahr später fanden spielende Kinder nur noch das Skelett der Frau Falk.

Nikolaus Schüller aus Kalenborn und Lorenz Reuter aus Masburg waren die nächsten Opfer des Stumpfarms.

Schüller war gelegentlicher Mittäter von Mayer, bis er eines Tages den Entschluss fasste, sich von seinem Komplizen und dessen kriminellen Machenschaften zu distanzieren. Als Mayer davon erfuhr, erkannte er sofort die Gefahr, dass Schüller ihn irgendwann durch Aussagen belasten und dadurch sein krimineller Lebenswandel aufgedeckt werden könnte. Zu seinem Selbstschutz war er gezwungen, etwas zu unternehmen, um dies zu verhindern. Er erschoss Schüller unvermittelt, hinterlistig und gewissenlos im März 1919 im Gemeindewald von Mannebach.

Nur einen Monat später ereilte einen weiteren Freund von Mayer, Lorenz Reuter, das gleiche Schicksal. Auch dieser war zuvor mit Mayer durch die Wälder gezogen und hatte dort gemeinsam mit ihm gewildert. Anders als Mayer, der ständig im schützenden Dickicht der Eifelwälder übernachtete, kehrte Reuter häufig bei einem Freund in Masburg ein und hielt sich dort auf. Das eigene Elternhaus direkt nebenan durfte Lorenz Reuter nicht mehr betreten, da seine Eltern den Umgang mit Mayer für zu gefährlich hielten und es ablehnten, ihn im Haus übernachten zu lassen. Es ist erwiesen, dass Mayer diese Entscheidung kannte und daher eine Gefahr für sich befürchtete. Um ungewollte Konsequenzen, die sein Verhalten, seine Einstellung und vor allem seinen Lebenswandel betrafen, auszuschließen, blieb ihm kein anderer Ausweg, als Reuter ebenfalls zu beseitigen. Er erschoss auch ihn.

Die weitere Vorgehensweise mit den beiden Leichen war identisch. Mayer gab sich nicht die Mühe, seine Opfer zu vergraben, sondern er bediente sich der Äste und Reiser in direkter Nähe und deckte die toten Körper nur damit zu. Er handelte offenbar hauptsächlich in der Meinung, dass diese nicht zu schnell gefunden werden sollten. Die dadurch von ihm eingeplante lange Liegezeit der Leichen sollte ihre Identifizierung erschweren und ihm als Täter einen größeren Vorsprung verschaffen. Aber Mayer dachte noch weiter und wollte die Ermittlungsarbeiten der Behörden nach einem Auffinden der Leichen zusätzlich erschweren. Deshalb suchte er kurze Zeit nach der Ermordung von Schüller und Reuter wieder die Tatorte auf, ein Verhalten, das nicht gefühlloser eingestuft werden konnte. Dort trennte er seinen beiden Opfern mit einem Messer die Köpfe ab und vertauschte diese mit den Körpern. Auch hier stand offenbar wieder die Absicht im Vordergrund, eine Identifizierung der Opfer noch weiter hinauszuzögern und erschweren zu wollen.

Die Entdeckerin des Fundortes der ersten Leiche berichtete später: »Es war in den Jahren nach dem Ersten Weltkrieg. Ich war so Anfang zwanzig Jahre alt. Zusammen mit meinem Bruder und einer anderen Frau aus Mannebach waren wir in den Wald gegangen, um dort Streu für das Vieh zu machen. Während meiner Arbeit erreichte ich eine niedrige Fichtenschonung. Dort entdeckte ich plötzlich, dass an einer Stelle Reisig schräg gegeneinandergestellt worden war, was nur durch Menschenhand erfolgt sein konnte. Ich wunderte mich darüber und ging vorsichtig weiter. Beim näheren Hinsehen erkannte ich mit einem Male, wie zwischen den Ästen eine schaurig verkrampfte menschliche Hand empor herausragte. Ganz vorsichtig zog ich das Reisig zur Seite und musste zu meinem Schrecken erkennen, dass dort ein Mensch lag. Ich wandte mich um und lief schnell zurück zu meinen beiden Begleitern. Immer noch voller Schrecken berichtete ich diesen über meine grausige Entdeckung. Wenig später trafen wir auf einige Leute aus Mannebach, die ebenfalls unterwegs waren, Streu für ihre Ställe zu machen. Sie hatten gerade eine Mittagspause eingelegt und verzehrten im Schatten eines Baumes ihre mitgebrachte Verpflegung.«

Die Person, die die Leiche zuerst entdeckt hatte, sprach die Verweilenden an und sagte: »Wenn ihr das gesehen hättet, was wir gerade gesehen haben, dann würdet ihr keinen Appetit mehr haben!«

Trotz dieser unangenehmen Beschreibung und dem keinesfalls erstrebenswerten Anblick des Fundes begaben sich alle zu dem Fundort. Der Tote war mit Wacholderreisig zugedeckt und lag auf dem Rücken. Er trug einen Anzug aus Uniformstoff. Schuhe fehlten. Besonders auffallend war allerdings, und das verwunderte alle, dass das Gesicht des auf dem Rücken liegenden Mannes nicht zu erkennen war. Lediglich sein Hinterkopf war sichtbar. Der Kopf schien offenbar um 180 Grad gedreht worden. Nach kurzem Überlegen versuchte einer der Anwesenden den Kopf zu drehen, das Gesicht sichtbar zu machen, weil er erkennen wollte, um wen es sich bei dem Opfer handelte. Dieses Vorhaben gelang auch, sogar besonders mühelos, denn der Kopf der dort liegenden Leiche war nicht mehr mit dem Körper verbunden, sondern lag lose und abgetrennt an dieser Stelle. Es handelte sich um ein Männergesicht, das nach dem Wenden sichtbar wurde.

Wie sich später herausstellte, war es die Leiche von Nikolaus Schüller, dessen toter Körper dort in der Schonung lag. Der Kopf hingegen war Lorenz Reuter zuzuordnen. Selbst die hinzugerufene Schwester von Nikolaus Schüller konnte ihren Bruder nicht eindeutig identifizieren. Den Anzug aus Uniformstoff erkannte sie zwar sofort wieder, denn diesen hatte sie selbst genäht. Aber da war eben dieser fremde, unbekannte Kopf, der sie an einer eindeutigen Identifizierung zweifeln ließ.

Die Leiche des Lorenz Reuter wurde einige Wochen später ganz in der Nähe gefunden. Ähnlich wie Schüllers Leiche lag auch diese in einem Dickicht, abgedeckt mit Reisig aus der unmittelbaren Nähe, abseits von Wegen, um ein Auffinden des Toten möglichst lange hinauszuzögern. Bei dieser Leiche lag der abgetrennte Kopf von Nikolaus Schüller.

Eine gewisse Naivität bei der Vorgehensweise des Täters muss hier schon vorausgesetzt werden, denn durch das Austauschen der Köpfe konnten die Ermittlungsbehörden nicht getäuscht werden.

Die Untaten in der Gegend sollten aber noch nicht beendet sein.

In Sickerath, einem zur Gemeinde Mannebach gehörenden Weiler, lebte die Witwe Katharina Forst. Ihr Mann war aus dem Ersten Weltkrieg nicht zurückgekehrt. Sie lebte mit ihren drei Kindern im Haus ihrer Mutter. Mit Katharina war Mayer eng befreundet. Manchmal sah man sie bei öffentlichen Tanzveranstaltungen oder auf der Kirmes in Kelberg. Katharina Forst war auch die Person, die Mayer später mit Lebensmitteln versorgte, als er nach Straftaten die dichten, undurchdringlichen Eifelwälder nicht mehr verlassen konnte, um den Gendarmen nicht ausgeliefert zu sein. Auch das Haus dieser Katharina diente dem Stumpfarm hin und wieder als Unterschlupf.

Eines Tages aber wurde Mayer von den Gendarmen in dem Haus vorgefunden, abgeführt und nach Virneburg gebracht, dem damaligen Verwaltungsort von Mannebach. Noch am selben Abend war es ihm offenbar wegen mangelnder Bewachung gelungen, das Gefängnis ungesehen zu verlassen. Er kehrte mit einem Gewehr über der Schulter zurück zu seiner Freundin. Wegen seiner ausgezeichneten Kenntnisse in den Wäldern und Schlupfwinkeln gelang es ihm, lange Zeit unerkannt zu bleiben. Er beteiligte sich fortan an der Beschaffung des Lebensunterhaltes im Hause Forst, indem er weiter wilderte, Rehe, Hasen und anderes Wild erlegte.

Wegen der engen Verbindung zu Mayer blieb es nicht aus, dass Katharina Forst immer umfangreichere Kenntnisse über das Vorleben ihres Freundes erlangte. Auch das blieb diesem nicht verborgen und schürte sogleich das Misstrauen in ihm. Dieses nahm eines Tages ein derartiges Ausmaß an, dass er befürchtete, Katharina könnte ihm bald gefährlich werden, wenn sie irgendwelche Äußerungen gegenüber bestimmten Personen, die ihm nicht wohlgesonnen waren, machen würde, wenn auch vielleicht nur unbewusst.

Irgendwann stand für Mayer fest, dass Katharina ihm mit ihren Kenntnissen, die sie allerdings auch durch sein eigenes Dazutun erlangt hatte, schaden und seine illegalen Machenschaften aufdecken könnte. Aufgrund seiner besonderen und gefühllosen Einstellung zu anderen Menschen gab es keine andere Lösung für ihn: Katharina musste verschwinden, noch bevor sie mit ihrem Wissen Unheil anrichten konnte. Was lag näher, als ihr das Leben zu nehmen, damit sie für immer schwieg? Seine eigene Sicherheit stand wieder einmal im Vordergrund, war wichtiger als seine Beziehung, auf die er bereit war, zu verzichten. Seit dieser verhängnisvollen Entscheidung wartete er auf eine günstige Gelegenheit, seinen teuflischen Plan in die Tat umzusetzen.

Einige Zeit später teilte er Katharina mit, dass er beabsichtige, eine Ziege zu kaufen. »Ich weiß da von einer Geiss, die günstig zu erwerben ist. Das Tier steht in Düngheim. Wir können doch gemeinsam dorthin gehen, und sehen sie uns mal an!«

Nichts Böses ahnend, stimmte Katharina Forst diesem Vorschlag zu. Bereits am Morgen des 19. Mai 1919 begaben sich die beiden zu Fuß auf den Weg. Sie passierten dichte Wälder. Immer wieder drehte sich Mayer um, beobachtete die Umgebung, um sicher zu sein, dass ihnen niemand folgte oder sonst jemand in der Nähe war.

Katharina Forst hegte zu diesem Zeitpunkt keinerlei Verdacht, was ihr an diesem Morgen noch widerfahren sollte. Es kann davon ausgegangen werden, dass der beabsichtigte Kauf des Tieres nur ein Vorwand war, um das spätere Opfer zur Tatausführung an eine menschenleere Stelle zu locken.

Nachdem beide etwa eine Stunde auf dem Weg zwischen Kaisersesch und Illerich unterwegs gewesen waren, hallten plötzlich laute Schüsse durch die friedliche Stille des Waldes. Mayer hatte einen günstigen Moment abgewartet und seine Freundin hinterrücks und ohne Vorwarnung mit seiner Schusswaffe, die er immer mit sich führte, kaltblütig erschossen. Dann vergewisserte er sich nochmals, sah sich um, ob wirklich keine anderen Personen in der Nähe waren, die die Schüsse gehört haben könnten. Daraufhin zog der Mörder die Leiche in dichtes Buschwerk neben dem Weg und verscharrte die Tote hastig im weichen Waldboden.

Mehr als fünfzehn Monate blieb die Leiche unentdeckt, bis sie am 6. August 1920 im Waldstück nahe der Hambucher-Mühle aufgefunden wurde. Von dem Körper selbst war nach der langen Liegezeit im Freien kaum noch etwas zu erkennen. Aber an den Haaren, die gewöhnlich einer Zersetzung länger standhalten, weiterhin an der Kleidung, wie Mantel, Rock und Schuhen, konnten der Bruder der Toten, Nikolaus Bäcker, und eine Frau aus Mannebach die verschwundene Frau Forst eindeutig identifizieren.

Hinweise oder Verdachtsmomente auf einen oder mehrere mutmaßliche Täter fehlten. Zudem war es zu diesem Zeitpunkt äußert schwierig, Zusammenhänge zum Tathergang herzustellen.

Es war wieder einmal bezeichnend, dass immer nur engste Bekannte die Opfer von Mayer wurden. Fremde blieben von ihm bislang unbehelligt. Offenbar gab er sich gegenüber ihm vertrauten Personen nach längerer Bekanntschaft großzügiger und vielleicht gedankenloser bei der Mitteilung von Einzelheiten über seine Person und seine Vergangenheit.

Mayer blickte in seiner Vergangenheit auf eine lange Reihe von Bestrafungen zurück. Unter anderem waren da Jagdverbrechen, Körperverletzung, Sachbeschädigung, Widerstand, Hausfriedensbruch, öffentliche Beleidigungen, Umgang mit scharfen Waffen in der Nähe von bewohnten Gebäuden und Diebstahl.

Nahezu jedem in der Region war die kriminelle Energie, die Unberechenbarkeit und die Skrupellosigkeit des Stumpfarms bekannt. Keiner wünschte sich daher, ihm jemals zu begegnen. Es herrschte große Angst in der Bevölkerung, ihm eines Tages über den Weg zu laufen, weil nicht absehbar war, wie er auf dieses Aufeinandertreffen reagieren würde. Allein die Einschätzung seitens des Stumpfarms auf seine eigene Gefährdung und Entdeckung wäre bei einer Begegnung mit Fremden ausschlaggebend gewesen, wie er sich verhalten hätte.

Am 18. Juli 1919 veröffentlichte die Polizeiverwaltung von Kaisersesch folgende Mitteilung: »Die Bevölkerung lebt in großer Angst vor dem allgemein gefürchteten J. Mayer, der im Besitz einer Schusswaffe ist. Ohne Ausschreibung einer Belohnung wagt die Civil-Bevölkerung nicht so leicht, den Mayer zu fassen, flieht vielmehr vor ihm, wenn er sich irgendwo zeigt.«

Zur Warnung vor Mayers Unberechenbarkeit, aber auch zu seiner Ergreifung wurde schließlich in seinem »Wirkungsbereich« nach ihm gesucht. Über das Aussehen des Gesuchten lieferte der von der Staatsanwaltschaft Koblenz im Juli 1919 herausgegebene Steckbrief folgende Auskunft:

»Größe: 172 cm, Augen: grau, Augenbrauen: blond, Nase: gradlinig, Ohren: mittel, Mund: gewöhnlich, Zähne: anscheinend vollzählig, Kinn: gewöhnlich, Hände und Füße: normal, linke Hand fehlt, Gang und Haltung: nach vorn geneigt, Sprache: gewöhnlich, hiesige.«

In einer Sonderbeilage zum Öffentlichen Anzeiger des

Regierungs-Amtsblattes Nr. 30, herausgegeben in Düsseldorf am 2. August 1919, wurde der Steckbrief auf Seite 228 abgedruckt. Zudem wurde eine Belohnung von 800 Mark für sachdienliche Hinweise, die zur Verhaftung des Gesuchten führen könnten, ausgesetzt.

Ob dieser Steckbrief dazu führte, dass Mayer am 10. August 1919 festgenommen werden konnte, ist nicht mehr nachzuvollziehen. Bekannt hingegen ist, dass diese Ergreifung nicht einfach war und keineswegs reibungslos verlief. Aus dem Protokoll der Vernehmung eines Karl Winter, das der Bürgermeister Surges in Kaisersesch am 11. August aufnahm, geht hierzu jedenfalls Folgendes hervor:

»Es erscheint Karl Winter, geb. 25. April 1863 in Idar bei Oberstein, wohnhaft in Trier, Palastplatz 5, seit dem 9. Januar d. Js. im Wohnwagen als Korb- und Schirmflechter im Lande umherziehend, und erklärt auf Vorhalt, was folgt: Vorgestern (Samstag) habe ich mit meinen Wohnwagen, aus Richtung von Hambuch kommend, unterhalb der Ortschaft Eulgem einige Schritte von dem Verbindungsweg Eulgem-Düngenheim entfernt auf einem freien Platz halt gemacht, der an der Abzweigung des Weges nach der Eulgemer Mühle gelegen ist. Der Musiker, Korb- und Schirmmacher Karl Reinhard, früher wohnhaft in Coblenz, Kastorstr. 82, jetzt ebenfalls im Wohnwagen umherziehend, machte gleichzeitig halt daselbst, ferner dessen Bruder August Friedrich Reinhard (geb. 5.3.1896 in Mülhausen, Oberamt Cannstadt in Württemberg). Letzterer hat keinen besonderen Wohnwagen, sondern wohnt in dem Wohnwagen seines Bruders Karl Reinhard. Gegen 10 Uhr abends lief mein Hund bellend einige Schritte vom Platze aufwärts und gab gleich Standlaut. Ich lief darauf zu dem Hund und sah einen Mann mit dem Rücken wider einen Buchenbaum angelehnt, vor dem Hund stehen. Ich fragte denselben: ›Wer bist du?‹ Der Mann erwiderte: ›Ein Jenischer!‹ Dieses Wort bedeutet in der Gaunersprache so viel wie herumziehende Scherenschleifer, Korbmacher, Kesselflicker, Schirmflicker und anderes mehr. Ich sagte ihm dann: ›Und wir sind Zigeuner‹, um ihn vertraulich zu machen.

Der Mann trug einen Militärkarabiner über seiner rechten Schulter und hielt seinen rechten Arm in der Rocktasche. Als er sich näherte, bemerkte ich, dass ihm der linke Unterarm fehlte. Daher glaubte ich, dass ich den gesuchten Stumpfarm vor mir hätte, den mir vor einiger Zeit die Wirtin zur Schönen-Aussicht in Kaisersesch genau beschrieben hatte. Sie hatte auch erwähnt, dass er wegen Mordverdachts gesucht würde und auf seine Festnahme eine Belohnung ausgesetzt sei. Auf seine Frage, ob keine fremden Leute bei uns wären, antwortete ich ihm, außer unseren Familien begleite uns sonst niemand. Er könne daher ruhig mit mir zu dem Lagerplatz gehen. Auf dem Weg dorthin bat ich ihn um etwas Tabak. Ohne zu antworten holte er aus der äußeren oberen Rocktasche eine Zigarre hervor und reichte sie mir herüber. Ich brach die Zigarre in der Mitte durch und gab ihm als Zeichen der Freundschaft die andere Hälfte zurück. Als wir an unserem Lagerplatz angekommen waren, gab er die halbe Zigarre meinem Kollegen Karl Reinhard und lud uns ein, mit ihm auf die Jagd zu gehen. Wir gingen zunächst nicht auf das Angebot ein. Um einen Grund zu finden, in meinem Wagen meinen Revolver zu holen, suchte ich meine Taschen nach einem Streichholz ab. Obwohl ich eins dort fand, gab ich vor, im Wagen Streichhölzer holen zu wollen. Ohne auf eine Bemerkung zu warten, sprang ich schnell in den Wagen und steckte meinen Revolver mit zwei Kugeln geladen in die Hosentasche.

Als ich aus dem Wagen zurückkehrte, blickte mich der Stumpfarm auffallend scharf an, als hätte er einen bestimmten Verdacht, und griff hastig nach seinem Karabiner. Noch bevor er etwas unternehmen konnte, sprang ich ihm schnell an seinen Hals und hielt ihm meinen Revolver ins Gesicht. Während ich den Stumpfarm so gefasst hatte, reagierte Karl Reinhard blitzschnell, kam mir zur Hilfe und riss ihm den Karabiner aus der Hand. Dann ging alles sehr schnell. Ich schoss meine beiden Revolverkugeln dem Kontrahenten in beide Beine. Auf meinen Ruf hin schlug Reinhard mit dem Karabiner mehrmals auf den Kopf, den Rücken und die Beine. Der Stumpfarm setzte sich verbissen gegen uns zur Wehr. Das ganze Ringen dauerte fast eine viertel Stunde. Zum Schluss hatten wir ihm seinen Rock in Fetzen vom Leib gerissen. Dennoch gelang es ihm, sich loszureißen und trotz der Blessuren fortzulaufen. Weil ich vorher noch zwei Gestalten weiter aufwärts im Dunkeln gesehen hatte, liefen Reinhard und ich gleich zu unserem Wohnwagen und fuhren, ohne anzuhalten nach Kaisersesch, wo wir am nächsten Morgen um 8 Uhr auf dem Marktplatz ankamen. Zusammen mit August Reinhard eilte ich zur Gendarmerie und schilderte dort das nächtliche Erlebnis. Zusammen mit dem vernehmenden Bürgermeister begaben sich die Gendarmerie-Wachtmeister mit mir nach Eulgem zu der Kampfstelle. Dort waren noch verschiedene Blutspuren auf dem Boden zu erkennen. Nach einigem Suchen wurde der Stumpfarm in einem nahen Waldstück liegend aufgefunden und festgenommen. Ich erhebe Anspruch auf die ausgesetzte Prämie.«

Der Erschienene unterzeichnete das Protokoll mit drei Kreuzen, weil er des Schreibens nicht kundig war.

Karl Reinhard bestätigte die Aussage, machte ebenfalls seinen Anspruch auf die Prämie in Höhe von achthundert Reichsmark geltend und unterzeichnete ebenfalls mit drei Kreuzen.

Mayer blieb zwei Tage in Kaisersesch in Gewahrsam und wurde dann nach Koblenz gebracht.

Schnell verbreitete sich die Nachricht, dass der lange gesuchte und gefürchtete Verbrecher gefasst worden sei. Offenbar hatte er die Reaktion des fahrenden Volkes falsch eingeschätzt, das wesentlich dazu beigetragen hatte, den verbrecherischen Machenschaften des Stumpfarms ein Ende zu bereiten. Er hatte offenbar den Fehler gemacht, sich nicht weit genug von der Stelle, an der die Konfrontation mit dem fahrenden Volk zustande gekommen war, entfernt zu haben. Möglicherweise war er aber auch durch den Kampf und seine Verletzungen zu geschwächt, um sich weiter zu entfernen.

Winter und Reinhard wurde übrigens nicht die gesamte Kopfprämie ausgezahlt. Jeder erhielt lediglich einhundert Reichsmark. Sie hatten nur den Hinweis auf den Verbrecher und seinen möglichen Verbleib geben können. Wäre er am nächsten Morgen nicht mehr dort vorgefunden worden, wären sie leer ausgegangen.

Dass Mayer nicht geständig war, erschwerte die Ermittlungsarbeiten. Es sollte drei Jahre dauern, bis Anklage gegen ihn erhoben und der Prozess eröffnet werden konnte.

Drei Tage dauerten die Verhandlungen vor dem Schwurgericht in Koblenz, bis am 7. Februar 1923 das Urteil verkündet wurde. Es lautete:

»Im Namen des Volkes. In der Strafsache gegen den Tagelöhner Johann Mayer, ohne festen Wohnsitz, geboren am 2. April 1886 in Uersfeld, hat das Schwurgericht in Coblenz in der Sitzung vom 7. Februar 1923, an welcher teilgenommen haben: Landesgerichtsdirektor Schlüter als Vorsitzender, Landgerichtsrat Haupt, Landrichter Ruppert, als beisitzende Richter, Oberstaatsanwalt Seethe als Beamter der Staatsanwaltschaft, Justizobersekretär Linovski als Gerichtsschreiber, für Recht erkannt: Der Angeklagte wird wegen Mordes in vier Fällen viermal zum Tode und wegen Totschlags zu 15 Jahren Zuchthaus verurteilt. Die bürgerlichen Ehrenrechte werden ihm auf Lebenszeit aberkannt. Die Kosten des Verfahrens fallen dem Angeklagten zur Last.

Urteilsbegründung: Nach dem anliegenden Spruch der Geschworenen, auf den Bezug genommen wird, ist der Angeklagte des Mordes nach § 211 Str.G.B. in vier Fällen und des Totschlags nach § 212 Str.G.B. in einem Fall schuldig. Bezüglich des Totschlags sind ihm mildernde Umstände versagt worden. Wegen des vierfachen Mordes muss viermal auf Todesstrafe erkannt werden. Bei der Strafzumessung des Verbrechens des Totschlags wurde erwogen, dass bei dem Angeklagten, der als gewebsmäßiger Wilderer auch die Menschenleben als nicht achtend auf die tiefste Stufe des Verbrechertums herabgesunken ist und den Schrecken der ganzen Gegend zwischen Mayen und Cochem bildete, keine Milde am Platze sei. Die höchste zulässige Zuchthausstrafe von 15 Jahren erschien daher als angemessene Sühne. Bei der von dem Angeklagten bekundeten ehrlosen und ihn von jeder menschlichen Gemeinschaft ausschließenden Gesinnung erschien es angebracht, ihm gem. § 32 Str. G. B. die bürgerlichen Ehrenrechte auf Lebenszeit abzuerkennen. Die Kostenentscheidung beruht auf § 497 Str.G.B.

gez. Schlüter, Haupt, Ruppert.«

Eine Revision, veranlasst durch Rechtsanwalt Casper, wurde zurückgewiesen.

Gnadengesuche von Mayer blieben ohne Erfolg. Das erste stellte er am 18. Juli 1923. Darin bekannte er sich noch immer nicht zu seinen Straftaten: »Obwohl ich nach wie vor bestreiten muss, des Mordes schuldig zu sein, finde ich mich nunmehr mit dem rechtskräftigen Urteil ab und bitte inständig um Gnade!«

Ein weiteres Gnadengesuch folgte nur wenige Tage später, am 22. Juli 1923, mit dem Wortlaut: »Wegen meiner Straftaten, die ich begangen habe, bitte ich reumütig, um mir Verzeihung und Gnade zuteilwerden zu lassen. Die Todesstrafe bitte ich auf dem Gnadenweg in Zuchthausstrafe umwandeln zu lassen.«

Der abweichende Wortlaut der beiden Gnadengesuche lässt den Schluss zu, dass der verurteilte Mayer mit seinem Leugnen der Straftaten keinen Erfolg haben konnte, sodass er diese im zweiten Gesuch einräumte. Dieses Gnadengesuch war ein handgeschriebener Brief an das Preußische Staatsministerium. Mayer schilderte darin nochmals seine Lebensgeschichte und wies darauf hin, dass er elternlos und ohne Liebe und Sorgfalt bei fremden Leuten aufgewachsen und erzogen worden sei. Hunger, Not, Verzweiflung und nicht zuletzt seine körperliche Einschränkung, der verlorene linke Unterarm, hätten maßgeblich den negativen Verlauf seines gesamten Lebens geprägt.

Offensichtlich war das Gericht bereits vorab davon ausgegangen, dass Mayer nach seiner Verurteilung Gnadengesuche stellen würde. Aus diesem Grund hatte der Generalstaatsanwalt in Köln am 18. Juni 1923 dem Preußischen Staatsministerium vorsorglich mitgeteilt, dass die Geschworenen im Fall Mayer ein richterliches Urteil gefällt hätten. Er halte Mayer für einen Mörder. An seiner Zurechnungsfähigkeit bestünden keine Zweifel. Seine Meinung bekräftigte der Generalstaatsanwalt noch durch den Hinweis, dass der Verurteilte, der lange verwildert in den Wäldern gelebt hatte, als sittlich völlig verkommener und nicht rettbarer Gewohnheitsverbrecher einzustufen sei. Er habe während seiner Zeit als Wilderer hemmungslos Genossen beseitigt, um Mitwisser seiner Verbrechen auszuschalten. Aus reiner Mordlust habe er Frauen getötet, die ihm sogar zugetan gewesen seien. Wie er die Leichen seiner Opfer zugerichtet und zerstückelt habe, um sie für die Ermittlungsbehörden unkenntlich zu machen, zeige eine außergewöhnliche und furchterregende Rohheit, wie sie einem wilden Tier kaum angelastet und nachgesagt werden könne.

Diese Argumente müssen ausschlaggebend gewesen sein, dass mit Datum des 13. Dezember 1923 ein für Gnadengesuche zuständiges Gremium des Preußischen Staatsministeriums entschied, von einer Begnadigung abzusehen. Dieser Beschluss wurde von Justizminister Hugo am Zehnhoff unterzeichnet.

Da alle Rechtsmittel ausgeschöpft waren, musste das Urteil nun vollstreckt werden. Kurz vor der Hinrichtung am 29. Dezember 1923 fanden sich im Innenhof des Kölner Gefängnisses Klingelpütz zahlreiche Personen ein, um der Hinrichtung beizuwohnen. Gegenüber der Guillotine stand ein schwarz behängter Tisch mit zwei brennenden Kerzen und einem Kruzifix. Dieser diente dem Gerichtsschreiber, der die folgenden Handlungen und den Ablauf der Hinrichtung genau zu protokollieren hatte. Der Verteidiger des Verurteilten, Rechtsanwalt Casper aus Koblenz, war zur Hinrichtung nicht erschienen.

Der Scharfrichter Späte stand mit drei Gehilfen vor der Guillotine und wartete auf sein Zeichen, das Fallbeil zu lösen. Um 7.45 Uhr wurde dann der Verurteilte von den Strafanstaltsoberwachtmeistern Haas und Kotowky aus den Innenräumen des Gefängnisses dem auf dem Hof wartenden Ersten Staatsanwalt Dr. Wernicke vorgeführt. Im selben Moment erklang im Hintergrund das sogenannte Armesünderglöckchen, das mit seinem schrillen Ton die Ruhe des Morgens durchdrang und erst nach der Hinrichtung verstummen sollte.

Der Staatsanwalt verlas nun nochmals den Text des rechtskräftigen Urteils vom 7. Februar 1923. Vorher hatte der Verurteilte noch die Sterbesakramente der katholischen Kirche erhalten.

Unmittelbar danach rauschte das Fallbeil herab und beförderte den Verurteilten vom Leben zum Tod.

Der abgetrennte Kopf fiel in einen Sack, der unterhalb der Guillotine angebracht war. Die Leiche wurde dann von Bediensteten des Gefängnisses in einen Sarg gelegt, der schon im Hintergrund bereitstand. Der Gefängnispfarrer segnete diesen ein und kam dem letzten ungewöhnlichen Wunsch des Stumpfarms nach: Es wurde ein gemeinsames Vaterunser gesprochen.

Noch am selben Tag wurde eine Bekanntmachung durch den Oberstaatsanwalt herausgegeben und die Vollstreckung des Urteils amtlich bestätigt.

Jedem, der an dem Urteil und dessen Vollstreckung beteiligt gewesen war, stand eine Entschädigung zu. So erhielt der Gefängnis-Werkmeister Mecklenbroich noch am selben Tag einen Betrag von dreißig Billionen Mark.

Der Scharfrichter Späte hatte zunächst einen Auslagenvorschuss von zweitausend Goldmark erhalten.

Die Gehilfen des Scharfrichters, August Sprung, Karl Ehrlich und Fritz Reichelt, die aus Breslau angereist waren, hatten allerdings Sorge um ihre Entlohnung, denn am Tag der Hinrichtung hatte sich Späte erschossen, ohne vorher die Liquidation gefertigt zu haben. Am 12. Februar wandten sich deshalb die drei Gehilfen an den Oberstaatsanwalt in Koblenz. Es ist heute nicht mehr nachzuvollziehen, ob die Henkersgehilfen jemals ihre Entschädigung im Fall Johann Mayer erhalten haben.

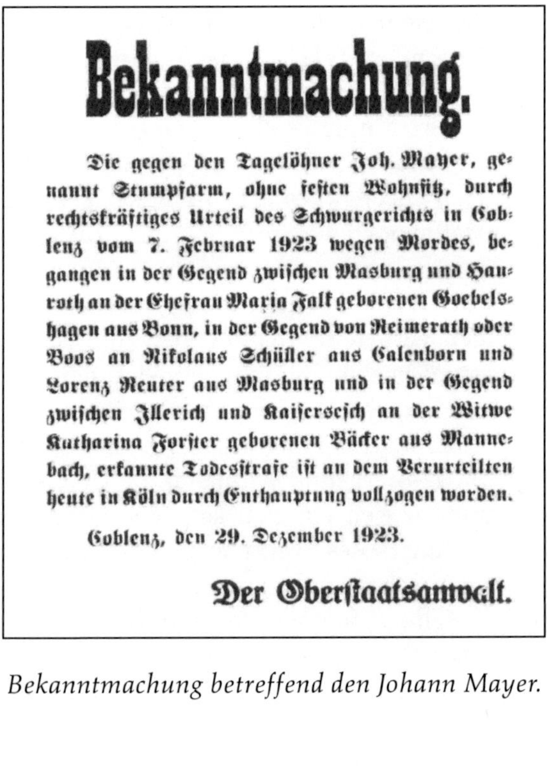

Bekanntmachung.

Die gegen den Tagelöhner Joh. Mayer, genannt Stumpfarm, ohne festen Wohnsitz, durch rechtskräftiges Urteil des Schwurgerichts in Coblenz vom 7. Februar 1923 wegen Mordes, begangen in der Gegend zwischen Masburg und Hauroth an der Ehefrau Maria Falk geborenen Goebelshagen aus Bonn, in der Gegend von Reimerath oder Boos an Nikolaus Schüller aus Calenborn und Lorenz Reuter aus Masburg und in der Gegend zwischen Illerich und Kaisersesch an der Witwe Katharina Forster geborenen Bäcker aus Mannebach, erkannte Todesstrafe ist an dem Verurteilten heute in Köln durch Enthauptung vollzogen worden.

Coblenz, den 29. Dezember 1923.

Der Oberstaatsanwalt.

Bekanntmachung betreffend den Johann Mayer.

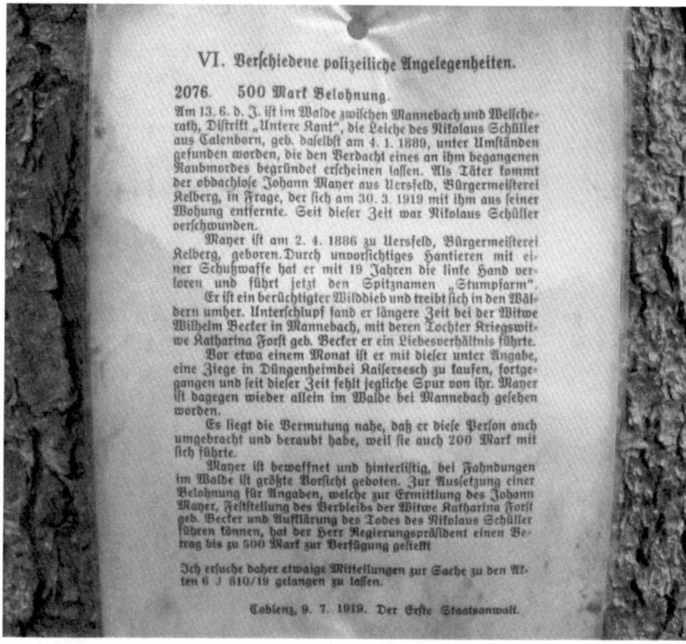

VI. Verschiedene polizeiliche Angelegenheiten.

2076. 500 Mark Belohnung.

Am 13. 6. d. J. ist im Walde zwischen Mannebach und Welscheráth, Distrikt „Untere Kant", die Leiche des Nikolaus Schüller aus Calenborn, geb. daselbst am 4. 1. 1889, unter Umständen gefunden worden, die den Verdacht eines an ihm begangenen Raubmordes begründet erscheinen lassen. Als Täter kommt der obdachlose Johann Mayer aus Uersfeld, Bürgermeisterei Kelberg, in Frage, der sich am 30. 3. 1919 mit ihm aus seiner Wohung entfernte. Seit dieser Zeit war Nikolaus Schüller verschwunden.

Mayer ist am 2. 4. 1886 zu Uersfeld, Bürgermeisterei Kelberg, geboren. Durch unvorsichtiges Hantieren mit einer Schußwaffe hat er mit 19 Jahren die linke Hand verloren und führt jetzt den Spitznamen „Stumpfarm".

Er ist ein berüchtigter Wilddieb und treibt sich in den Wäldern umher. Unterschlupf fand er längere Zeit bei der Witwe Wilhelm Becker in Mannebach, mit deren Tochter Kriegswitwe Katharina Forst geb. Becker er ein Liebesverhältnis führte.

Vor etwa einem Monat ist er mit dieser unter Angabe, eine Ziege in Düngenheimbei Kaisersesch zu kaufen, fortgegangen und seit dieser Zeit fehlt jegliche Spur von ihr. Mayer ist dagegen wieder allein im Walde bei Mannebach gesehen worden.

Es liegt die Vermutung nahe, daß er diese Person auch umgebracht und beraubt habe, weil sie auch 200 Mark mit sich führte.

Mayer ist bewaffnet und hinterlistig, bei Fahndungen im Walde ist größte Vorsicht geboten. Zur Aussetzung einer Belohnung für Angaben, welche zur Ermittlung des Johann Mayer, Feststellung des Verbleibs der Witwe Katharina Forst geb. Becker und Aufklärung des Todes des Nikolaus Schüller führen können, hat der Herr Regierungspräsident einen Betrag bis zu 500 Mark zur Verfügung gestellt

Ich ersuche daher etwaige Mitteilungen zur Sache zu den Akten 6 J 810/19 gelangen zu lassen.

Coblenz, 9. 7. 1919. Der Erste Staatsanwalt.

Historischer Aufruf zur Ergreifung des Stumpfarms.

Der Serienmörder Johann Mayer (rechts im Bild) unmittelbar nach seiner Festnahme (1922).

Der Klingelpütz, das berühmte Kölner Gefängnis, um 1930.

DER HEIMTÜCKISCHE MORD AN FÖRSTER MICHEL IM HERTOGENWALD

Sonntag, der 21. Oktober 1900, war ein herbstlicher, trüb-dunstiger Tag.

Zu dieser Zeit weilten drei Männer in einem vollkommen heruntergekommenen, kaum noch bewohnbaren alten Haus in der belgischen Gemeinde Jalhay. Ein Adolf Francois war der Eigentümer dieser ungepflegten Kaschemme. Er betrieb dort eine Gastwirtschaft. Wegen des unansprechenden, maroden Zustands wurde diese schon lange nicht mehr von normalen Gästen aufgesucht. Sie hatte sich zu einem Treffpunkt und Zufluchtsort von dubiosen, lichtscheuen und kriminellen Gestalten entwickelt. Ihr Vorteil lag darin, dass sich das schnell herumgesprochen hatte und der Bereich von anderen Menschen gemieden wurde.

Der älteste der »Betreiber«, Adolf Francois, war sechzig Jahre alt. Sein Sohn Theo, dreißig Jahre alt, war eine jämmerliche, kleine und unscheinbare Person. Als herausragender Gegensatz zu ihm war da noch der vierzigjährige Wilhelm Paulsen. Er hatte eine große und kräftige Statur mit breiten Schultern. Sein Gesicht zierte ein markanter Schnauzbart, eine häufige Modeerscheinung in dieser Zeit. Durch sein Erscheinungsbild zog Paulsen stets alle Blicke auf sich und stellte alle anderen in den Schatten. Eine gewisse Hinterhältigkeit ließ sein durchdringender Blick erkennen.

Er fühlte sich den beiden anderen deutlich überlegen und prahlte selbstsicher und so oft sich die Möglichkeit bot, dass nur er es sei, der als treffsicherster Schütze im Wald die anderen am Leben hielte. Er meinte damit eindeutig die Wilderei, die zu dieser Zeit in bestimmten Kreisen gang und gäbe war.

Einmal meldete sich Theo Francois zu Wort und wies auf seine eigenen Leistungen hin, denn er hatte vor kurzem zwei Rehe und einen Hirsch in Verviers verkauft. Von diesem Erlös hatte er wiederum neue Munition erworben. Gleichzeitig schmälerte er Paulsens hochgepriesene Fähigkeiten, indem er ihm vorhielt, dass dieser nicht einmal Französisch spreche und als einer, der des Landes verwiesen sei, in Belgien überhaupt nicht erkannt werden dürfe.

Im Verlauf dieses kontrovers geführten Dialogs steigerten sich beide Kontrahenten dermaßen, dass sie sich schließlich gegenseitig als Halunken und Gauner bezeichneten. Theo Francois wurde nun sogar vorgehalten, dass er den Waldarbeitern alles stehle, was sie während ihrer Arbeit an Proviant in ihren Unterkünften zurückließen oder bis zu ihrer Pause hinter Bäumen versteckten. So seien es beim letzten Mal Brot, Speck, Kaffee und Butter gewesen.

Der alte Francois fand dieses illegale Vorgehen äußerst unklug und warnte vor möglichen Folgen, wenn diese Diebstähle kleinerer Art einmal entdeckt und die Täter erkannt würden.

Diese Bemerkung nahm Theo zum Anlass, sich zur Wehr zu setzen. Er hielt seinem Vater vor, dass dieser vor sechs Jahren vom Förster Schumacher beim Wildern ertappt worden sei. Dabei sei es ihm nicht gelungen, rechtzeitig zu fliehen und nach seiner Festnahme die entsprechende Bestrafung gefolgt.

Paulsen war nun nicht mehr bereit, diese Vorwürfe innerhalb der Gruppe mit anzuhören. Er sprang plötzlich auf und unterbrach mit einem lauten Schlag mit der flachen Hand auf den Tisch die in seinen Augen sinnlosen, gegenseitigen Anschuldigungen und Diskussionen von Vater und Sohn. Er betonte, dass keiner vergessen sollte, dass allein die Förster ihre größten Feinde seien. Er bekundete wortreich seinen Willen und die Bereitschaft, jeden einzelnen dieser Grünröcke bei einer Begegnung zu erschießen.

Aber die Diskussion darüber, bei wem von beiden die größeren Fähigkeiten lägen, ließ nicht nach. Beide steigerten sich in eine hitzige Debatte hinein. Während Theo mit dem erfolgreichen Diebstahl einer Petroleumlampe prahlte, stellte er gleichzeitig die Verhaftung Paulsens als negativ zu bewertende Leistung dar nachdem dieser vor sechs Jahren auf einen Förster geschossen hatte. Theo ließ es sich nicht nehmen und hob hervor, dass er es doch gewesen sei, der Paulsen damals als Entlastungszeuge mit unzähligen Lügen vor dem Gefängnis bewahrt hatte. Fehlende Beweise hatten schließlich einen Freispruch zur Folge.

Mit einem Male wurde Paulsen mitten in diesem hitzigen Streitgespräch nachdenklich und hielt sich dann selbst vor, dass er eines Tages kriminell so weit abgerutscht sei, obwohl er eigentlich als Sohn eines rechtschaffenen preußischen Polizeibeamten das beste Vorbild und auch die entsprechenden Voraussetzungen hatte, ein geordnetes und unbescholtenes Leben zu führen. Aber es hatte sich eben anders ergeben.

Im Verlauf der Jahre blickte er auf zwölf Vorstrafen zurück. Anfangs war es noch einfacher Diebstahl. Die Steigerung seiner kriminellen Handlung war dann bald Betrug und natürlich immer wieder Wilderei in unterschiedlichem Umfang. Aber auch vor Notzucht war er nicht zurückgeschreckt. Er führte eine lange Liste auf, und es hatte sogar den Anschein, als würde das mit einem gewissen Stolz erfolgen, zumal er überhaupt nichts anderes Herausragendes in seinem Leben vorzuweisen hatte.

Dann hob er zum Abschluss das gefüllte Schnapsglas und goss den Inhalt mit einem Zug in sich hinein. Die anderen beiden folgten diesem Beispiel und ließen im Stehen den Schnaps die Kehle hinuntergleiten. In diesem Moment äußerte sich Paulsen ergänzend, dass es doch schon gut gewesen sei, sich von seinen Frauen und Kindern getrennt zu haben. Dabei schlug er, fast wie um Bestätigung suchend, dem wesentlich kleineren Theo Francois auf die Schulter und lachte laut schallend. Dabei drückte Adolf Francois sein Bedauern aus, dass er dadurch niemals mehr seine Enkel zu Gesicht bekommen würde.

Schließlich waren sich Paulsen und Theo einig, am nächsten Tag etwas zu unternehmen, was auch immer damit nach den Vorgesprächen in diesem Kreis gemeint war. Jedenfalls stand fest, dass sie ihre geladenen Gewehre mitnehmen würden.

Im Morgengrauen des nächsten Tages trafen sich die beiden. Es war ein ungleiches Bild: der hochgewachsene Paulsen mit dem doppelläufigen Gewehr über der Schulter und daneben Theo, auffallend klein, unscheinbar, dem eigentlich nicht viel zuzutrauen war.

Sie liefen gemeinsam stundenlang nebeneinander her durch die dichten Wälder, meistens stumm, ohne überhaupt ein Wort zu wechseln. Schließlich erreichten sie die Gastwirtschaft von Defayay. Sie gingen hinein, um sich zu stärken, aßen und tranken etwas. In dem Gastraum hielten sich nur die beiden und die Wirtin auf. Theo verhielt sich ruhig und zurückhaltend. Allerdings ließ sich Paulsen lautstark darüber aus, dass er ein guter Mensch sei, jedem gegenüber hilfsbereit. Die Wirtin, die alles hinter ihrem Tresen mitbekam, zeigte sich skeptisch bei dieser ungewöhnlich ausgeprägten, lauten und ausschweifenden Wichtigtuerei. Sie schüttelte verständnislos den Kopf. Als Paulsen diese Gestik bemerkte, stand er auf, ging auf sie zu und forderte sie barsch auf, deswegen doch den alten Adolf Francois zu fragen, den er ständig unterstützen würde. Dieser, auch »Klumpenmacher« genannt, stellte Holzschuhe her, die er angeblich ohne die ständige Hilfe von Paulsen überhaupt nicht verkaufen könnte.

Ganz aus dem Zusammenhang gerissen, erwähnte Paulsen jetzt den Förster Michel und dass dieser ein ganz anderer Mensch sei. Er bezeichnete ihn als Lumpensack, was bedeutete, dass von diesem nicht viel zu halten sei. Ihm wünsche er nur das Schlechteste, was ihm passieren konnte. Mitten in einer Drohung, dass er ihm eines Tages …, hielt Paulsen gerade noch rechtzeitig inne und führte seine Absicht nicht weiter aus. Im gleichen Atemzug schwenkte er ab, wandte sich der Wirtin zu und fragte sie, ob sie vielleicht sein Gewehr für kurze Zeit an sich nehmen könnte. Spätestens am Nachmittag würde er es wieder abholen.

Die Wirtin verstand dieses Ansinnen nicht, zumal sich ein Mann von seinem zu damaliger Zeit wertvollsten Besitz, seiner Waffe, niemals freiwillig trennen würde. Weil sie aber die Pläne dieser eigenartigen Gäste nicht durchschauen konnte, kam sie der Bitte nach und nahm das Gewehr entgegen. Sie schloss es sicher in einem Schrank ein. Paulsen und Theo Francois verließen das Lokal.

In Eupen suchten sie einen Materiallieferanten von Adolf Francois auf und kauften bei diesem einen Liter Cognac, einen Liter Rum und 125 Gramm Zucker. Die Bezahlung blieben sie zwar schuldig, versicherten aber, die Rechnung später begleichen zu wollen. Dies wurde den beiden gewährt, weil der alte Francois hier bekannt war.

Kurz vor 16 Uhr gelangten Paulsen und Theo wieder zur Gastwirtschaft von Defayay. Wegen des zwischenzeitlich einsetzenden starken Regens betraten beide völlig durchnässt den Gastraum. Zunächst wärmten sie sich mit einem heißen Kaffee auf. Als sie nach einiger Zeit wieder aufbrechen wollten, händigte die Wirtin Paulsen unaufgefordert das in Verwahrung genommene Gewehr aus. Ihr war daran gelegen, dieses schnellstens zurückzugeben. Paulsen schulterte die Waffe, während Theo einen blauen Sack, den er am Vormittag ebenfalls zurückgelassen hatte, an sich nahm. Beide Männer entfernten sich in Richtung Hertogenwald.

Auf ihrem Weg entlang des Hillbachs begegnete ihnen der Arbeiter Mertens. Zusammen mit seiner Frau und einem Kind zogen sie einen kleinen hölzernen Deichselwagen, beladen mit Holzscheiten, hinter sich her.

Paulsen grüßte freundlich. Er fragte sofort, ob das Holz auf dem Wagen zum Verbrennen bestimmt sei. Mertens bestätigte diese Annahme, wollte aber sogleich wissen, ob Paulsen und sein Begleiter Forstbeamte seien. Spontan und ohne lange nachzudenken, bestätigte Paulsen die Frage mit einem klaren »Ja« und machte ohne Umschweife das Angebot, das Holz doch vom Wagen an den Wegesrand abzuladen und ihm dann zurück in den Wald zu folgen. Er kenne da eine Stelle mit bereits geschlagenem und abgelagertem Holz. Das sei besser zum Verbrennen geeignet. Davon könne er ruhig so viel mitnehmen, wie er benötige. Frau und Kind könnten ja schon nach Hause gehen.

Offenbar wollte Paulsen durch dieses Angebot den Anschein bekräftigen, dass er und Theo als Forstbeamte in der Tat etwas im Wald zu sagen hätten.

Dem Ehepaar Mertens allerdings schien dieser Vorschlag etwas zweifelhaft, sodass sie nicht auf dieses verlockende Angebot eingingen. Daraufhin holte Theo eine Schnapsflasche aus dem Rucksack, trank einen Schluck daraus und reichte sie Paulsen, der sich ebenfalls bediente und sie danach Mertens hinhielt.

Zwischen den Männern entstand ein Gespräch, während die Flasche immer wieder vom einen zum anderen gereicht wurde. Schließlich wies Paulsen Theo flüsternd und geheimnisvoll darauf hin, dass es Zeit sei, weiterzugehen. Es würde bestimmt nicht mehr lange dauern, bis »er« erscheinen würde, denn hier sei die Grenze seines Reviers. Mit diesem Hinweis wusste das Ehepaar Mertens nichts anzufangen.

Mit der einsetzenden Abenddämmerung verabschiedeten sich Paulsen und Theo von den Mertens. Sie gingen weiter auf dem Weg neben dem Hillbach, während sich die Eheleute mit ihrem Holzkarren in entgegengesetzter Richtung längs des Hillbachs entfernten.

Man hatte sich gerade einmal hundert Meter voneinander entfernt, als ein Schuss die Ruhe des Waldes durchbrach. Als die Eheleute Mertens sich umwandten, erkannten sie Paulsen, wie er sein Gewehr in den Händen hielt und auf den Abhang zulief, stehenblieb, seine Waffe ansetzte und erneut schoss. Das Mündungsfeuer war deutlich zu erkennen, langsam stieg weißer Pulverqualm auf. Was Paulsens Ziel allerdings war, konnten die Mertens aus dieser Entfernung nicht erkennen. Zudem gingen sie davon aus, dass alles seine Richtigkeit hätte, zumal es sich ja um Forstbeamte handelte, wie ihnen zuvor bestätigt worden war.

Diese Annahme der Mertens erwies sich jedoch als vollkommen falsch. Paulsen hatte nämlich zwischen den Bäumen am Hang den unbewaffneten Förster Michel erkannt. Ohne jegliche Vorwarnung hatte er zwei Schüsse auf ihn abgefeuert und ihn getötet. Der Todesschütze eilte eilends den Hang hinauf zu seinem Opfer und nahm diesem schnell die silberne Uhr ab. Außerdem führte der Förster in einem Korb über vierzig Wacholderdrosseln zum Verzehr mit sich. Diese nahm Theo an sich und verstaute sie in dem blauen Sack. In aller Eile zogen Paulsen und Theo das Opfer den Abhang zum Hillbach hinüber und ließen es dort hinabrutschen. Sein Gewehr versteckten sie unter Laub und Zweigen und ließen es dort zurück. Als sie dann hastig und in heller Aufregung den Ort ihrer Untat verließen, entledigten sie sich auch des Sacks mit den Vögeln.

Nach einer Stunde hatten die beiden Eupen erreicht. Ziellos gingen sie durch die Unterstadt und wollten sich schließlich in einem Gasthaus einquartieren. Doch als der Gastwirt bemerkte, dass sie ziemlich viel Alkohol zu sich genommen hatten, lehnte er es ab, sie in seinem Haus zu beherbergen. Es blieb ihnen nichts anderes übrig, als weiterzuziehen. Schließlich fanden sie oberhalb an der Aachener Straße ein günstiges Nachtquartier. Diese Unterkunft kannten sie schon, weil sie früher bereits einmal dort übernachtet hatten. Vom Alkoholgenuss enthemmt und gleichzeitig erheitert, begannen beide laut zu singen und zu poltern, was der Wirt mit Rücksicht auf die anderen Gäste zu unterbinden versuchte. Aber es gelang ihm nicht, so dass er die Gendarmerie zur Hilfe rufen musste, um die Ruhe wiederherzustellen.

Nach einer im weiteren Verlauf ruhigen Nacht verließen die beiden, nachdem sie für die Unterkunft bezahlt hatten, das Haus und begaben sich zurück in den Hertogenwald. Bislang war die Leiche des ermordeten Försters wegen der Abgelegenheit des Tatortes noch nicht entdeckt worden. Beim ziellosen Umherwandern gelangten sie schließlich auch sehr nahe an den Tatort. Zur selben Zeit hielt sich ganz in der Nähe ein Grenzbeamter auf. Ihm fielen die beiden auf, weil sie sich offenbar ohne ein Ziel vor Augen durch den Wald bewegten. Der sah sich daher veranlasst, sie eine Zeit lang zu beobachten, bis sie hinter Büschen verschwunden waren.

Schließlich kehrten sie wieder nach Eupen zurück, wo sie sich in einer Gastwirtschaft mit einem Glas Wasser erfrischen wollten. Weil die Wirtin davon ausging, dass die beiden nicht über besonders viel Geld verfügten und sie Mitleid mit ihnen hatte, spendierte sie ihnen sogar Kaffee und etwas zu essen.

Beide gingen davon aus, dass spätestens nach dem wahrscheinlich baldigen Entdecken der Leiche im Wald die Suche nach den Tätern eingeleitet werden würde. Sie mussten daher möglichst schnell dafür sorgen, nicht mit dem Mord vom Vortag in Verbindung gebracht zu werden. Schließlich wurden sie unmittelbar vor der Tat von den Eheleuten Mertens gesehen und dann heute auch noch von dem Grenzbeamten ganz in der Nähe des Tatortes. Aufgrund ihrer Personenbeschreibungen würde man schnell auf Paulsen und Francois kommen. Daher fragten sie die Wirtin, die sich auch bestimmt bei einer Befragung an sie erinnern würde, wo der Weg über Roetgen nach Köln verlaufe, weil sie sich dort angeblich eine Arbeit suchen wollten. Die Wirtin beschrieb die Strecke, allerdings entfernten sich die beiden draußen in die entgegengesetzte Richtung, offenbar in der Absicht, ihre Spur zu verwischen.

Am Dienstag, dem 23. Oktober 1900, sorgte sich die Frau von Förster Michel, warum ihr Mann noch nicht von seinem Waldgang zurückgekehrt war. Hatte er sich doch bereits am Montagmorgen auf den Weg begeben, um aus den von ihm aufgestellten Schlingen die Wacholderdrosseln zu holen. So lange hatte das zuvor noch nie gedauert. Unbewaffnet hatte er das Haus verlassen, führte nur einen Korb mit sich, um die Beute darin zu transportieren. Als die Ehefrau nach weiteren Stunden des Wartens auf ihren Mann unruhiger wurde und an ihre vier Kinder dachte, teilte sie ihre Sorgen und Bedenken anderen Förstern mit. Diese bat sie, ihren Mann in seiner eigenen und in den angrenzenden Parzellen zu suchen. Allerdings blieb der Erfolg aus. Förster Michel konnte von seinen Kollegen, die sich sofort auf den Weg begeben hatten, nicht ausfindig gemacht werden.

Schon am Mittag desselben Tages sollte die böse Ahnung der Förstersfrau zur Gewissheit werden. Zwei Arbeiter aus einer Kammgarnspinnerei sammelten im Auftrag ihres Arbeitgebers im nahegelegenen Wald Brennholz. Nur einen Steinwurf von der Fabrik entfernt, entdeckten sie am Hillbach eine Blutlache. Ein kleines Stück weiter lag ein Hut. Weil die Arbeiter aufgrund ihrer Entdeckungen nichts Gutes ahnten und nicht wussten, wie sie sich in diesem Fall verhalten sollten, lief einer zurück zum Fabrikgebäude. Nach kurzer Zeit kam er mit dem Leiter des Unternehmens zurück. Gemeinsam bahnten sie sich einen Weg den Hang abwärts zum Hillbach. Schon bald sahen sie den reglosen Körper eines Mannes vor sich. Er lag auf dem Rücken mit dem Kopf hangabwärts, die Kleidung war aufgerissen, zerfetzt. Deutlich waren Einschussspuren von der gröbsten Schrotmunition am Körper zu erkennen. Es dauerte nicht lange bis feststand, dass es sich um den siebenunddreißigjährigen Förster Michel handelte.

In kürzester Zeit verbreitete sich die Nachricht und fast jeder in Eupen wusste, was sich da Schreckliches nahe vor ihren Haustüren im Wald ereignet hatte. Unruhe und Aufregung kamen auf. Vor allem rätselten die Menschen und machten sich Gedanken, wer der oder die Täter gewesen sein könnten.

Die Leiche musste zunächst am Fundort verbleiben und konnte nicht geborgen werden, da es erforderlich war, dass sich die Behörden selbst ein Bild von der Lage und dem eventuellen Tathergang machen konnten. Bis zu diesem Zeitpunkt am nächsten Morgen wurde die Leiche von Polizeibeamten vor Ort bewacht.

Es war die zuständige Untersuchungsrichterin Dumoulin aus Verviers, die am frühen Mittwochmorgen am Hillbach erschien. Das Umfeld des Fundortes war in der Zwischenzeit unverändert geblieben. Unmittelbar neben der Leiche lagen der Korb mit einigen Wacholderdrosseln und ein blauer Sack, gefüllt mit weiteren rund vierzig dieser Vögel. Weiterhin wurden ein leeres Taschenuhretui, ein sichelförmiges Werkzeug, das zu verschiedenen Arbeiten in der Landwirtschaft oder im Wald gebräuchlich war, eine sogenannte Hippe, gefunden. Darüber hinaus lagen dort eine leere Ein-Liter-Schnapsflasche sowie ein kleines Blechkännchen mit einer geringen Menge Branntwein. Die Eupener Polizei ging davon aus, dass es sich dabei nur um Gegenstände handeln konnte, die mit der Francois-Clique in Verbindung gebracht werden mussten, die als berüchtigte, weit im Land bekannte und gefürchtete Bande von Wilddieben galt. Die erste Spur wurde somit als eindeutiges Indiz für ihr Handeln eingestuft.

Die Leiche des Försters Jules-Toussant Michel wurde geborgen. Nachdem sie zum Forsthaus Croix noire überführt worden war, wurde dort die Obduktion durchgeführt. Diese ergab, dass zwei gezielte Schüsse auf Brust und Unterleib des Opfers abgegeben worden waren, und zwar aus nächster Nähe. Dabei wurde die gröbste, im Handel kaum erhältliche Schrotmunition verwendet, die diese so verheerende Wirkung zur Folge hatte. Es waren nur vier Schrotkugeln gewesen, die zum sofortigen Tod des Opfers geführt hatten.

Eine Hausdurchsuchung bei Adolf Francois erwies sich als Teilerfolg und brachte die Ermittler einen Schritt näher an die Täter. Es wurde weitere Munition der gleichen zerstörenden Größenordnung gefunden und sichergestellt.

Im Forsthaus vernahm das Untersuchungsgericht aus Verviers noch am selben Tag und dem darauffolgenden Donnerstag Zeugen. Da den Eheleuten Mertens die Kunde des schrecklichen Mordes im Wald nicht verborgen geblieben war, erinnerten sie sich an die kürzlich erlebte Situation und Beobachtung und brachten diese gleich mit der Tat in Verbindung. Durch ihre Aussagen schloss sich langsam der Kreis. Nach dem derzeitigen Erkenntnisstand kamen als mutmaßliche Täter nur Paulsen und Theo Francois in Frage. Nur waren die beiden zu diesem Zeitpunkt flüchtig und ein Ort, an dem sie hätten Unterschlupf finden können, nicht bekannt. Mehrere Tage suchten belgische Polizeibeamte im Gebiet des Hertogenwalds nach den beiden, allerdings erfolglos. Sie blieben unauffindbar.

Im ganzen Gebiet, auch grenzüberschreitend, wurden Steckbriefe mit der genauen Beschreibung von Paulsen und Theo verteilt und ausgehängt. Von dieser groß angelegten Fahndung versprachen sich die Behörden einen

Erfolg. Die Mithilfe der Bevölkerung hatte sich bereits in anderen Fällen als sehr nützlich und hilfreich erwiesen. Im eigenen Interesse hatte diese sich stets als kooperativ gezeigt. Denn ihr war daran gelegen, Verbrecher, die vor Menschenleben keinen Halt machten, möglichst schnell dingfest zu machen. In diesen Zeiten konnte nämlich niemand sicher sein, nicht selbst zum Opfer zu werden.

Es waren die beiden preußischen Grenzbeamte, Wolter aus Havert und Wiesnewski aus Tüddern, die an der holländischen Grenze ihren Dienst versahen und durch ihre Aufmerksamkeit wesentlich dazu beitrugen, dass die Gesuchten bald gefasst werden konnten. Aufgrund der Steckbriefe, ihren ständigen Begegnungen mit Menschen und nicht zuletzt ihrer beruflichen Erfahrung und Beobachtungsgabe gingen sie davon aus, dass sich die beiden mutmaßlichen Mörder noch oder wieder in ihrem Dienstbereich umhertrieben. Durch ihr auffälliges Erscheinungsbild, der eine war ja kräftig und groß, der andere zeigte sich körperlich eher unterentwickelt, mussten sie jedem auffallen. Eine Begegnung oder Beobachtung musste sich zwangsläufig einprägen und im Gedächtnis bleiben.

Dem Beamten Wolter wurde schließlich zugetragen, dass sich Paulsen und Theo offenbar vor einigen Tagen in Waelkenraedt aufgehalten hatten. Wiesnewski hingegen war sich sicher, beide am Sonntag, dem 28. Oktober 1900, auf seinem Grenzposten, aus nächster Nähe gesehen zu haben.

Wiesnewski informierte umgehend seinen Kollegen Wolter. Beiden war klar, dass sie sofort handeln mussten. Sie wollten die beiden gefährlichen mutmaßlichen Mörder unbedingt dingfest machen und aus dem Verkehr ziehen, um die Sicherheit in dem Gebiet wiederherzustellen. Ihr Ehrgeiz führte soweit, dass sie das, was sie jetzt planten, offenbar ohne Absprache mit ihrem Vorgesetzten erfolgte, der diesem Plan bestimmt aus beamtenrechtlichen Gründen nicht zugestimmt hätte. Sie legten ihre Uniformen ab und zogen zivile Kleidung an, wie sie sonst nur bei Bauern üblich war. Gegen 22 Uhr gingen sie in Richtung Echterbusch, einem Ort in Holland. Sie wussten aus ihrer beruflichen Tätigkeit, dass dort im Wald eine heruntergekommene Hütte stand. Der Eigentümer namens Conen gewährte dort häufig lichtscheuem Gesindel Unterschlupf. Dieser Ort galt für Verbrecher als sehr sicher, da sich andere Menschen stets von diesem Treffpunkt fernhielten.

Als die beiden Beamten die Spelunke erreichten, war es vollkommen dunkel. Nach dem Anklopfen trafen sie zunächst den Eigentümer Conen an, der die Tür zuerst vorsichtig einen Spalt breit öffnete, denn auch er musste vorsichtig sein, weil ihm bewusst war, welche Art von Zeitgenossen bei ihm ständig aus- und eingingen. Wolter fragte, ob sie eintreten dürften. Conen sah prüfend nach draußen und erkannte die zweite Person, die nur durch das spärliche Licht aus dem Innern ein wenig beleuchtet wurde. Während Conen noch überlegte, wie er sich entscheiden sollte, erklärte Wolter mit flüsternden Worten, dass sie Deserteure ohne Papiere seien. Als Conen das vernahm, war die Sache für ihn klar, und er antwortete ebenso leise wie sein Gegenüber, dass das doch kein Problem sei. Er werde sich schon um sie kümmern. Gleichzeitig betonte er, dass sich da drinnen noch zwei Leute aufhielten, die in der gleichen Situation seien. Es handele sich um einen Langen und einen Kurzen.

Wiesnewski und Wolter sahen sich in ihrer Vermutung bestätigt und waren sich sicher, dass sie Paulsen und Theo gefunden hatten.

Wolter zeigte sich daraufhin zögerlich und äußerte nun zum Schein seine Bedenken, dass möglicherweise diese anderen Personen sie verraten könnten. Aus diesem Grund wollten sie lieber darauf verzichten, die Hütte zu betreten. Er bekräftigte seinen Entschluss damit, dass sie die Nacht draußen im Tannenreisig bis zum nächsten Morgen schon überstehen würden. Es wäre nicht das erste Mal. Nach diesen Worten wandten sich die beiden um und entfernten sich langsam. Conen blickte ihnen noch so lange hinterher, bis sie im Dunkeln verschwunden waren. Dann liefen die beiden verkleideten Beamten so schnell sie konnten durch die Nacht nach Höngen zum Fuhrunternehmer Küsters, der über ein eigenes Pferdegespann verfügte. Mit diesem gelangten sie schneller als zu Fuß nach Echt, denn in diesem Falle war höchste Eile geboten. Es war nicht auszuschließen, dass sich die Gesuchten schon am nächsten Tag wieder absetzen würden. Alle verfügbaren Kräfte der Gendarmerie wurden alarmiert und zusammengezogen. Kurze Zeit später setzten sich fünf berittene Beamte, zwei zu Fuß und Wolters und Wiesnewski in Richtung Echterbusch durch die stockdunkle Nacht in Bewegung. Angespornt durch den bisher erreichten Erfolg und ein baldiges, positives Ergebnis vor Augen, erreichten alle ihr Ziel. Das Gebäude im Wald wurde umstellt. Auf keiner Seite bestand die Möglichkeit zur Flucht. Gleichzeitig stürmten drei Beamte das Gebäude. Die vollkommen überraschten Verdächtigen konnten überwältigt und widerstandslos festgenommen werden. Als den beiden noch vor Ort den Grund ihrer Festnahme mitgeteilt wurde, wies Paulsen die Tat weit von sich und nannte einen anderen Namen, um von sich und der ihm vorgeworfenen Straftat abzulenken. Theo hingegen versuchte sich dadurch zu schützen, indem er schulterzuckend so tat, als würde er kein einziges Wort verstehen. Doch ihr Leugnen und Verstellen brachte ihnen nichts. Schließlich mussten sie einsehen, dass sie der Tat überführt waren und räumten die Beteiligung am Mord des Försters Michel ein.

Schnell verbreitete sich die Nachricht über die Festnahme. Die Menschen im gesamten Gebiet atmeten auf. Zwei unberechenbare, mutmaßliche Täter, so mussten sie bezeichnet werden, denn die Tat war noch nicht bewiesen und noch keine Verurteilung erfolgt, waren erst einmal hinter Schloss und Riegel und konnten weiter kein Unheil anrichten.

Die regionalen Zeitungen griffen dieses Thema sofort auf und berichteten über den erfolgreichen Schlag gegen das Verbrechen. Ein Redakteur des »*Echo der Gegenwart*«, erinnerte sich an einen Prozess vor einem Schöffengericht gegen Paulsen, den er vor zwölf Jahren beschrieben hatte. Schon damals konnte er sich vorstellen, dass Paulsen wegen seiner allgemeinen sozialen Einstellung für weitere Straftaten prädestiniert sei. Sein unrühmliches Ende konnte sich der Redakteur nur am Galgen vorstellen.

Im *Politischen Tageblatt* vom 31. Oktober 1900 wurden Wolters und Wiesnewski in einem Artikel besonders hervorgehoben und erhielten wegen ihres mutigen und umsichtigen Handelns Lob und Anerkennung. Auch ihr Einsatz, der über die dienstliche Pflicht hinausging und durch den die gefährlichen Verbrecher schnell zur Strecke gebracht werden konnten, fand Bewunderung. Zudem wurde beiden von belgischer Seite größte Hochachtung ausgesprochen. Die Untersuchungsrichterin Dumoulin zeigte sich erleichtert über den Ausgang des Falles und bedankte sich schriftlich mit allerhöchstem Respekt bei der deutschen Polizei.

Die Festgenommenen wurden zunächst in ein holländisches Gefängnis gebracht. Dann folgten erst einmal Verhandlungen zwischen den angrenzenden Ländern über das weitere Vorgehen in dieser Sache. Diese wurden erforderlich, obwohl die grenzüberschreitende Zusammenarbeit bei der Fahndung und der Festnahme der Verdächtigen problemlos vonstattengegangen war und ein zügiges Handeln wegen Gefahr im Verzug im Vordergrund stand, wobei kollegiale, unbürokratische Verbindungen geholfen hatten.

Am 21. Dezember 1900 wurden Paulsen und Theo Francois schließlich den belgischen Behörden übergeben. Noch am gleichen Tag wurde mit intensiven Vernehmungen begonnen.

Von besonderer Wichtigkeit waren die Aussagen des Ehepaars Mertens. Dieses war zwar unbewusst, aber dennoch direkt am Ort des Geschehens zugegen gewesen. Die Ermittlungsbehörden kamen zu der Überzeugung, mit den von den Mertens mitgeteilten Details die Verdächtigten der Tat überführen zu können.

Im Verlauf weiterer Verhöre versuchten beide Angeklagten auf ihre kriminelle Art von der eigentlichen Tat abzulenken, weil sie der Verurteilung wegen Mordes entgehen wollten. Sie räumten ein, zu dem ihnen vorgeworfenen Zeitpunkt tatsächlich am Ort der Tat gewesen zu sein. Sie erklärten, dass es ihre Absicht gewesen sei, dort Wild zu erlegen, um es dann später zu verkaufen. Sie nahmen in Kauf, dafür lieber geringer bestraft zu werden als für Mord. Einen Förster hätten sie dort angeblich nicht gesehen, vor dem sie sich ohnehin verborgen hätten. Mit diesem ungewöhnlichen Schritt nach vorne wollten sie den ihnen vorgeworfenen Tatbestand Mord umgehen und erhofften sich erst einmal eine mildere Bestrafung. In Belgien und Deutschland wurde zu dieser Zeit als Höchststrafe auf Mord noch die Todesstrafe verhängt.

Diesen falschen Behauptungen standen allerdings Zeugenaussagen, insbesondere die der Eheleute Mertens, entgegen. Besonders schwerwiegend erwies sich die Aussage eines weiteren Zeugen aus Aachen. Dieser gab zu Protokoll, dass Paulsen und Francois versucht hätten, ihm die silberne Taschenuhr des Opfers zu verkaufen. Allerdings nahm er davon Abstand, weil die Anbieter ihm fragwürdig erschienen waren und er davon ausgehen musste, dass es sich bei dem angebotenen Stück um Diebesgut handelte. Mit dem Ankauf wäre er deshalb zum Hehler geworden.

Auf die Uhr, die seit der Tat unauffindbar war, wurde in den folgenden Verhören ein besonderer Schwerpunkt gelegt. Immer wieder wurde Paulsen darauf angesprochen. Schließlich erklärte er über den Verbleib, dass er die Uhr nahe der holländischen Grenze zwischen Laurensberg-Vetschau und Bochholz im Stamm einer alten Weide versteckt habe.

Diese Aussage erschien erst einmal märchenhaft und unglaubwürdig. Die Ermittler vermuteten sogar, dass die Verdächtigen dadurch Zeit gewinnen wollten. Dennoch wurde ein Polizeibeamter dorthin entsandt, denn jeder auch noch so unglaubwürdig erscheinenden Spur musste nachgegangen werden. Und tatsächlich, entgegen allen Erwartungen, wurde die silberne Taschenuhr des Opfers an der angegebenen Stelle gefunden. Dieses Beweisstück ließ bei der Staatsanwaltschaft keinen anderen Schluss zu, als Anklage wegen Raubmordes zu erheben.

Am 11. März 1901 wurde der Prozess gegen Paulsen und Theo Francois vor dem Schwurgericht in Lüttich eröffnet. Drei Tage dauerten Vernehmungen und Beweisaufnahmen, bei denen fast sechzig Zeugen gehört wurden. Deren Aussagen bezogen sich weniger auf die Tat selbst, bei der das Ehepaar Mertens die direkten Zeugen waren. Es waren vielmehr Ereignisse zu bezeugen, die sich später ereigneten und in einem kausalen Zusammenhang zum Mord standen.

Dann kam der tragischste Abschnitt der Verhandlung, als die dreiunddreißigjährige Witwe des Opfers im Zeugenstand erschien. Das war der Moment, in dem selbst der hartgesottene und sonst skrupellose Angeklagte Paulsen menschliche Gefühle zeigte. Er war nicht in der Lage, der Frau in die Augen zu sehen und wandte seinen Blick von der Witwe ab, der er mit seiner Tat so viel Schmerz zugefügt hatte.

Während der ersten Vernehmung hatte Paulsen zwar eingeräumt, Michel getötet zu haben, allerdings nicht in vorsätzlicher Absicht. Vielmehr seien die Schüsse versehentlich abgegeben worden und hätten den Förster unglücklicherweise getroffen.

Paulsen versuchte sich immer wieder mit unterschiedlichen Darstellungen gegensätzlichen Inhalts über das tatsächliche Geschehen im Wald herauszureden. Der Aufmerksamkeit des Gerichts war es nicht entgangen, dass derartiges Taktieren nicht zur Wahrheitsfindung beitragen konnte. Handfeste Beweise und glaubwürdige Zeugenaussagen ergaben schließlich ein vollständiges Bild der Tat.

Der Staatsanwalt kam in seinen Ausführungen zu dem Ergebnis, dass wohl Theo Francois im Zusammenhang mit der Wilderei maßgeblich das Sagen hatte. Paulsen hingegen sei das ausführende Organ bei dem Mord gewesen. Dieser hatte zwar die tödlichen Schüsse auf den Förster abgegeben, aber das erfolgte mit der Munition und der Waffe, die beiden gehörte. Besonders verwerflich stufte der Staatsanwalt die Tatsache ein, dass beide Angeklagten nach der Tat in der Eupener Unterkunft reichlich Alkohol getrunken und dann gesungen und herumgegrölt hatten, während am Hang neben dem Hillbach ein rechtschaffener Staatsdiener tot im Gras lag, der eine Ehefrau und vier Kinder hinterließ. Offenbar setzte der Staatsanwalt durch diese Hinweise auf menschliche Gefühle beim Gericht, um dieses in seiner Urteilsfindung strenger zu stimmen.

Die Verteidigung allerdings argumentierte zum Vorteil der Angeklagten, indem es das Gericht schließlich überzeugte, Paulsen lediglich wegen Totschlags zu einer lebenslangen Zuchthausstrafe und Theo Francois wegen der Mittäterschaft an mehreren Diebstählen zu vier Jahren Gefängnis zu verurteilen.

Nach einer Beratung verkündete der Richter das Urteil, das in Bezug auf die Schwere der Tat milde ausfiel. Die Staatsanwaltschaft hatte sich mit ihrer Argumentation nicht durchsetzen können, die Angeklagten wegen gemeinsamen Raubmordes zu verurteilen. Vielmehr folgte das Gericht der Verteidigung und nahm die Anträge im vollen, unveränderten Umfang an. Somit blieb beiden Angeklagten die Todesstrafe erspart.

Den beiden preußischen Zollbeamten wurde wegen ihres Einsatzes, der zur Ergreifung der Täter führte, und für ihr besonderes Engagement dabei eine Anerkennungsprämie von fünfzig Francs zuerkannt.

DER GRAUSAME MORD IM DRIMBORNER WALD

Es war der 9. April 1902. Der damalige Pächter des Gutes Schönthal, ein Herr Adenau, begab sich gegen 17 Uhr auf einen Spaziergang. Sein Ziel war das nicht weit entfernte Drimborner Wäldchen in Aachen. Bereits nach wenigen hundert Metern entdeckte er auf der rechten Seite abseits des Weges neben einer Hecke etwas Ungewöhnliches. Noch konnte er nicht genau erkennen, um was es sich handelte, glaubte sogar zuerst, sich zu irren. Er verließ daher den Weg und ging näher heran. Was er dort erkannte, ließ ihm den Atem stocken. Unter der Hecke ragten zwei Frauenbeine hervor. Diese waren bekleidet mit dunklen Strümpfen und Schnürschuhen. Bei näherem Hinsehen erkannte Herr Adenau unter den Ästen der Hecke, dass ein schwarzgestreifter Rock und die Unterkleider der regungslosen Person hochgeschoben waren. Der ganze Oberkörper hingegen war mit Erde bedeckt. Zahlreiche Stiefelabdrücke ließen die Annahme zu, dass die aufgeschüttete Erde festgetreten und auf diese Weise verdichtet worden war. Direkt neben der leblosen Person lagen ein kleiner Geldbeutel, ein gestrickter Strumpf sowie ein völlig zerstörter, kaum noch als solcher erkennbarer Regenschirm.

Weil Herr Adenau aufgrund des Zustandes der Person überzeugt war, dass ohnehin jede Hilfe zu spät kam, zögerte er nicht lange und lief zurück, um in Burtscheid die Polizei über seinen Fund zu informieren. Er beschrieb den Beamten den auffälligen Zustand der Leiche und des Fundortes und äußerte die Vermutung, dass die weibliche Person möglicherweise missbraucht und dann getötet worden sei.

Mehrere Polizeibeamte eilten zum Fundort. Dieser wurde von ihnen die ganze Nacht hindurch bewacht, weil sie sicherstellen mussten, dass wichtige Spuren nicht von Menschen oder Tieren zerstört wurden. Diese sollten gesichert werden und den weiteren Ermittlungen dienen.

Nachdem es am nächsten Morgen hell geworden war, erschien Polizeipräsident Wallraf mit einigen Kriminalbeamten und mehreren zuständigen Personen des Gerichts am Fundort. Bevor die Erde vorsichtig vom Oberkörper der Leiche entfernt werden konnte, wurden die Stiefelspuren fotografiert und gesichert. Erst als die ganze Erde im Bereich des Opfers abgetragen war, wurde nach und nach das volle Ausmaß der grässlichen Gewalttat sichtbar. Zum Vorschein kam das vollkommen zerfleischte, blutige und bis zur Unkenntlichkeit zerstörte Gesicht der unbekannten weiblichen Person. Die Mundöffnung stand weit offen und war mit Erde vollgestopft. Form und Ausmaß der Verletzungen deuteten darauf hin, dass ein spitzer, harter Gegenstand, möglicherweise ein Stein, als Tatwerkzeug in Betracht kam. Angesichts der zerfetzten Kleidungsstücke lag die Annahme nahe, dass sich die Person heftig gewehrt und verzweifelt um ihr Leben gekämpft haben musste.

Nachdem alle für die Beweisführung erforderlichen Spuren gesichert waren, erfolgte der Abtransport der Leiche zum Leichenschauhaus am Adalbertsteinweg. Eine umgehend durchgeführte Obduktion brachte das Ergebnis, dass der Tod der Frau durch die schweren Verletzungen am Kopf, besonders in der Schläfengegend, herbeigeführt worden war.

Personenbezogene Ermittlungen ergaben, dass es sich bei der Toten um die vierunddreißigjährige Weberin Maria Klinkenberg aus Raeren handelte. Sie war schon viele Jahre bei der Tuchfabrik Lingens in der Aachener Franzstraße beschäftigt. Seit neun Jahren wohnte sie in der

Michaelsbergstraße in Burtscheid. Der Vermieter trug den Namen Lehmann. Von diesem erfuhren die Ermittler, dass Maria Klinkenberg seit einem längeren Zeitraum immer sonntags ihre Eltern in Raeren besuchte.

Sie zeigte sich stets unauffällig, sauber und ordentlich. Negatives konnte ihr von keiner Seite nachgesagt werden. Allerdings war sie vor ihrem Auffinden bereits seit fünf Tagen nicht mehr gesehen worden. Niemand wusste, wo sie abgeblieben war und sich vielleicht aufhielt. So wurden Personen befragt, mit denen sie ansonsten den meisten Kontakt pflegte. Das waren ihre Mutter, der Wohnungsvermieter, ihre Arbeitskollegen. Von diesen erhofften sich die Ermittler am ehesten eine Aussage oder wenigstens einen kleinen Hinweis, weil Maria Klinkenberg die meiste Zeit des Tages mit ihnen verbrachte. Aber keiner der Befragten konnte etwas über ihren Verbleib sagen oder auch nur die leiseste Vermutung äußern. Da Maria nicht viel über ihr Privatleben außerhalb der Arbeitszeit preisgab, konnten derartige Kontakte, die außerordentlich wichtig gewesen wären, nicht ermittelt werden. Offenbar aus diesem Grund war auch bei den Behörden keine Vermisstenanzeige erstattet worden. Ein weiterer Grund, das Verschwinden einer Person nicht zu melden, lag darin, dass viele Arbeiterinnen, die von außerhalb nach Aachen kamen, sich nicht bei der zuständigen Behörde anmeldeten. Zur damaligen Zeit bestand eine gewisse Hemmschwelle, bei Behörden und der Obrigkeit vorzusprechen. Vielleicht hatte mancher auch diesbezüglich schlechte Erfahrungen gemacht, sodass man nach dem Grundsatz handelte: »Gehe nicht zum Fürst, wenn du nicht gerufen wirst«, oder: »Mit der Polizei möchte ich nichts zu tun haben!«

Mit der erwiesenen Identifizierung der Toten und ihrer Tätigkeit sowie der Wohnanschrift war ein erster wichtiger Schritt erfolgt. Es gab nun zumindest Ansätze, die weiteren Ermittlungen voranzutreiben. Wie in derartigen Fällen üblich, wurde zunächst das nähere Umfeld der Toten und ihr sozialer Umgang intensiver in Augenschein genommen. Die Recherchen wurden ausgeweitet und von Polizeipräsident Wallraf und Polizeirat Simeon auch Befragungen in Raeren und Walheim veranlasst, da der Aufenthaltsbereich von Maria Klinkenberg nicht nur auf Aachen eingegrenzt werden konnte.

So kam es schon nach kurzer Zeit in Walheim zu der Festnahme eines Mannes, der mit Maria Klinkenberg in einem näheren Verhältnis gestanden haben soll. Aus ermittlungstaktischen Gründen brachten die Polizeibeamten den Mann zum Fundort der Leiche. Sie erhofften sich aufgrund bestimmter Reaktionen, die sie genau beobachten wollten, Rückschlüsse auf seine eventuelle Tatbeteiligung. Aber am Fundort blieben auffällige Verhaltensweisen aus, die auf seine Täterschaft hätten hinweisen können. Auch der Vergleich der Stiefelabdrücke, die bei der Toten gesichert worden waren, blieb ohne Erfolg. Sie waren nicht identisch, so dass der Mann wieder auf freien Fuß gesetzt werden musste. Jeglicher Tatverdacht konnte bei ihm ausgeschlossen werden.

Es gab dann eine weitere männliche Person, die im Rahmen der Ermittlungen befragt werden sollte. Der Name war zwar nicht bekannt, allerdings war von verschiedenen Leuten zu erfahren, dass es sich vermutlich um einen Bierkutscher handelte. Mit diesem soll Maria Klinkenberg vor ihrem Verschwinden mehrmals gesehen worden sein. So wurde exakt beschrieben, dass sie mit diesem Mann zusammen am Donnerstag, dem 3. April, abends auf der Franzstraße und am Freitag, dem 4. April, am Michaelsberg, ebenfalls in den Abendstunden, gesehen worden sei. Aber auch diese Spur war nicht in einen Zusammenhang mit dem Mordfall zu bringen, sie brachte die Ermittler nicht weiter.

Am 11. April 1902 meldete das 1849 gegründete »Wollfs Telegraphisches Bureau (W.T.B.)« folgende Mitteilung: »Das Polizeipräsidium hat auf die Ermittlung des Mörders der wahrscheinlich einem Lustmord zum Opfer gefallenen Fabrikarbeiterin Maria Klinkenberg eine Belohnung von 500 Mark ausgesetzt. Die bisherige Untersuchung hat noch keinerlei Spuren des Täters zu Tage gefördert.«

Maria Klinkenberg wurde am 15. April 1902 auf dem katholischen Friedhof am Adalbertsteinweg beigesetzt. In den Ermittlungen waren die Behörden bislang keinen Schritt weitergekommen.

Am 24. April 1902 verfasste das Polizeipräsidium Aachen nach weiteren Ermittlungen eine Bekanntmachung, die in der Aachener und Eupener Zeitung abgedruckt wurde. Darin wurde mitgeteilt, dass Maria Klinkenberg in letzter Zeit eine Bekanntschaft mit einem Mann unterhalten haben soll, der ihr unter der Andeutung einer späteren Heirat nähergetreten sei. Das Kennenlernen der beiden musste gegen Anfang März erfolgt sein. Damals soll sich ihr Begleiter als Johann Schmitz vorgestellt haben. Nach der Art, wie er sprach und sich ausdrückte, war davon auszugehen, dass er nicht im typischen Aachener Stimmfall gesprochen habe. Maria Klinkenberg soll ihn als einen besser situierten Mann beurteilt, für »was Besseres« gehalten haben. Mindestens drei- bis viermal vor Freitag, dem 4. April 1902, sei sie mit ihm draußen bei einem gemeinsamen Spaziergang gesehen worden. Bevor sich beide gemeinsam aus dem Stadtbereich entfernten, soll ihr Begleiter Backwerk und andere Dinge für seine Begleiterin gekauft haben.

Eine Arbeitskollegin von Maria Klinkenberg aus derselben Fabrik berichtete, beide Anfang März gesehen zu haben, als sie in die Warmweiherstraße einbogen. Ihr Begleiter trug zu diesem Zeitpunkt einen Kasten auf der Schulter. Die neugierige Kollegin befragte kurz darauf die Klinkenberg hierzu und bekam zur Antwort, dass es sich um einen leeren Flaschenkasten gehandelt habe, den ihr Begleiter zu einem Haus in der Kaiserallee bringen musste. Danach soll er sich zu Hause umgezogen haben und später mit ihr spazieren gegangen sein. Vorher soll er noch zwei Tüten Bonbons gekauft haben.

Von einer anderen in der Brabantstraße wohnenden Kollegin war zu erfahren, dass sie vier Wochen vor Ostern auf dem oberen Adalbertsteinweg kurz vor der Josefskirche von einem gut gekleideten Mann angesprochen wurde, der den Wunsch äußerte, sie näher kennenlernen zu wollen. Dafür soll er vorgeschlagen haben, mit ihr einen Spaziergang nach Drimborn zu machen. Zuvor wollte er in der Bismarckstraße Gebäck, Schokolade oder Apfelsinen kaufen. Als der Fremde allerdings immer zudringlicher wurde, wollte die Kollegin ihn nicht weiter begleiten. Er soll mit diesem Wunsch einverstanden gewesen sein, wollte sich aber für den nächsten Tag um 8 Uhr wieder mit ihr verabreden. Treffpunkt sollte die Bismarckstraße sein. Er entschuldigte sich, dass er nicht früher dort erscheinen könne, weil er sich zuerst zuhause umziehen müsse. Da das zuvor aufdringliche Verhalten des Mannes der jungen Frau nicht gefallen hatte und sie nicht wusste, was sie diesbezüglich beim nächsten Treffen erwarten könnte, ging sie nicht auf den Vorschlag ein, sich erneut zu treffen.

Die Zeugin wollte denselben Mann später noch mehrmals im Bereich des oberen Adalbertsteinwegs gesehen haben – allein, aber auch in Begleitung eines anderen Mannes.

Als sie ihm allein am Dienstag der Karwoche zufällig begegnete, sprach er sie an. Es gelang ihm aber nicht, sie erneut zu einem Spaziergang zu überreden. Er bevorzugte nämlich Wege, die einsam lagen und von anderen nicht genutzt wurden, so dass ihnen niemand begegnen konnte. Ostern würde er verreisen, aber am zweiten Feiertag wieder nach Aachen zurückkehren. Dann wollte er sich bei ihrer Mutter melden. Dieses Treffen kam nicht zustande.

Die Zeugin konnte diese männliche Person sehr detailliert beschreiben: Alter circa Mitte 20, deutsche Sprache mit Dialekt, aber nicht mit der in Aachen üblichen Aussprache. Größe 1,62 Meter, Gestalt etwas gedrungen, ziemlich volles schwarzes, an der Seite gescheiteltes Haar. Augenbrauen schwarz, hohe Stirn, Augen dunkel, Nase gebogen und unten etwas breiter. Mund mit großer Oberlippe, kleiner zu den Rändern hin gekämmter Schnurrbart, gute weiße Zähne, spitzes Kinn, breites, blasses Gesicht. Vom Verhalten her soll der Blick unstet, geradezu nervös gewesen sein. Auffallend waren seine ständigen kontrollierenden Blicke nach allen Seiten.

Die Bekleidung, die der Mann vor Ostern getragen hatte, bestand aus einem dunklen Sackrock und einer Weste. Die Hose war grau-weiß-schwarz, englischer Stoff. Am Sonntag hingegen soll er eine dunkle Hose, einen schwarzen, weichen Filzhut und einen Paletot getragen haben, Kragen und Knöpfe gleichfarbig, ein normales Oberhemd und einen dunkelroten Selbstbinder mit schwarzen Verzierungen. Dazu schwarze Schnürschuhe mit Knöpfchen an den Seiten, gesteppte Spitzen, flache Absätze. Vorname: Johann.

Nach dieser Beschreibung und dem Verhalten des Mannes wurde von den ermittelnden Behörden nicht ausgeschlossen, dass es sich um dieselbe männliche Person handelte, mit der auch Maria Klinkenberg Bekanntschaft gemacht hatte. Nur war ihr offensichtlich ihre Gutgläubigkeit, Unerfahrenheit oder Unvorsichtigkeit zum Verhängnis geworden.

Hier sahen die Ermittlungsbehörden einen Ansatz für ihre weitere Arbeit. Durch eine Bekanntmachung wurden alle Personen aufgerufen, die etwas über den darin beschriebenen Mann aussagen könnten, sich zu melden. Von besonderem Interesse seien Hinweise von weiblichen Personen, die in gleicher Art und Weise Erfahrungen gemacht hätten. Zudem erhoffte sich die Kriminalpolizei Erkenntnisse über weitere Personalien, Wohnung, Adresse und gegebenenfalls über die Arbeitsstätte des Mannes.

Um Zeugen den Gang zu den Behörden zu erleichtern und Hinweise auf die beschriebene männliche Person zu geben, wurde allen absolute Diskretion zugesagt. Jede Aussage sollte streng vertraulich behandelt werden. Gleichzeitig wurde in der Bekanntmachung auf eine Belohnung von 500 Mark hingewiesen.

Entgegen aller Zuversicht auf einen Erfolg, lief dieser Aufruf offenbar ins Leere, blieb ohne nennenswerte Wirkung. Die Behörden traten in diesem Fall weiterhin auf der Stelle, kamen keinen Schritt bei der Aufklärung dieses grässlichen Verbrechens weiter.

Aus diesem Grund erfolgte am 21. Mai 1902 eine weitere Bekanntmachung, in der nochmals dringend auf die Mithilfe der Bevölkerung hingewiesen wurde. Die Belohnung für sachdienliche Hinweise im Mordfall Maria Klinkenberg wurde auf 1000 Mark verdoppelt. Diese Maßnahme zeigt, unter welchem Druck die Behörden standen. Ein Mord war bereits geschehen und irgendwo da draußen lief der Täter noch frei herum, der wahrscheinlich bereits weitere Annäherungsversuche an weibliche Personen unternommen hatte. Es schien nur eine Frage der Zeit zu sein, bis er ein neues Opfer gefunden hätte. Auch die Angst in der Bevölkerung stieg, die endlich ein positives Ergebnis von den Behörden erwartete.

Der Mordfall Maria Klinkenberg konnte trotz aller Bemühungen und guten kriminalistischen Ansätzen nicht aufgeklärt werden. Der Täter wurde nie gefasst, konnte seiner gerechten Strafe nicht zugeführt werden.

Nach Beurteilung der Zusammenhänge ist mit großer Wahrscheinlichkeit davon auszugehen, dass es sich bei dem Mörder von Maria Klinkenberg um dieselbe männliche Person handelte, die auch andere Frauen angesprochen und ihnen fragwürdige Angebote gemacht hatte. Nach der Beschreibung der Kleidung durch eine Zeugin muss es sich bei dem Täter um einen Mann mit gepflegtem Erscheinungsbild gehandelt haben. Maria Klinkenberg hatte auch selbst ihren Eindruck beschrieben, dass dieser Mann »etwas Besseres« gewesen sei.

Zumindest beim Vornamen der Person und der Sprache gab es Übereinstimmungen, und der Kauf von Süßigkeiten vor den Spaziergängen zeigte eine gewisse Verhaltensparallelität.

Möglicherweise hatten die Ermittler damals zu sehr auf die Mithilfe und Beteiligung der Bevölkerung gesetzt und verfrüht zu viele Einzelheiten der Öffentlichkeit preisgegeben. Es muss schließlich davon ausgegangen werden, dass die gesuchte männliche Person, die von mehreren weiblichen Personen beschrieben wurde, auch die Bekanntmachungen gelesen und sich in der exakten Personenbeschreibung wiedererkannt hatte. Aus Furcht vor einer Entdeckung könnte er die Region Aachen schnell Richtung Ausland verlassen haben, was im Dreiländereck nicht schwer gewesen wäre.

DER MORDFALL LAURA KLINKENBERG

Am 14. Mai 1908 wurde die Leiche des sechzehnjährigen Mädchens Laura Klinkenberg aus Walhorn in einem Waldstück neben der Straße von Aachen nach Monschau, nahe einem Parkplatz an der Monschauer Straße entdeckt.

Laura erblickte am 9. Januar 1892 in Kettenis bei Eupen das Licht der Welt. Sie war das jüngste von vierzehn Kindern in der Familie. Ihr Vater war zu dieser Zeit Verwalter des Gutes Schimmerich zwischen Rabotrath und Lontzen, nördlich der Hauptstraße nach Lüttich.

Nur kurze Zeit nach dem zwölften Geburtstag des letzten Kindes, Laura, traf die Familie ein schreckliches Schicksal. Im April 1904 starben im Abstand von nur zwei Tagen Lauras Vater Johann und ihre Mutter Theresa. Sie ließen noch vier im Haushalt lebende Kinder zurück.

Nach Abschluss der Schule übernahm die schon sehr reif wirkende und selbständig handelnde, verständnisvolle Laura als Vollwaise den Haushalt ihrer Eltern mit allen darin anfallenden Aufgaben. Diese führte sie gewissenhaft, aufopferungsvoll und zur vollsten Zufriedenheit der anderen Geschwister aus. Zu diesem Haushalt gehörten damals noch die beiden Brüder, Josef und Nikolaus, und ihre Schwester Rosa. Diese wurde jedoch Anfang Dezember desselben Jahres sehr krank. Es handelte sich um ein schlimmes Leiden, auf dessen Heilung zur damaligen Zeit nicht gehofft werden konnte. Dieses sollte auf Dauer bestehen bleiben und Rosa zu einem Pflegefall machen.

Voller Aufopferung widmete sich Laura nun neben ihrer täglich anfallenden Arbeit im Haus auch noch der Pflege ihrer Schwester.

Diese Tätigkeit nahm Laura am Ende nur fünf Monate wahr. Am Donnerstag, dem 30. April 1908, sahen ihre im Haus lebenden Geschwister ihre bildhübsche Schwester, die zwar noch sehr jung war, aber von Aussehen und Auftreten, Reife und Verständigkeit wie eine Zwanzigjährige wirkte und auch ebenso handelte, zum letzten Mal lebend.

Bereits am Montag und Mittwoch zuvor hatte Laura einen Behandlungstermin in der Praxis von Zahnarzt Dr. Kremer in Aachen am Seilgraben. Für eine zusätzlich erforderliche und abschließende Behandlung am darauffolgenden Donnerstag begab sich Laura erneut auf den Weg nach Aachen.

An diesem Abend warteten die Geschwister lange auf die Rückkehr ihrer Schwester. Sie beruhigten sich gegenseitig, dass sich die Zahnbehandlung vielleicht herausgezögert habe und sie zu später Stunde bei Verwandten in Aachen übernachten würde.

Als Laura am nächsten Vormittag noch immer nicht nach Hause zurückgekehrt war, sorgten sich die Geschwister über ihren Verbleib. Sie erkundigten sich bei Verwandten und Bekannten, ob sie Laura gesehen oder ihr eine Übernachtung gewährt hätten. Aber es gab niemanden, der Laura irgendwo gesehen oder mit ihr Kontakt gehabt hatte.

Der Zahnarzt bestätigte, dass er Laura am Mittwoch in seiner Praxis behandelt habe. Diese sei aber zu dem zusätzlich erforderlich gewordenen Termin am folgenden Tag nicht erschienen. Man habe in der Praxis auf die zur Behandlung sonst immer pünktlich erscheinende Patientin vergeblich gewartet.

Als Laura am Abend immer noch nicht nach Hause zurückgekehrt war, stieg die Sorge bei ihren Geschwistern. Daher suchten sie am 1. Mai die nähere Umgebung um ihr Haus ab. Dabei wurde kein Wäldchen, keine Schonung, keine Wiese oder irgendein Tümpel ausgelassen. Allerdings blieben die Mühen der Geschwister, Laura, auf deren Hilfe sie angewiesen waren, zu finden, ohne den erhofften Erfolg. Verzweiflung und Angst verstärkten sich, weil sie mit der Pflege ihrer kranken Schwester, mit der sich nur Laura auskannte, offensichtlich überfordert waren und mit der Situation nicht umzugehen wussten.

Sie sahen keine andere Möglichkeit mehr: Am 2. Mai informierten sie die Aachener Kriminalpolizei über das Verschwinden ihrer Schwester. Daraufhin wurden die zuständigen Behörden tätig. Die Geschwister Klinkenberg hofften aufgrund der besseren personellen und technischen Möglichkeiten und der Erfahrung der zuständigen Dienststelle auf schnelle Ergebnisse.

Gendarmen mit Hunden durchsuchten die Umgebung von Kettenis bis Walhorn und Eynatten, einen wesentlich größeren Bereich, als es zuvor den Geschwistern möglich gewesen war.

Allerdings blieben auch diese Maßnahmen ohne Erfolg. Gleichzeitig befragte die Aachener Staatsanwaltschaft über einen Zeitraum von mehreren Tagen zahlreiche Personen im Rathaus von Kettenis. Das brachte die Ermittlungsbehörden in diesem Fall zunächst aber keinen Schritt weiter.

Dann erfolgte der Hinweis, dass Laura am 30. April am Bahnhof von Astenet den Zug nach Aachen nicht mehr rechtzeitig erreicht haben soll. Dieser war pünktlich abgefahren, als Laura nur wenige Augenblicke später den Bahnhof erreichte. Deshalb soll sie in der Absicht, den Termin in Aachen doch noch rechtzeitig wahrnehmen zu können, zu Fuß nach Eynatten gegangen sein, um von dort mit der elektrischen Kleinbahn ihr Ziel zu erreichen.

Am Abend desselben Tages bestätigte die zwölfjährige Schülerin Julchen Klein bei der Kriminalpolizei die Aussage, dass sie am Abend des besagten Tages um 20 Uhr Laura aus der aus Aachen eintreffenden Kleinbahn habe aussteigen sehen. Sie habe sie sogar noch ein Stück auf ihrem Heimweg begleitet. Bei Einsetzen der Dämmerung soll Laura gesagt haben, sie habe keine Angst und könne durchaus ohne Begleitung nach Hause gehen. Dann habe

Laura über einen Wiesenweg, wie von ihr angekündigt, allein den Heimweg angetreten.

Auch zwei Jungen waren der Auffassung, den Ermittlungsbehörden Hinweise geben zu können. Sie berichteten, dass sie auf dem Fußweg nach Krapol an jenem Donnerstagabend einen Bettler in dunkler Kleidung gesehen hätten, der Laura vielleicht umgebracht haben könnte. Auch ein Fahrzeug soll in den Abendstunden des besagten Tages auf der Straße nach Kettenis gesehen worden sein. Die Vermutung, dass damit Lauras Entführung erfolgt sein könnte, wurde von den Ermittlern nicht ausgeschlossen.

Eine Vielzahl von Gerüchten, vagen Vermutungen, Andeutungen und nicht haltbaren Hinweisen brachten den Behörden keine greifbaren, verwertbaren Fakten, die sie auch nur einen Schritt in ihrer Arbeit weitergebracht hätten. Sie traten auf der Stelle.

Von einem öffentlichen Aufruf am 7. Mai versprachen sich die Ermittler endlich den entscheidenden Durchbruch in ihrer Arbeit. Es wurden Personen aufgefordert, die die vermisste Laura Klinkenberg noch am 30. April gesehen hätten, sich bei einer Polizeiwache oder direkt bei der Kriminalpolizei in Aachen zu melden. Zusätzlich wurde eine genaue Beschreibung von Laura veröffentlicht.

Die Beschreibung der gesuchten Person ging in diesem Aufruf über die üblichen Angaben über die Größe von 1,70 Meter, Statur und andere personenbezogene Maße hinaus. So wurde besonders hervorgehoben, dass die vermisste Person ein sehr hübsches Gesicht habe, eine dunkelblonde, moderne Frisur und eine stramme, städtisch gekleidete Erscheinung darstelle. Sie habe ein schwarzes Jackett mit weißer Bluse getragen. Ein silbernes Kettenarmband und schwarze Schnürschuhe rundeten ihr gepflegtes Äußeres ab. Die Beschreibung mit diesen zusätzlichen Merkmalen der Vermissten war ungewöhnlich und hätte die Fahnder einen wesentlichen Schritt weitergebracht. Nur es fehlte offenbar an der erforderlichen Aufmerksamkeit oder dem Interesse der Bürger, darauf zu reagieren.

In der Ausgabe der Eupener Zeitung vom 9. Mai 1908 erreichte eine überraschende Mitteilung die Öffentlichkeit. Dort hieß es, Laura Klinkenberg sei gefunden worden. Sie sei nicht ermordet und zerstückelt worden, wie es andere Blätter sensationssüchtig zuvor hatten anklingen lassen. Laura sei wohlauf und lebe nun in Köln. Sie halte sich bei einem jungen Konditor auf, den sie vor einiger Zeit in Roberath kennengelernt habe, als sich dieser dort anlässlich eines Verwandtenbesuchs aufhielt. Diese reißerische Nachricht erwies sich allerdings sehr schnell als falsch und musste dann in der nächsten Ausgabe des Blattes dementiert werden.

Nach diesen unterschiedlichen Meldungen wussten die Geschwister Klinkenberg nicht mehr, wie es weitergehen sollte. Sie verständigten ihre Schwester Berta, die zu dieser Zeit in einem Kloster in Wien lebte, und baten sie, schnellstens nach Hause zu kommen. Sie erwähnten aber in dem Schreiben nicht das spurlose Verschwinden ihrer Schwester Laura, sondern baten Berta einfach nur, die dringend erforderliche Pflege der kranken Schwester Rosa zu übernehmen. Die Novizin kam der Bitte ihrer Geschwister umgehend nach und erreichte schließlich nach langer, anstrengender Fahrt den Aachener Bahnhof. Dort wurde sie erstmalig mit dem Verschwinden ihrer Schwester Laura konfrontiert, weil in mehreren Zeitungen Berichte über ihre vermisste Schwester zu lesen waren. Davon war Berta so erschrocken und schockiert, dass sie in der Bahnhofshalle zusammenbrach.

Kurze Zeit später verschlechterte sich der Gesundheitszustand der kranken Rosa erheblich. Die fehlende liebevolle Pflege ihrer Schwester Laura schien der Grund dafür zu sein. Rosa konnte offenbar nicht begreifen, dass ihre Lieblingsschwester nicht mehr für sie da war. Zudem sorgte sie sich um Lauras Wohlbefinden und befürchtete, dass ihr ein schlimmes Schicksal widerfahren sei.

Als Laura nach über einer Woche noch immer nicht gefunden worden und ihr Schicksal weiter ungewiss war, konnte Rosa ihre Ängste und Sorgen nicht mehr verkraften. Offenbar aus Verzweiflung über den Verlust ihrer Schwester starb sie und fand am 6. Mai auf dem Friedhof in Walhorn ihre letzte Ruhestätte.

Am 14. Mai 1908 war ein Arbeiter im Burtscheider Wald unterwegs. In der Nähe des Restaurants Forsthaus Siegel markierte er für seine Kollegen einige Bäume, die gefällt werden sollten. Während dieser Tätigkeit stieß er am Abend desselben Tages auf eine bis zur Unkenntlichkeit entstellte Frauenleiche. Sie lag etwa einhundert Meter neben der Raerener Straße in einem kaum zugänglichen Dickicht. Die von dem Arbeiter sofort benachrichtigte Polizei sperrte den Fundort ab und bewachte diesen die ganze Nacht über bis zum nächsten Morgen. Das war ein übliches Verfahren, um Veränderungen der Spurenlage während der Nacht auszuschließen.

Bereits in der Morgendämmerung des 15. Mai begannen Polizei, Staatsanwaltschaft und zuständige Gerichtsbedienstete mit der Spurensicherung und ihrer Ermittlungsarbeit. Aufgrund des erschütternden Zustandes der Leiche waren sich alle Anwesenden einig, dass es sich hier nur um eine gewaltsame Tötung handeln konnte. Weil das Gesicht des Opfers vollkommen zerschlagen und somit unkenntlich war, konnte die Identität der Leiche nicht festgestellt werden. Da zu diesem Zeitpunkt aber keine andere weibliche Person vermisst wurde, lag die Vermutung nahe, dass es sich möglicherweise um die vermisste Laura Klinkenberg handeln könnte. Die Tote musste schon etwa zwei Wochen dort gelegen haben, da der allgemeine Zustand darauf schließen ließ, dass sich wahrscheinlich Wild, Mäuse und anderes Kleingetier an ihr zu schaffen gemacht hatten. Aus diesem Grund und zur schnellen Klärung der Identität wurden Lauras Brüder, Josef und Nikolaus, zum Fundort gebracht. Trotz des schrecklichen Zustands der Leiche wurden sie gebeten, anhand von besonderen Merkmalen eine Identifizierung vorzunehmen.

Den Brüdern gelang es schließlich, an einer Warze am Finger zu bestimmen, dass es sich eindeutig um ihre Schwester handelte. Ferner ließ ein Taschentuch mit dem eingestickten Buchstaben »L« keinen Zweifel an ihrer Identität. Erhärtet wurde das Ergebnis anhand der Uhr, einem Ring und der Kleidung der Toten. Die in einem Portemonnaie mitgeführten Rabattmarken von Eupener Geschäften – den Brüden war bekannt, dass ihre Schwester dort oft einkaufte – ließen keinen Zweifel mehr, dass Laura einem grausamen Verbrechen zum Opfer gefallen war.

Bevor die Überführung zur Gerichtsmedizin nach Aachen erfolgte, wurden Opfer und Fundort von einem Polizeifotografen aufgenommen. Mit Hunden wurde zusätzlich die nähere Umgebung abgesucht, in der Hoffnung, auf Hinweise oder Spuren auf den oder die Täter zu stoßen.

Da im Portemonnaie der Getöteten fünfzig Goldmark fehlten, schlossen die Ermittler einen Raubmord nicht aus, obwohl Uhr und Ring der Getöteten unangetastet blieben. Die nach oben geschobenen Kleider ließen zusätzlich ein Sexualverbrechen vermuten. Die Obduktion bestätigte, dass der Täter sein schändliches Vorhaben allerdings nicht hatte vollenden können. Das Opfer musste sich so heftig gewehrt haben, dass der Peiniger dieses Vorhaben aufgab. Jedoch das Schlimmste, der Tod des Opfers, konnte dadurch nicht verhindert werden. Mit einem schweren Stein, der nur mit zwei Händen gehoben werden konnte und der noch blutverschmiert und mit Haarresten unmittelbar neben dem Opfer lag, hatte der Täter so stark auf den Schädel und das Gesicht des Mädchens eingeschlagen, dass ihr Kopf regelrecht zermalmt war. Nach dieser Sachlage gingen die Ermittler davon aus, dass der Fundort mit dem Tatort identisch war, zumal keine weiteren Spuren darauf hindeuteten, dass das Opfer an diese Stelle transportiert worden war.

Schon am nächsten Tag, dem 16. Mai, setzte die Staatsanwaltschaft Aachen die ungewöhnlich hohe Summe von 3000 Mark für Hinweise und Ergreifung des oder der Täter aus.

Nun setzten die Ermittler wieder auf die Mithilfe der Öffentlichkeit. In allen verfügbaren Zeitungen der Region wurde die Frage gestellt, mit wem Laura Klinkenberg in den Städten Aachen und Eupen gesehen worden war. Besonderer Schwerpunkt der möglichen Beobachtungen wurde dabei auf den 30. April gelegt, den Tag ihres Verschwindens.

Den Aufrufen in der Presse kamen zahlreiche Mitbürger nach, die Laura angeblich in Begleitung gesehen haben wollten. Diese wiederum wurden dann in den Zeitungen beschrieben und gleichzeitig darum gebeten, sich bei den Ermittlungsbehörden zu melden. Man ging davon aus, dass nicht jeder Begleiter mit der Straftat in Verbindung stehen musste. Jedoch der Erfolg blieb aus.

Die Ermittler richteten nun ihr Augenmerk auf Personen, denen das Opfer zwangsläufig aufgefallen sein könnte. Sie befragten den Bahnschaffner Janclaes aus Eupen. Dieser gab zu Protokoll, das Mädchen Laura Klinkenberg am 30. April auf der Fahrt von Aachen nach Eupen in seinem Zug gesehen zu haben. Allerdings habe sie den Zug an der Haltestelle Krugenofen bereits verlassen. Von dort soll sie mit einem mittelgroßen, circa vierzig Jahre alten Mann mit schwarzer Melone in Richtung Eupen gegangen sein. Der Schaffner betonte in seiner Aussage, dass der Mann heftig auf Laura eingeredet habe. Das soll aber in einer freundlichen und nicht aggressiven oder aufdringlichen Weise erfolgt sein.

Einige andere Zeugen gaben an, den Mann ebenfalls gesehen zu haben. Diese waren aber nicht in der Lage, sein Gesicht zu beschreiben. Einerseits, weil zu diesem Zeitpunkt keinerlei Veranlassung dazu bestand, sich dessen Aussehen einzuprägen. Andererseits vermutete später ein Zeitungsreporter, dass das Augenmerk vielleicht mehr auf das gepflegte Erscheinungsbild des attraktiven Mädchens gelegen habe.

Da der Hinweis des Schaffners sehr überzeugend war, gingen die Ermittler zunächst dieser Spur nach. Es konnten sogar bald einige Männer festgenommen und Janclaes gegenübergestellt werden, in der Hoffnung, dass er einen wiedererkenne. Der Erfolg aber blieb aus. Die Festgenommenen wurden wieder entlassen, da sie als Begleiter von Laura eindeutig nicht infrage kamen.

Wieder einmal kamen die Ermittlungsbehörden nicht einen Schritt weiter.

Bei ihren Ermittlungen stellten die Beamten dann fest, dass Laura am 30. April einen Termin bei ihrem Zahnarzt in Aachen gehabt hatte. Warum war sie dort nicht erschienen? Wurde sie schon zuvor weggelockt und zum Wald gebracht? Aufgrund des Verantwortungsbewusstseins und gesunden Misstrauens, charakteristische Züge, die Laura immer wieder bestätigt wurden, hätte in keinem Fall ein Fremder sie zu einer derartigen Entscheidung drängen können. Im Umkehrschluss wäre es vielleicht anders gewesen, wenn sie eine Person getroffen hätte, die sie kannte und der sie keinen Argwohn entgegengebracht hätte. Diese Fragen galt es jetzt zu klären.

Die Ermittlungen liefen mehr im Stillen. Einzelheiten zur Person und zum möglichen Tathergang wurden vor der Öffentlichkeit zurückgehalten. Diese neue Taktik bemerkten auch die Zeitungen, weil es in diesem doch so brisanten Fall nichts mehr für sie zu berichten gab. Das *Echo der Gegenwart* übte heftige Kritik daran, dass die Behörden mit einem Male »im Geheimen« arbeiteten und nicht der Versuch gemacht würde, gemeinsam mit der Presse die Öffentlichkeit zu beteiligen und zu einem Ergebnis zu gelangen.

Bei der *Aachener Post* wurde sogar die Kritik laut, dass die Polizei nicht gründlich genug arbeite und dass dieses Verbrechen vielleicht sogar nie aufgeklärt würde. Das habe es schon bei früheren Morden im Aachener Wald gegeben.

Nachdem die Leiche von Laura Klinkenberg, die nur das sechzehnte Lebensjahr erreicht hatte, vom Gericht freigegeben war, wurde sie am 18. Mai unter großer Anteilnahme der Bevölkerung in Walhorn bestattet. Mit einem Leichenwagen wurden die sterblichen Überreste vom Aachener Leichenschauhaus nach Merols gebracht. Von dort folgten Menschenmassen dem Sarg, die zum Teil mit der Bahn aus Aachen angereist waren.

Die Ermittlungen der Behörden liefen indes unvermindert weiter. Die Presse und sogar Teile der Bevölkerung recherchierten von sich aus. Das hatte wiederum zur Folge, dass sich Gerüchte und Vermutungen verbreiteten, die nur schwer wieder auszuräumen oder auch zu bestätigen waren. Es waren Tür und Tor für Anschuldigungen geöffnet, denen die Behörden nachzugehen verpflichtet waren, wodurch wertvolle Zeit verlorenging. Am schlimmsten sollen dabei die anonymen Hinweise gewesen sein.

Einige Personen gaben an, am Donnerstag, dem 30. April, ein auffälliges Paar beobachtet zu haben, das über den I. Rote-Haag-Weg in Richtung Wald spazierte. Das hätten vielleicht Laura und ihr Mörder gewesen sein können. Allerdings erfolgten viele Hinweise ohne nähere Beschreibungen, so dass sich diese für die Ermittler als nutzlos erwiesen. Offenbar hofften viele noch auf die hohe Belohnung, die auf die Ergreifung des Täters ausgesetzt war.

Andere wiederum wollten Laura in einem Automaten-Restaurant in Aachen erkannt haben, was sich aber nach einer Überprüfung als Verwechslung herausstellte. Es wurde sogar ein bekannter Aachener Professor beschuldigt, Laura aus Versehen mit seinem Auto getötet zu haben. Um diesen Unfall zu vertuschen und der Strafe zu entgehen, soll er das Opfer in den Wald gebracht und dort verstümmelt haben, damit die Spur auf ein Gewaltverbrechen deutete.

Auch der Assistent von Lauras Zahnarzt Dr. Kremer in Aachen wurde beschuldigt, Lauras Mörder zu sein. Er wurde für den Mann mit der schwarzen Melone gehalten, der mit Laura vom Krugenofen in Richtung Eupen gegangen sein soll. Diese Anschuldigung konnte aber schnell entkräftigt werden, denn das Terminbuch und die Patientenkartei des Zahnarztes wiesen nach, dass Laura am 30. April nicht in der Praxis erschienen, der Assistent hingegen dort zu dieser Zeit bereits anwesend gewesen war. Bis in die späten Nachtstunden konnte der Zahnarzt seinem Assistenten ein Alibi geben und diese Anschuldigung entkräften. Bei weiteren Behauptungen dieser Art gegen seinen Assistenten, war er entschlossen, gerichtlich dagegen vorzugehen. Diese Ankündigung ließ Zahnarzt Kremer am 20. Mai im *Echo der Gegenwart* veröffentlichen.

Heftig reagierten die Eltern eines schulpflichtigen Jungen, als dieser mit dem Mord an Laura Klinkenberg in Verbindung gebracht wurde. Dieser Junge war vier Wochen zuvor von zu Hause weggelaufen und seitdem unauffindbar untergetaucht. Schnell verbreitete sich das Gerücht, dass dieser nach seiner verübten Mordtat an Laura verschwunden sei. Die Eltern kündigten am 6. Juni im *Echo der Gegenwart* an, dass sie das Ansehen ihres unauffindbaren Sohnes energisch verteidigen würden.

Bei jedem der bei der Polizei eingegangenen Hinweise war sie verpflichtet, diesen nachzugehen und sie zu überprüfen. Schon bald konnte nicht mehr unterschieden werden, ob Anzeigen böswillig erfolgten oder einen seriösen Hintergrund hatten. Zu jedem Fall allerdings mussten Berichte als Nachweis gefertigt werden, dass alles überprüft worden war. Eines Tages teilte die Polizei mit, dass sich in den Büros Aktenberge anhäuften und dass die Aufklärungsarbeit in diesem Mordfall ins Unermessliche wüchse.

Dann änderten die Behörden wiederum ihre Taktik und wollten nun erneut verstärkt und gezielt die Bevölkerung ansprechen und um Mithilfe bitten, um den Fall Klinkenberg endlich aufklären und abschließen zu können.

Nahezu täglich wurden in den örtlichen und überregionalen Zeitungen gezielte Fragen gestellt, in der Hoffnung, jemand könne sich an Laura erinnern. Ihre Erscheinung und die von ihr zuletzt getragene Kleidung wurden immer wieder genau beschrieben und hervorgehoben. Alle Details wurden nun noch exakter und detaillierter dargestellt. Nachdem die zuletzt von Laura getragenen Kleider von den Spuren des Verbrechens gereinigt waren, wurde eine Schaufensterpuppe damit ausgestattet und in das große Fenster eines Geschäftes in Aachen gestellt. Die Behörden engagierten sogar einen Zeichner, der Bilder von Laura anfertigte, die sie von vorne und hinten darstellte, wie sie an ihrem letzten Tag gekleidet gewesen war. Am 21. Mai 1908 wurden diese im *Echo der Gegenwart* veröffentlicht.

Es dauerte sechs Tage, bis das Blatt verkünden konnte, dass der Mörder von Laura Klinkenberg entdeckt worden sei. Ein am Mord dringend verdächtiger Mann sei in Untersuchungshaft gekommen. Woher diese Information stammte und offenbar ungeprüft weitergegeben und veröffentlicht wurde, konnte nie festgestellt werden. Die aufmerksame und Anteil nehmende Bevölkerung atmete zunächst auf, wurde dann aber enttäuscht, weil diese erst erlösend erscheinende Nachricht nicht den Tatsachen entsprach.

Obwohl die Ermittlungsbehörden in den vergangenen sechs Wochen größte Anstrengungen an den Tag gelegt hatten, war das Verbrechen noch immer nicht aufgeklärt. Erschwerend in der Angelegenheit war, dass immer wieder anonyme Briefe eingingen, die fremde Personen mit der Tat in Verbindung brachten. Bewusste Irreführungen, aber auch Rache schienen hier im Vordergrund zu stehen, gleichgültig dessen, dass die Ermittlungsarbeiten in einem brisanten Kriminalfall dadurch behindert wurden und sich die Aufklärung unnötig verzögerte.

Am 17. Juni hieß es im *Aachener Anzeiger Politisches Tagesblatt*: »In Sachen der ermordeten Laura Klinkenberg finden noch unausgesetzt Vernehmungen und Ermittlungen statt, welche jedoch, soweit bekannt geworden, trotz unermüdlichstem Eifer der zuständigen Behörde noch nicht zur vollständigen Überführung einer der in Betracht kommenden verdächtigen Personen beziehungsweise zur Klarstellung der äußerst dunklen Bluttat geführt hat.«

Knapp acht Monate nach der Bluttat blickte die Kriminalpolizei auf 342 Akten, in denen unzählige Spuren und Aussagen von verdächtigten Personen aufgezeichnet waren.

Nicht genug, dass die Ermittlungen im Fall Klinkenberg stockten und ein Abschluss noch lange nicht abzusehen war, geschah genau ein Jahr danach, am 30. April 1909, ein weiterer Mord, diesmal im Atscher Wald. An diesem Tag wurde die vierundfünfzig Jahre alte Kornel Mommertz Opfer eines brutalen Sexualmordes. Jeden Mittag war diese Frau von Verlautenheide nach Atsch mit einer Karre unterwegs gewesen, um dort Arbeitern ein von ihr zubereitetes warmes Mittagessen zu bringen. Sie war Witwe, die nur über wenig Geld für ihren Lebensunterhalt verfügte. Sie kochte sehr gut und gerne und freute sich, wenn sie anderen Menschen mit ihren Speisen einen Dienst erweisen konnte. Zudem bedeutete es für sie, über etwas mehr Geld verfügen zu können. Und für die Arbeiter war es eine willkommene Dienstleistung, die ihnen anderswo nicht jedem Tag zuteilwurde.

Wie gewohnt begab sich Frau Mommertz an besagtem Tag auf ihren gewohnten Weg. Sie zog einen Karren hinter sich her, auf dem sie das warme Essen in den entsprechenden Behältern verstaut hatte. Diese rechtschaffene Frau ahnte nichts Böses. Plötzlich wurde sie von hinten von einer männlichen Person angegriffen, vom Weg in das angrenzende Gebüsch gezerrt, brutal vergewaltigt und danach skrupellos getötet. Die Arbeiter, die mit Essen versorgt werden sollten, wunderten sich, weil ihre Lieferantin sonst immer pünktlich zur Mittagszeit erschienen war. An diesem Tag warteten sie aber vergeblich.

Am Nachmittag bemerkte jemand auf dem Weg eine große Blutlache. Die Person blickte sich um und bei näherem Hinsehen entdeckte sie etwas abseits unter Tannen einen mit Reisig verdeckten, leblosen weiblichen

Körper. Die durchtrennte Kehle ließ keinen Zweifel daran, dass hier etwas Schreckliches passiert sein musste. Es war Frau Mommertz. Ihre Karre mit den Essensbehältern stand noch unversehrt und unangerührt einige Meter weiter auf dem Weg.

Sofort fiel der Verdacht auf einen nicht sesshaften Rumänen, der sich seit einiger Zeit als Landstreicher in der Gegend herumtrieb, mal hier, mal da gesehen wurde. Nur wenig später wurde er bereits festgenommen, konnte aber lückenlos und wahrheitsgemäß nachweisen und sogar durch Zeugen belegen, dass er sich zum Tatzeitpunkt ganz woanders aufgehalten hatte. Danach geriet ein lediger Waldhüter vom Gut Wambach in Verdacht. Auch dieser musste aber nach dem Verhör wieder entlassen werden, weil er aufgrund seines Alibis nicht als Täter infrage kam.

Das Vertrauen der Bevölkerung in die Fähigkeiten der Polizei ließ wegen ausbleibender Erfolge bedenklich nach. Wut und Angst verbreiteten sich zunehmend. Das Bangen um die Sicherheit und Unversehrtheit der Menschen wurde größer, zumal die Kriminalitätsrate in den Jahren vor dem Ersten Weltkrieg rasant anstieg und sich niemand mehr richtig sicher fühlen konnte. Nicht nur draußen in den weiten, undurchdringlichen Wäldern, sondern auch in der Aachener Innenstadt sorgten zahlreiche Morde immer wieder für Aufsehen, Verunsicherung, Unruhe und Angst bei der Bevölkerung.

Der Regierungspräsident von Aachen berichtete daher am 5. Mai 1909 in einem Schreiben an den Innenminister in Berlin über den Mord im Atscher Wald und betonte: »Von dem Täter fehlt z. Zt. eine sichere Spur. Auf seine Ermittlung habe ich, dem dringenden Wunsch der hiesigen Staatsanwaltschaft entsprechend, eine Belohnung von 2000 Mark ausgesetzt. Die Anzeige erfolgt mit Rücksicht darauf, dass der Fall ein über das Maß des Gewöhnlichen hinausgehendes Aufsehen erregt, zumal ein vor einem Jahr im Aachener Wald an einem Mädchen Klinkenberg verübter Mord noch nicht aufgeklärt worden ist.«

Offenbar wollte der Regierungspräsident damit auf die Dringlichkeit hinweisen, dass bei der steigenden Kriminalität und der geringen Aufklärungsrate von höchster Stelle etwas unternommen werde müsste.

Die Presse zeigte sich zu dieser Zeit offenbar auch nicht als bester Freund der Polizei, denn negative Bewertungen der Arbeit wiederholten sich immer wieder und waren in der Lage, das Gemüt der Bevölkerung zusätzlich anzuheizen.

Offenkundig bewirkte dieser »Hilferuf« nach Berlin vom 5. Mai 1909, dass im Aachener Wald schließlich mehr Polizeistreifen zu Pferd präsent waren, um der Bevölkerung zu verdeutlichen, dass den Behörden an ihrer Sicherheit gelegen war.

Die Bemühungen der unermüdlich arbeitenden Aachener Ermittlungsbehörden im Fall Laura Klinkenberg waren ohne Erfolg geblieben und hätten auch weiterhin kein abschließendes Ergebnis und die gewünschte Aufklärung gebracht. Doch es war wieder einmal mehr ein Zufall, der in diesem Fall eine Wende brachte, an die niemand mehr geglaubt hatte: Im Januar 1910 gestand völlig überraschend und unerwartet ein am 17. Dezember 1888 in Aachen geborener August Charié im Gefängnis von Harlem in den Niederlanden, den Mord an Laura Klinkenberg begangen zu haben. Es begann zunächst mit einem belanglosen Gespräch zwischen ihm und den Gefängniswärtern, in dem er dann nach und nach über seine Tat, den Mord an Laura Klinkenberg, berichtete. Wegen des gravierenden Inhalts des Gesprächs, zogen die Wärter sofort die Gefängnisleitung hinzu. Diese reagierte umgehend und nahm das Geständnis schriftlich auf. Anstandslos und offensichtlich erleichtert unterschrieb der Geständige dieses Papier.

August Charié hatte zwar den Beruf des Dachdeckergehilfen erlernt, kehrte aber bald seinen Eltern und dem rechtschaffenen Leben den Rücken. Bereits in sehr jungen Jahren ließ er sich von verbrecherischen Neigungen leiten, so dass er schon im Alter von sechzehn Jahren in eine Erziehungsanstalt eingewiesen wurde. Aber der Drang nach draußen in die Freiheit war bei ihm stets so stark gewesen, dass es ihm immer wieder gelang, aus der Anstalt auszubrechen. Seinen Lebensunterhalt bestritt er mit Einbrüchen und Diebstählen.

Sein letzter Ausbruch erfolgte am 24. Februar 1908, also knapp zwei Monate vor der Ermordung von Laura Klinkenberg. Er hatte sich Gleichgesinnten angeschlossen, die wie er ständig gegen die Gesetze verstießen. Die Gruppe trieb sich in Aachen und den angrenzenden Wäldern herum. Nachdem August Charié Laura aufgelauert, sie ermordet und beraubt hatte, begab er sich nach Holland, da er sich dort vor der Verfolgung durch die deutschen Behörden sicher fühlen konnte.

Aufgrund dieses detailgetreu vorgebrachten und glaubwürdigen Geständnisses sahen sich die niederländischen Behörden verpflichtet, die zuständigen deutschen Stellen darüber zu informieren. So erhielt zunächst die Aachener Staatsanwaltschaft Kenntnis, da man davon ausging, dass auch in Deutschland der Fall ohne einen überführten Täter nicht abgeschlossen worden war.

Da es sich aber bei der beabsichtigten Auslieferung um eine nationenübergreifende Angelegenheit handelte, war diese nicht über den sogenannten »kleinen Dienstweg« abzuwickeln. Die Formalitäten für eine Überstellung mussten über Berlin erfolgen. Drei Ministerien, Innen-, Außen- und Justizministerium, waren daran beteiligt. Über die Modalitäten und die Abwicklung der Auslieferung erzielten beide Länder schnell eine Einigung. Man vereinbarte mit der niederländischen Regierung, dass Charié erst noch eine kurze Rest-Haftstrafe in Harlem verbüßen und dann der Aachener Staatsanwaltschaft zur Einleitung eines Verfahrens wegen Mordes an Laura Klinkenberg ausgeliefert werden sollte. Dieser Termin wurde für den 29. Juli 1910 schriftlich vereinbart.

Allerdings kam es nicht mehr dazu. Am 9. April 1910 verstarb Charié im Gefängnis von Harlem im Alter von nur einundzwanzig Jahren.

Was ihn zu dem ihn schwer belastenden Geständnis bewogen hatte, das »aus heiterem Himmel« und ohne äußeren Druck zustande gekommen war, konnte nie nachvollzogen werden.

Vielleicht war es Reue gewesen, die ihn dazu getrieben hatte. Oder litt er an einer Krankheit und wusste, dass seine Lebenserwartung nicht mehr sehr hoch war? Vielleicht plante er wegen seiner Perspektivlosigkeit auch, selbst aus dem Leben zu scheiden. Näheres zu den Umständen seines Ablebens ist nicht bekannt.

Die Akte der Aachener Staatsanwaltschaft im Mordfall Laura Klinkenberg konnte schließlich am 13. Mai 1910 geschlossen werden. Die Sühne durch ein weltliches Gericht blieb Charié erspart.

Das Gut Krahpohl – Hier lebte Laura Klinkenberg.

In diesem Waldstück wurde Lauras Leiche gefunden.

1000 Mark Belohnung.

Die unverehelichte **Laura Klinkenberg**, welche seit dem 30. April dieses Jahres vermißt worden ist, ist am 14. Mai abends im Aachener Walde als Leiche aufgefunden. Die Klinkenberg ist durch mehrere Schläge mit einem Stein auf den Kopf und ins Gesicht getötet worden. 50 Mark Geld, welches die Getötete bei sich trug, haben sich bei der Leiche nicht vorgefunden. Möglicherweise liegt Raubmord vor, während es anderseits nicht ausgeschlossen ist, daß der Täter das Mädchen in unsittlicher Absicht in den Wald geschleppt hat.

Demjenigen, welcher Angaben macht, die zur Ermittelung und Ueberführung des Täters führen, wird eine Belohnung bis zu 1000 Mk. zugesichert. Diese Angaben bitte ich entweder bei der nächsten Polizeibehörde oder bei der hiesigen Staatsanwaltschaft zu machen.

Aachen, den 16. Mai 1908.

Der Erste Staatsanwalt.

Aus: Echo der Gegenwart, Nr. 117, Montag, den 18. Mai 1908, Abendausgabe

Öffentlicher Aufruf nach dem Auffinden von Lauras Leiche.

Laura Klinkenberg in der Darstellung der Fahndung.

Jesus! Maria! Joseph! Stephanus!

†

Zum christlichen Andenken

an die wohlachtbare Jungfrau

Laura Klinkenberg

aus Walhorn, welche, 16 Jahre alt, das Opfer eines Verbrechers geworden ist. Von ruchloser Person entführt, ist es ihr gelungen, wie amtliche Wissenschaft es feststellte, in schwerem Kampfe Gott dem Herrn das Kleid der Unschuld zu bewahren und opferte ihrem Schöpfer das Leben in schmerzhaftester Weise auf.

Die Verstorbene führte mit ihren Brüdern und Schwestern ein wahrhaft christliches Leben, war im Hauswesen recht tätig und hat in den letzten 5 Monaten eifrig die mühevolle Pflege einer schwer erkrankten älteren Schwester besorgt.

Ihren Anverwandten bereitet das traurige Ereignis viel Kummer, sie können sich jedoch trösten mit der Hoffnung, daß die gute Verstorbene in dem Stande der heiligmachenden Gnade gestorben ist, daher zur ewigen Seligkeit gelangen wird.

Die trauernden Verwandten empfehlen ihre Seele dem Gebete der Gläubigen und dem heiligen Opfer der Priester, damit sie bald eingehe in den **ewigen Frieden.**

Das feierl. Begräbnis und der Leichendienst fanden statt in Walhorn am Montag, den 18. Mai 1908.

Fritz Koenigs, Herbesthal

Totenzettel für Laura Klinkenberg.

MORD IN GEROLSTEIN

Es war Mittwoch, der 14. Oktober 1908. Zwei Männer, Peter Joseph Breuer und Ferdinand Mattonet, machten in Gerolstein einen gemeinsamen Spaziergang. Breuer war von Berlin in das Eifelstädtchen gereist. Der Weg von Mattonet zu dem gemeinsamen Treffpunkt war weniger lang. Er hatte sich aus St. Vith auf den Weg nach Gerolstein begeben.

Beide schlenderten nebeneinander her und führten dabei ein angeregtes Gespräch. Die hektischen Wortwechsel waren allerdings so lautstark, dass es bei Unbeteiligten den Anschein erweckte, dass ein heftiger Streit zwischen beiden ausgebrochen war.

Beide kannten sich schon über einen längeren Zeitraum, hatten sich zuvor mehrere Male in Gerolstein getroffen. Bei jeder Zusammenkunft beschäftigte sie immer nur ein Thema, nämlich Geld. Dabei handelte es sich immer um größere Summen, die geheimnisvoll von Mattonet zu Breuer wechselten.

Das Treffen an diesem Tag unterschied sich von den zuvor erfolgten Zusammenkünften der beiden Männer und schien diesmal einen anderen Verlauf zu nehmen. Darauf deutete schon die lautstarke Diskussion hin. Ganz unvermittelt wurde die Ruhe des friedlichen Herbsttages durch das laute Geräusch eines Schusses unterbrochen. Ein Gerolsteiner Briefträger, der an den beiden noch vor wenigen Augenblicken nichts ahnend mit einem grüßenden Kopfnicken vorbeigegangen war, befand sich in diesem Moment keine fünfzig Meter hinter ihnen. Er drehte sich erschrocken um und blickte in die Richtung, aus der das Schussgeräusch gekommen war. In diesem Augenblick erkannte er gerade aus der geringen Entfernung, wie einer der beiden Männer, es war Breuer, wie sich später herausstellte, mit einer Handfeuerwaffe einen zweiten Schuss abfeuerte. Die kleinere Person von beiden hielt dabei die Waffe in der rechten Hand.

Andere Leute, die sich in der Nähe aufhielten, wurden durch die ungewöhnlichen Geräusche der Schüsse aufgeschreckt und versuchten jetzt deren Herkunft zu bestimmen. Schnell eilten mehrere zum Ort des Geschehens. Einige trieb offenbar die Neugier, andere wollten vielleicht auch nur helfen. Ohne von diesen Personen zu dem Hergang angesprochen oder befragt worden zu sein, erklärte Breuer unaufgefordert, sein Freund habe sich gerade selbst erschossen. Nach dieser Aussage verhielt er sich sehr aufgeregt, schien äußerst beunruhigt, zeigte große Nervosität. Immer wieder versuchte er, sich plötzlich und schnell zu entfernen. Aber es gelang den Zeugen jedes Mal, ihn festzuhalten, weil ihnen seine anfängliche Aussage unglaubwürdig erschien.

Zwischenzeitlich war der Ortsvorsteher von Gerolstein benachrichtigt worden. Als er wenig später erschien, veranlasste er die erforderliche Sicherung des offensichtlichen Tatorts. Gleichzeitig befragte er die anwesenden Personen zu dem Tathergang. Sie erklärten dem Ortsvorsteher übereinstimmend, dass sie gesehen hätten, wie der kleinere der beiden Männer auf den größeren die Schüsse abgegeben habe. Zudem wollen andere beobachtet haben, wie der kleinere Mann die Waffe neben die regungslos am Boden liegende, wesentlich größere Person gelegt und mit verzweifelter Stimme gerufen habe: »Ferdinand, du stirbst doch nicht!«

Noch am selben Tag begannen die kriminalpolizeilichen Ermittlungen zum Tathergang. Mit Hilfe anderer Behörden und länger andauernder kriminalistischer Kleinarbeit wurden interessante Erkenntnisse über Opfer und mutmaßlichen Täter zusammengetragen, die dann später vor Gericht zur Wahrheitsfindung beitragen sollten.

Peter Joseph Breuer wurde 1880 in Aachen geboren. Er gab als seinen ausgeübten Beruf Radrennfahrer an. Um die Jahrhundertwende war er zunächst als Handwerker in der Eisenhütte »Rote Erde« in Aachen angestellt. Von 1900 bis 1902 absolvierte er pflichtgemäß seinen Militärdienst. Nachdem er im Oktober 1903 seine Frau Albertine geheiratet hatte, verzog er dann aber schon bald nach München, weil er als Pächter der dortigen Radrennbahn seinen Lebensunterhalt verdienen wollte. Seine Frau blieb in Aachen zurück. Pro Monat ließ er ihr einen Betrag von 200 Mark zukommen, der zu einem normalen Leben bei Weitem nicht ausreichte.

Eines Tages wurde ihr und auch anderen in Aachen lebenden Personen zugetragen, dass ihr Mann im fernen München ein komfortables, ungewöhnlich ausschweifendes Leben führe, das über die normalen Verhältnisse hinausreiche. Es hieß, dass er immense Geldsummen für dieses Luxusleben ausgebe, während seine Frau mit einem Minimum seiner finanziellen Zuwendung zurechtkommen musste. Immer häufiger wurde sie auf diese Situation angesprochen. Nach einiger Zeit wollte sie nicht mehr mit der Neugier der Menschen und in diesem Zusammenhang bestehender Gerüchte konfrontiert werden. Sie verließ daher Aachen und bezog in Lüttich ein neues Domizil. Damit war zwar das eine Problem gelöst, doch wusste sie noch immer nicht, was ihr Mann eigentlich in München trieb.

Im Jahr 1906 gab Breuer seine Tätigkeit auf der Radrennbahn in München auf und zog nach Köln. Dort quartierte er sich im luxuriösen Belgischen Viertel liegenden *Belgischen Hof* ein. Seine Zeit verbrachte er überwiegend in Sportlerkreisen. Aber auch Orte, an denen Glücksspiele stattfanden, bevorzugte er, um seiner Vorliebe, dem verschwenderischen Geldausgeben in übermäßiger Weise nachzukommen. Verluste von bis zu 15.000 Mark am Tag sah er als Kleinigkeit an, ließen ihn einfach kalt. Trinkgelder von großzügigen zwanzig bis dreißig Mark waren alltäglich und ganz normal für ihn. So versuchte Breuer ständig anderen Menschen zu imponieren. Er war stets bestrebt, den Anschein zu erwecken, selbst zu der reicheren und somit nach seinem eigenen Empfinden besseren Gesellschaft zu gehören. Nur bei näherer aufmerksamer Beobachtung musste mancher feststellen, dass seine Bildung und sein Benehmen mit den an den Tag gelegten Manieren nicht übereinstimmten.

Breuers Auftreten soll keinesfalls gesellschaftsangemessen gewesen sein und vor allem in keiner Weise der besseren Schicht entsprochen haben. Er soll sich häufig sogar als brutaler, ungehobelter, gefühlloser und sogar zu Gewalt neigender Zeitgenosse hervorgetan haben. Ihm gelang es entgegen seiner Absicht nicht, sich einen positiven Status in der normalen Gesellschaft zu verschaffen, da seine Art überheblich, menschenverachtend und protzig war. Sein Handeln wurde ständig als frech und anmaßend beschrieben, und er ließ alle gesellschaftlichen Vorgaben und Regeln eines friedlichen und gesitteten Zusammenlebens außeracht. Er tat sich in seiner eigenen Form des Benehmens in der Öffentlichkeit hervor. Besonders zog er die Aufmerksamkeit durch seinen Umgang mit Geld auf sich, was ihm größte Freude bereitete. Es standen ihm stets immense Summen zur Verfügung. Nur die Herkunft dieser Mittel blieb lange im Dunkeln. Viele machten sich Gedanken und rätselten, wo Breuers Geldquelle lag. Man kam zu dem Schluss, dass seine Radrennen diese Beträge nicht einbringen könnten, zumal Breuer nach eigenem Bekunden diese Sportart nur aus reiner Leidenschaft betrieb. Diese Tätigkeit benötige er zum Geldverdienen nicht, hatte er einmal betont. Mit dieser Aussage trug er dazu bei, dass sich weitere Fragen nach der Herkunft seiner finanziellen Mittel ergaben.

Noch aus der Münchener Zeit wusste sein ehemaliger Masseur namens Gweder zu berichten, dass Breuer als sehr kleingeistig eingestuft werden musste. Einerseits gab er viel Geld für sich selbst aus, aber gegenüber seinem Masseur zeigte er sich oft geizig, unfreundlich, ruppig und gleichzeitig protzig. Gweder beschrieb eine Situation, in der er Breuer mal bat, ihm zum Mittagessen Eier zu bestellen. In seiner typischen Protzigkeit bestellte Breuer gleich fünfundzwanzig Eier und verlangte, dass Gweder diese auf einmal essen sollte, was diesem bei der Menge nicht gelang. Nach nicht einmal zwanzig mit Mühe verspeisten Eiern musste er sich geschlagen geben. Es ging nichts mehr.

Um auf seine Vermögenswerte aufmerksam zu machen und zu demonstrieren, dass er deshalb mit Menschen so umgehen konnte, wie es ihm gefiel, betonte Breuer, dass er sich lieber aufhängen würde als so leben zu müssen wie sein Masseur.

Später verließ Breuer Köln und zog mit einer Freundin nach Berlin, obwohl er mit seiner Ehefrau zwei Kinder hatte.

Zur Person des Opfers kamen die Ermittler zur folgenden Zusammenfassung: Friedrich Ferdinand Mattonet war am 1. November 1851 in Lüttich zur Welt gekommen. Als deutscher Geschäftsmann betrieb er weitläufige und lukrative Geschäfte, die offenbar nicht nur durch den Handel mit den Produktionen aus seiner eigenen Mühle basierten.

Mattonet galt als sehr vermögend. Er lebte zusammen mit seiner zweiten Ehefrau in St. Vith, das zu dieser Zeit Deutschland angegliedert war. Aus seiner ersten Ehe entstammten drei Söhne. Seine geschäftlichen Verbindungen bestanden hauptsächlich in den Städten Aachen und Köln. Seine ausgiebigen und umfangreichen privaten Kontakte pflegte er auch in diesen beiden Städten. Seine finanziellen Mittel ließen zu, dass er sich in Gesellschaft stets als äußerst großzügig und spendabel präsentieren konnte. Er war sehr beliebt in seinem Umfeld, weil auch viele von ihm profitierten und sich freuten, wenn er sich wieder einmal in Köln oder Aachen aufhielt. Schnell sprach sich jedes Mal herum, wenn er ohne vorherige Ankündigung dort erschien. Offensichtlich aufgrund seiner spendablen Art war in der Zwischenzeit eine allseits bekannte Benennung seiner Person entstanden. So genoss er es sichtlich, als »Krösus aus der Eifel« bezeichnet zu werden.

Aufgrund Mattonets angeblicher Homosexualität gab es allerdings auch unterschiedliche Meinungen, Aussagen und Kommentare. Seine Familie bekundete nach dessen Tod, von dieser damals strafrechtlich verfolgten Neigung nichts gewusst oder jemals diesbezügliches bemerkt oder wahrgenommen zu haben. Dennoch aber standen andere Aussagen und Andeutungen im Raum, die Mattonets Veranlagung in bestimmten Kreisen als bekannt bezeichneten.

Bereits im Jahr 1898 hatten sich Breuer und Mattonet kennengelernt. Trotz des großen Altersunterschieds von achtundzwanzig Jahren entwickelte sich eine Freundschaft zwischen den beiden Männern. Offenbar war Mattonet angetan von dem nicht alltäglichen Verhalten, das Breuer schon damals an den Tag legte. Mattonet hatte sich häufiger dahingehend geäußert, dass er eine Vorliebe für Menschen mit einer gewissen Frechheit habe und diese auch sehr schätze.

Zur Verbindung von Breuer zu Mattonet gab es widersprüchliche Beobachtungen und Aussagen. So standen mehrmals Behauptungen im Raum, dass beide seit längerer Zeit intime Handlungen miteinander praktizieren sollten. Breuer selbst bezeichnete ihre Männer-Verbindung hingegen ausdrücklich als platonische Freundschaft. Eigene homosexuelle Neigungen verneinte er nicht nur, sondern lehnte sie auch strikt ab. Lediglich »Handhalten« und den »Arm auf die Schulter legen« räumte Breuer als unbedeutendes und unverfängliches freundschaftliches Verhalten ein. Es war schwierig, besonders zur damaligen Zeit, wenn derartige Behauptungen erhoben wurden, diese nachhaltig auszuräumen, zumal ein besonderes Sensationspotenzial immer damit verbunden war. Was allerdings für eine nicht allseits bekannte Homosexualität beider und das unbedingte Verdecken und Geheimhalten dieser Neigung hätte sprechen können, waren die hohen Geldsummen, die von Mattonet zu Breuer wechselten. Diese sollen Höhen von 100.000 bis 500.000 Mark erreicht haben.

Diese »leicht verdienten« Zuwendungen an Bargeld sollen die Grundlage für Breuers luxuriöses, sogar verschwenderisches und sorgloses Leben gewesen sein.

Die Korrespondenz von Breuer an Mattonet, die im Rahmen der weiteren Ermittlungen in diesem Fall vorgefunden wurde, begann stets mit der Anrede: »Lieber Ferdi«, was noch nicht unbedingt auf eine gegenseitige gleichgeschlechtliche Neigung zwischen Männern hinweisen muss. Allerdings ließen die Briefenden schon eine andere Deutung zu. Dort hieß es immer: »Dein Dich liebender ...« oder »Dein Dich treu liebender ...«

Hauptthema in den Briefen von Breuer an Mattonet war immer der eindringliche Hinweis auf die finanziellen Zwangslagen, in denen er sich derzeit befände und deshalb unbedingt Geld benötigte, um diese abwenden zu können.

Heute ist nicht mehr nachvollziehbar, ob Mattonet Breuers ständigen Geldforderungen aus Furcht vor der Enthüllung seiner damals noch strafbaren homosexuellen Neigung nachkam. Somit wäre auch der Tatbestand einer Erpressung seitens Breuer erfüllt gewesen. In einem späteren Brief, natürlich wie immer mit dem Inhalt einer Geldforderung, führte Breuer die Begründung an, dass er nun selbst erpresst werde und dieser Forderung unbedingt nachkommen müsse. Also könnten beide Personen schon mit dem Terminus »Erpressung« vertraut gewesen sein, insbesondere Mattonet als immer wieder ausgenutztes Opfer.

In regelmäßigen Abständen reiste Breuer dann aus Berlin in die Eifel, um sich mit einem Freund zu treffen, wie er es neutral und unverfänglich ausdrückte. Es kann nur davon ausgegangen werden, dass es sich bei diesem Freund um Mattonet handelte. War Breuer stets kurze Zeit später nach Berlin zurückgekehrt, fiel er wieder dadurch auf, dass er sein verschwenderisches Leben in gewohnter und allseits bekannter Art und Weise fortsetzte. Jedes Mal musste er größere Summen Bargeld von seiner Kurzreise in die Eifel mitgebracht haben. Bei seiner auffälligen Geldverschwendung ließ er niemals eine Gelegenheit aus, in die höhere und offensichtlich für ihn besser scheinende Gesellschaft Einzug halten zu können. Er war bestrebt, in diesen Kreisen endlich Anerkennung zu finden und darin aufgenommen zu werden. Immer wieder behauptete er, und er hob es auch besonders hervor, ein Freund des Radsportlers Thaddäus Robl zu sein, um so durch diese Verbindung das Interesse an seiner eigenen Person zu steigern. Robl war zu seiner Zeit der erfolgreichste Radrennfahrer und wurde 1901 und 1902 Weltmeister. Ob zwischen Breuer und diesem tatsächlich eine Verbindung bestand, konnte nie nachgewiesen werden. Robl wurde schließlich im Jahr 1910 das erste Opfer der zivilen Fliegerei.

Nachdem alle polizeilichen Ermittlungen im Todesfall Mattonet beendet waren, wurde am 5. Juli 1909 vor dem Amtsgericht in Trier der Prozess gegen Joseph Breuer eröffnet. Zu der Verhandlung waren 120 Zeugen und Sachverständige geladen, um das Gericht bei der Wahrheits- und Urteilsfindung zu unterstützen. Die Öffentlichkeit war ausgeschlossen.

Breuer wehrte sich vehement gegen die Anschuldigung, er habe unmittelbar nach den Schüssen am Tattag noch die Waffe in der Hand gehalten. Er selbst besitze keine Waffe. Die Browning, aus der die Schüsse abgegeben worden waren, war Eigentum von Mattonet selbst.

Unabhängig vom Tötungsdelikt hatte Breuer allerdings bereits in vorangegangenen Polizeiverhören eingeräumt, Mattonet erpresst zu haben. Zu den Vorgängen in Gerolstein am 14. Oktober 1908 machte Breuer als Beschuldigter von seinem Aussageverweigerungsrecht Gebrauch und schwieg zum Tatablauf, da er sich nach geltendem Recht nicht selbst belasten musste.

Es standen nun drei Möglichkeiten im Raum, wie Mattonet ums Leben gekommen war. Gegen die Theorie der Selbsttötung wehrte sich ein Sohn des Opfers, der eine derartige Handlung seines Vaters absolut ausschloss. Es sei ihm und seiner Familie sehr gut gegangen und es habe zu keiner Zeit Anlass für eine derartige Kurzschlusshandlung gegeben. Zudem gab es Zeugen, die Breuer nach den Schüssen mit der Waffe über seinem Opfer haben stehen sehen. Möglicherweise hätte aber auch ein unsachgemäßer Umgang mit der Waffe den Tod Mattonets hervorgerufen haben können. Breuer wiederholte mehrmals, dass er keine Waffe besessen und somit auch nicht gewusst habe, wie er damit hätte umgehen sollen. Dieser Aussage von Breuer, nie eine Waffe besessen zu haben, stand allerdings die Stellungnahme einer Zeugin gegenüber, mit der Breuer vier Tage vor der Tat in Berlin in einem Café gesessen hatte. Breuer soll in diesem Gespräch auf seinen angeblichen Freund Robl, der ihm noch Geld schuldete, geschimpft haben. Während dieser Anschuldigungen griff Breuer plötzlich in seine Jackentasche und holte ein kleines Behältnis hervor, in dem eine Pistole lag. Dann drohte er, dass die Kugeln, die in der Waffe steckten, für zwei Menschen bestimmt seien: eine für Robl und die andere für »den da unten«, wo er bald hinfahre.

Die Zeugin wusste mit der Andeutung »den da unten« nichts anzufangen, sodass sie deshalb nachfragte. Breuer klärte sie auf und erläuterte, dass damit St. Vith gemeint sei. Das war der eindeutige Hinweis, dass mit dem zweiten Opfer Mattonet gemeint und diese Tat somit schon beschlossen war.

Breuer war offenbar zu allem bereit. Er befürchtete, dass Mattonets Zahlungen zukünftig ausbleiben, seine Erpressungen in Leere laufen könnten. Offensichtlich schloss er dies daraus, da die Ankündigung seines Besuches von Mattonet mit einem kurzen Telegrammtext »Reise zwecklos« beantwortet worden war. Das schöne, sorgenfreie Leben ohne die großzügigen Zuwendungen hätte für Breuer ein Ende gefunden.

Nach langen Beratungen kam das Schwurgericht am 10. Juli 1909 zu dem Urteil, dass sich Breuer des Mordes an Mattonet schuldig gemacht habe und verhängte die Todesstrafe unter dauerhafter Aberkennung aller bürgerlichen Rechte.

Ein juristischer Formfehler allerdings hatte zur Folge, dass das ursprüngliche Urteil vom Reichsgericht aufgehoben wurde. Am 10. Oktober 1910, fast zwei Jahre nach der Tat, begann ein neuer Prozess gegen Breuer, dieses Mal vor dem Trierer Schwurgericht. Dieses Gericht kam aber zu dem gleichen Ergebnis. Breuer wurde wegen Mordes zum Tode verurteilt.

Als der Tag der Vollstreckung näher rückte, setzten sich einige einflussreiche Bürger für eine Begnadigung Breuers ein, zumal nach ihrer Auffassung in den Verhandlungen nicht ausreichend geklärt worden war, ob Breuer sich wirklich des Mordes schuldig gemacht hatte. Zu diesen Personen gehörte auch der Arzt und Sexualforscher Magnus Hirschfeld. Dieser vertrat aufgrund seiner Forschungen die Ansicht, dass die Bedrohung Homosexueller durch Chanteure größer sei als die Verfolgung durch den Paragraphen 175 des Strafgesetzbuches. Es war bekannt geworden, dass manche Menschen mit dieser damals noch als abartig eingestuften sexuellen Veranlagung sogar gleichzeitig von mehreren Erpressern regelmäßig »zur Kasse« gebeten wurden. In manchen Fällen sei es sogar so weit gegangen, dass noch die Kinder dafür zahlen mussten, um Schande durch Aufdeckung von der Familie fernzuhalten. Es war wie eine Zwickmühle, den Befreiungsschlag zu wagen und gegen seine Erpresser vorzugehen. Die Konsequenz wäre gewesen, wegen des Paragraphen 175 angezeigt zu werden. Das hätte neben einem Strafverfahren und einer Verurteilung das gesellschaftliche Ende für so manchen bedeutet.

Im Juni 1911 sprach Wilhelm II. eine Begnadigung aus. Das Urteil gegen Breuer wurde in lebenslange Zuchthausstrafe umgewandelt. Diese musste er allerdings nicht verbüßen, denn im Rahmen einer allgemeinen Amnestie der Weimarer Republik wurde er 1919 aus der Haft entlassen.

Sein Versuch einer Wiederaufnahme des Verfahrens im Jahre 1930 verlief erfolglos. Danach verliert sich Breuers Spur.

Peter Joseph Breuer, der Mörder von Ferdinand Mattonet.

Ferdinand Mattonet.

DAS ENDE DES BAHNBEDIENSTETEN JOHANN GREBER

Johann Greber, der am 4. November 1882 in Langweiler im Kreis Bernkastel geboren wurde, übte den Beruf des Eisenbahnhelfers am Bahnhof Aachen-Ronheide aus. Er versah seinen Dienst als Zolldeklarant stets korrekt und gewissenhaft. Seine Aufgabe war es, die Frachtbriefe für die Zollabfertigung zu bearbeiten und die entsprechenden Zuglisten für den Weitertransport von Gütern zu erstellen.

Johann Greber war verheiratet. Er hatte vier Kinder und wohnte im belgischen Ort Hauset, nahe der deutschen Grenze. Auch wenn die Inflation täglich die Preise steigen ließ, blieb Johann korrekt und ließ sich nicht zu irgendwelchen »Nebengeschäften« hinreißen, auch wenn die Zeiten schwer waren und zahlreiche andere Kollegen dazu neigten, ihn sogar manchmal dazu zu verleiten. Das gute Gewissen war für ihn das viel zitierte Ruhekissen.

Eines Tages im April 1922 wurde Greber zu seinem Vorsteher gerufen. Zuerst dachte er, dass eine Beanstandung in seinem Handeln dafür der Anlass gewesen sei, was er sich aber auch nach längerem Überlegen nicht vorstellen konnte. Es war ein anderer, sogar erfreulicher Anlass, beim Vorgesetzten zu erscheinen. Dieser teilte Greber mit, dass er ihm endlich einen Vorschuss für seine Dienste auszahlen konnte, den die anderen Kollegen bereits zu Ostern erhalten hatten. Als Greber das Büro betrat, stand der Vorsteher hinter seinem Schreibtisch und hielt das Geld in Händen. Er bat Greber, ihm diese

Barauszahlung in der Spalte »Eisenbahn-Betriebs-Assistent Johann Greber« zu quittieren. Johann unterschrieb und danach wurden ihm die 600 Mark von seinem Vorgesetzten über den Tisch gereicht.

Greber faltete die Scheine, steckte sie ein und begab sich wieder auf das Bahngelände, um seinem im Plan festgelegten Dienst für diesen Tag nachzukommen.

An diesem Tag mussten Waggons abgefertigt werden, die zum Transport von Wiedergutmachungsmaterial für Belgien bereitstanden. Zusammen mit den belgischen Besatzungssoldaten war die korrekte Beladung, beziehungsweise Umladung zu beaufsichtigen. Es war gleichzeitig der Ort, an dem in dieser schweren Zeit umfangreiche Schiebereien erfolgten, Waren auf nicht auffindbaren, illegalen Wegen verschoben wurden und verschwanden. Schmiergelder wechselten die Besitzer und andere mit dem Gesetz nicht vereinbare Maßnahmen zählten in bestimmten Kreisen zu den täglichen Abläufen. Johann Greber hielt sich da zurück, obwohl die Versuchung oft groß war, auf diese Weise die persönlichen finanziellen Verhältnisse aufzubessern. Er war korrekt und wollte sein gutes Gewissen wahren und nicht in Machenschaften hineingezogen werden, die ihm vielleicht nachts den verdienten Schlaf geraubt hätten.

Um halb neun abends endete an diesem Tag schließlich Johanns Dienst. Er ergriff seinen Rucksack, schwang ihn auf den Rücken und verabschiedete sich gut gelaunt von seinen Kollegen, um sich zu Fuß auf den Weg in Richtung Heimat zu begeben.

Es war bereits dunkel. Das bedeutete aber für Johann kein Problem, denn er konnte immer dem Schienenstrang in Richtung Hergenrath folgen. Strammen Schrittes legte er gelassen seinen Weg zurück. Mit einem Zug auf dieser Strecke musste er um diese Uhrzeit nicht mehr rechnen. Das wusste er ganz genau, denn er kannte den Fahrplan so präzise wie kein anderer. Am Tunnel schwenkte er nach links ab auf einen steileren Waldpfad hinauf nach Siebenwege. Er kannte seinen Heimweg wie im Schlaf. Unzählige Male hatte er diesen Weg schon zurückgelegt. Und jedes Mal hatte er genug Zeit, über die herrschende Inflation nachzudenken, die jeden Tag die Preise in die Höhe trieb. Er bedauerte, dass die Erhöhung seines Lohns, die durch den Eisenbahnerstreik im vergangenen Dezember ausgehandelt worden war, von der herrschenden Geldentwertung längst aufgefressen worden war.

Johann überlegte aber auch, wie er seinen bevorstehenden vierzigsten Geburtstag begehen könnte. Gerne würde er am 4. November einige Freunde und Verwandte einladen und mit ihnen etwas feiern. An einem Glas Wein nach langer Zeit hätte ich schon Freude, dachte er. Aber die Kriegsjahre hatten ihn gelehrt, auf vieles zu verzichten und kürzer zu treten. Sparsam leben war sein oberstes Gebot in dieser Zeit.

Johann Greber freute sich, dass er heute in seinem Rucksack sechs Zwei-Pfund-Brote, zwei Pfund Butter und in einer Zigarrenkiste achtzehn Eier seiner Frau als Überraschung nach Hause mitbringen konnte. Er besaß zwar selbst einige Hühner in seinem Garten, nur waren diese noch zu jung, um ausreichend Eier für die Familie zu produzieren.

Johann hatte fast den Punkt Siebenwege nach einer ansteigenden, die Beine etwas belastenden Strecke erreicht. Er freute sich, dass von dort der Weg nur noch bergab verlief. Der gefüllte Rucksack drückte an diesem Tag doch sehr auf seinen Rücken.

Als er an der Stelle angelangt war, erinnerte er sich, dass er vor einigen Wochen genau dort aus nächster Nähe einen Schuss wahrgenommen hatte. Das war ein Zeichen dafür, dass er in diesem Bereich nicht ganz allein zur Nachtzeit unterwegs war. In diesem Moment dachte er daran, dass er seiner Frau besser nichts davon erzählt hätte, denn diese plagte immer die Angst, wenn ihr Mann allein auf dem Rückweg im Wald unterwegs war.

Sie wusste auch, dass er zu bestimmten Zeiten immer sein bar ausgezahltes Gehalt mit sich führte. Aus Vorsicht versteckte Johann an diesen Tagen das Geld stets in seinen Strümpfen. Er war fest davon überzeugt, dass Räuber dort bestimmt keine Wertsachen suchen würden.

In der Tat waren die Zeiten damals nach dem Krieg nicht sicher. Sehr viele Schmuggler trieben sich im Grenzgebiet zwischen Deutschland und Belgien herum, um mit heimlich über die Grenze gebrachten Waren andere Leute zu versorgen und vor allem, um dadurch etwas für sich selbst zu verdienen. Es kam gelegentlich auch vor, dass sich Schmuggler nach dem Grenzübertritt gegenseitig ausraubten. Dann gab es auch die Zeitgenossen, die den Schmugglern auflauerten, um ihnen ihre Waren abzujagen. Auch ehemalige Soldaten aus dem Ersten Weltkrieg, die jetzt ohne Arbeit waren und nach den Kriegserlebnissen nicht mehr in ein normales Leben zurückgefunden hatten oder dies vielleicht auch nicht mehr wollten, trieben sich in den Wäldern herum, um Beute zu machen und damit ihren Lebensunterhalt zu bestreiten. In den Wäldern wimmelte es also von zwielichtigen Gestalten.

Johann wusste von diesen Gefahren und hatte als vorsichtiger und umsichtiger Mensch, Vorkehrungen getroffen, falls das Schicksal es so wollte, dass er selbst einmal Opfer eines Überfalls würde. Er trug in der Brusttasche seiner Jacke zum Schein eine alte, abgegriffene Brieftasche mit einigen wenigen Mark darin, auf die er im Falle eines Überfalls hätte verzichten können. Der größere Wert befand sich ganz wo anders. Wo sollte ein Räuber sonst nach Geld suchen, als in der Brieftasche? Ehering und Uhr waren zu Hause sicher aufgehoben. Kein Räuber wäre auf den Gedanken gekommen, in den Socken nach Geld zu suchen, war sich Johann sicher.

Doch es sollte in dieser Nacht ganz anders kommen. Johann Greber kam an diesem Abend nicht mehr zu Hause im kleinen Dorf Hauset an. Seine Frau war beunruhigt, weil ihr Mann sonst stets »pünktlich wie die

Bahn« erschien. Sie wachte die ganze Nacht, und ihre Sorgen wurden immer größer. Sie spürte, dass da etwas passiert sein musste.

Im Morgengrauen des 22. April 1922 stieß der Eisenbahner Johann Ramjoie, als er von Hauset zu seiner Arbeitsstelle, dem Bahnhof Ronheide, ging, auf eine riesige Blutlache auf dem Waldweg. Von dieser Stelle führte eine Blutspur in den Wald hinein. Ramjoie verfolgte diese und fand im Gestrüpp eine leblose männliche Person mit einer klaffenden Wunde am Kopf vor. Den Rücken zu ihm gewandt, konnte der Finder nicht sofort erkennen, um wen es sich dabei handelte. Neben der Person fand er ein Familienstammbuch, an dem sich große Mengen frischen Blutes befanden. Vorsichtig hob Ramjoie dieses Buch auf und blätterte darin. Dabei musste er feststellen, dass es sich bei der vor ihm liegenden, leblosen Körper um Johann Greber handelte. Er kannte diesen Kollegen. Sie hatten nicht nur häufig dienstlich miteinander zu tun, sondern kamen auch beide aus Hauset. Häufig waren sie sich dort schon begegnet, hatten einige Worte gewechselt, meist ging es dabei aber um dienstliche Belange.

Ramjoie wollte nun wissen, was mit seinem Kollegen sei, wie es ihm gehe, ob er lebe. Darum rief er mehrmals laut seinen Namen, bekam aber keine Antwort.

Da hier offensichtlich keine Hilfe mehr erforderlich war, eilte Ramjoie auf dem kürzesten Weg zum Bahnhof Ronheide und teilte seinen schrecklichen Fund von dort telefonisch der Polizei mit.

Sofort begaben sich Polizisten, ein Staatsanwalt und ein Vertreter des Amtsgerichts zu dem Ort, den Ramjoie ihnen genau beschrieben hatte. Unverändert lag da das Opfer, dessen Tod festgestellt wurde. Dann wurden die vorgefundenen Spuren genauestens protokolliert, die Gegend um den Fundort abgesucht. Besonders auffällig war an einer nahegelegenen Ruhebank am Vennblick eine große Blutspur, in der sich auch Hirnmasse und Knochensplitter befanden. Daneben lag ein Wanderstock, unten mit einer Metallspitze, um die Abnutzung des Holzes zu verhindern. Abseits des Wegs, etwa siebzehn Meter entfernt, lag die Leiche Grebers auf dem Bauch mit dem Gesicht zur Erde gewandt, so wie Ramjoie sie ebenfalls vorgefunden hatte. Vier Meter neben der Leiche lag ein voll bepackter, unberührter Rucksack, der Blutspuren aufwies. Der Hut des Toten lag zwei Meter entfernt. Dieser wies ein deutliches Einschussloch auf, an dem noch Schmauchspuren zu erkennen waren. Das verdeutlichte den Tathergang. Greber musste aus nächster Nähe hinterlistig erschossen worden sein. Kampfspuren konnten in der näheren Umgebung nicht festgestellt werden. Aus diesem Grund ging die Polizei davon aus, dass Greber das Annähern seines Mörders von hinten nicht wahrgenommen hatte. Ohne eine Chance, sich wehren zu können, fiel er dem Täter zum Opfer.

Das Einschussloch am Hinterkopf und der Austritt des Projektils über dem rechten Auge lieferten dem kriminalistisch geschulten Personal einige verwertbare Hinweise.

Links neben der Leiche lag das Familienstammbuch, das Ramjoie nach seiner Einsichtnahme dort wieder abgelegt hatte. Der Stoff der Hosentaschen des Opfers war nach außen gestülpt. Das deutete darauf hin, dass der Täter die Taschen offensichtlich nach Wertgegenständen durchsucht hatte. Auch bei den Rocktaschen zeigte sich dieses Bild. Die Strümpfe waren von den Füßen gezogen und gründlich durchsucht worden. Das Verbrechen schien so abgelaufen zu sein, dass Greber auf dem Weg erschossen und anschließend in das Gebüsch gezerrt worden war. Dort, vor den Blicken eventuell vorbeikommender Menschen geschützt, muss der Täter ihn dann in aller Ruhe durchsucht und ausgeraubt haben.

Es wurden genaueste Aufzeichnungen von Leiche, Fundort und anderen mit der Tat in Verbindung stehenden Merkmalen gefertigt, zusätzlich Fotos gemacht. An der Lage und den genauen Abständen von Gegenständen neben der Leiche sollte der Tathergang durch die Ermittler später nochmals genauer rekonstruiert werden. Besonderes Interesse bestand an der Frage, ob die Tat durch einen Einzeltäter oder mehrere Tatbeteiligte begangen worden war. Dieser Hinweis wäre ein wichtiger Bestandteil bei der späteren Fahndung gewesen.

Bereits an diesem 22. April 1922 wurde eine Belohnung von 10.000 Mark für Hinweise, die zur Ergreifung des oder der Täter führen, ausgesetzt. Die Staatsanwaltschaft veranlasste das Drucken von zweihundert Plakaten in auffälliger roter Hintergrundfarbe. Diese wurden an Litfaßsäulen im Aachener Stadtgebiet und bei Waldwirtschaften in der Umgebung angebracht. Auch in Altenberg, Hergenrath, Hauset, Eynatten und Eupen wiesen sie auf die schreckliche Tat hin. Gleichzeitig wurde derselbe Text in allen Zeitungen in Aachen und der Region veröffentlicht. Am Dienstag, dem 25. April, war darin zu lesen:

MORD

Am Freitag, dem 21. April 1922, abends gegen 9 ¼ Uhr, ist der Eisenbahnaushelfer Johann Greber, geboren am 4. November 1882 in Langweiler (Kreis Bernkastel), auf dem Weg vom Bahnhof Ronheide nach Hauset am sogenannten »Vennblick« – zwischen »Siebenwege«-Punkt und Schutzhütte – mit einer Handfeuerwaffe meuchlings ermordet worden.

Die Leiche wurde seitwärts der Straße im Gehölz aufgefunden. Sämtliche Taschen waren leer. Greber hatte eine abgetragene schwarze Brieftasche mit seinen Personalpapieren, 150 belgischen Franken und mindestens 600 Mark in deutschem Gelde bei sich getragen.

Alle, welche die Aufklärung dieser ruchlosen Tat fördern können, werden gebeten, ihre Angaben unverzüglich bei der nächsten Polizeibehörde oder beim Polizei-Präsidium oder der Staatsanwaltschaft Aachen (Aktenzeichen J 466/22) zu machen.

Auf die Ermittlung des Täters ist eine Belohnung von 10 000 Mark ausgesetzt.

Aachen, den 22. April 1922 Der Oberstaatsanwalt

Auch die belgischen Behörden unterstützten die deutschen Ermittler weiterhin bei der Fahndung nach dem Mörder. In diesem Zusammenhang wurde von belgischer Seite am 13. Mai 1922 der Staatsanwaltschaft Aachen der Hinweis gegeben, dass eine Bande von zwanzig bis dreißig Männern die Gegend von La Calamine mit Überfällen auf sich im Freien aufhaltende Personen verunsichere. Sie hätten einen Treffpunkt in einer Kneipe an der Lütticher Straße bei Bildchen. Diese sei vierundzwanzig Stunden lang geöffnet, sodass dort Zusammenkünfte zu jeder Tages- und Nachtzeit erfolgen könnten. Der Ort liege zwar auf Aachener Territorium, sei aber zu weit von der Stadt entfernt, sodass ständige Kontrollen dort kaum möglich seien. Es könne durchaus nicht ausgeschlossen werden, dass diese Bande mit dem Mord an Greber in Verbindung stehe.

Daraufhin nahm die Kriminalpolizei in dem beschriebenen Milieu ihre Ermittlungen auf. Es konnten aber keine Zusammenhänge mit dem Mord an Greber durch diese Bande nachweisen werden.

Monatelang führte die Kriminalpolizei Verhöre von vorläufig Festgenommen in dieser Sache durch. Jedem kleinsten Hinweis, erschien er noch so gering und belanglos, wurde nachgegangen. Sogar Gerüchten wurde Aufmerksamkeit geschenkt, weil es immer hieß, dass auch in derartigen Behauptungen manchmal etwas Sachbezogenes zu finden sein könnte. So hieß es, dass der Täter vielleicht aus Hauset sein könnte, da er es auf die Frau des Opfers abgesehen hätte. Dann wurde auch ins Gespräch gebracht, dass Greber als lästiger Zeuge eines Diebstahls im Bahnhof Ronheide hätte beseitigt werden müssen.

Weder die Ermittlungen der Aachener Kriminalpolizei noch die der belgischen Stellen führten zu einem Ergebnis, das den Mörder von Johann Greber hätte überführen können. Das abscheuliche, hinterhältige Verbrechen blieb ungesühnt.

Der Bahnmitarbeiter Johann Greber.

Der Gedenkstein für das Mordopfer Johann Greber im Aachener Wald.

Der Bahnhof Ronheide: Die Dienststelle von Johann Greber.

EIN HEIMTÜCKISCHER MORD IN WALDESCH

Zunächst eine Anmerkung: Der Ortsname Waldesch taucht heute nicht mehr auf. Die einst benachbarten Dörfer Kirchesch und Waldesch wurden im Rahmen der kommunalen Verwaltungsreform 1969 zur Ortsgemeinde Kirchwald vereinigt, zugehörig zur Verbandsgemeinde Vordereifel.

Der 5. Februar 1928 war ein eisiger Wintertag. Der Himmel über Mayen zeigte sich in dem typischen Grau, das noch mehr Schneefall ankündigte. Es war eigentlich ein friedliches Bild, das zur Jahreszeit passte.

Niemand ahnte, dass zu dieser Zeit drei undurchsichtige Gestalten in der Eifeler Kreisstadt ein Verbrechen planten, das danach noch lange Zeit für Gesprächsstoff sorgen sollte.

Es waren die Gebrüder Wilhelm und Anton Weiler sowie ihr Cousin Adolf Surges. Alle drei waren wieder einmal vollkommen mittellos, abgebrannt, wie sie es nannten, und benötigten dringend Geld, um ihren Lebensunterhalt zu bestreiten. Die Idee und Initiative zu einem gemeinsamen Geldbeschaffungsplan ging von Adolf Surges aus. Dieser hatte seinem Cousin Wilhelm, der in Oberhausen wohnte, in den vergangenen Wochen mehrere Briefe geschrieben und dringlich darum gebeten, nach Mayen zu kommen und auch seinen Bruder mitzubringen.

In Mayen gäbe es etwas zu verdienen, war der mehrfach wiederholte Hinweis in den Briefen, die die Brüder im Ruhrgebiet nicht nur neugierig auf den Plan ihres Vetters machen, sondern auch zur Beteiligung animieren sollten. Von einer Einzelperson wäre sein Vorhaben nicht durchführbar gewesen. In einem dieser Briefe drückte Surges es so aus, dass Wilhelm seinen »Br.« mitbringen sollte. Diese zunächst einfach und harmlos klingende Abkürzung sollte später noch zu Komplikationen bei den Ermittlungen führen und erhebliche Fragen aufwerfen, die die geplante und später vollendete Tat in einem ganz anderen rechtlichen Licht erscheinen lassen sollte. Davon aber mehr im weiteren Verlauf.

An dem besagten 5. Februar war es endlich so weit. Die Weiler-Brüder erreichten aus Oberhausen kommend mit der Bahn Mayen. Wie verabredet kamen die drei Männer in der Wohnung einer Frau Laux in Mayen zusammen, mit der Surges seit geraumer Zeit in wilder Ehe lebte. An diesem Tag wollte Surges seinen Plan im Detail erläutern, um danach ihr gemeinsames, weiteres Vorgehen nach seiner Idee zu beratschlagen.

Zu Frau Laux ist anzumerken, dass sie zu diesem Zeitpunkt verheiratet war. Allerdings befand sich ihr Ehemann im Gefängnis. Seine Entlassung stand kurz bevor.

Neugierig auf die Pläne, drängten die Brüder Weiler nun ihren Vetter, endlich Einzelheiten auf den Tisch zu bringen. Surges führte aus, dass er vor einiger Zeit in Erfahrung gebracht habe, dass ein sehr wohlhabender Junggeselle namens Matthias Degen allein in einem großen Haus in Waldesch lebe.

Die Tatsache, dass dieser Mann wohlhabend sei, weckte bei den Brüdern Weiler verstärktes Interesse.

»Der Alte bewahrt stets viel Geld im Haus auf, sage ich euch, das weiß ich ganz genau. Da lohnt es sich wirklich, etwas zu unternehmen und mal richtig zuzugreifen! Der größte Vorteil bei der Sache ist, dass der Alte schwerhörig ist. Wenn wir nachts bei ihm einsteigen und alles durchsuchen, merkt der das nicht einmal. Erst am nächsten Morgen wird er feststellen, dass er nächtlichen Besuch hatte. Dann sind wir mit vollen Taschen Geld längst über alle Berge. Wenn das nicht die besten Voraussetzungen für uns sind, dann weiß ich nicht, was noch besser sein könnte. Und alles ist ganz einfach. Die ganze Sache ist nicht nur vollkommen ungefährlich für uns, sondern kann auch noch schnell ablaufen. So schnell hätten wir noch nie unser Geld verdient!«, bekräftigte Surges voller Zuversicht sein Vorhaben.

»Und woher weißt du das alles so genau?«, fragte einer der beiden Brüder.

»Das habe ich selbst herausgefunden, als ich bei Degen das Dach seines Hauses neu hergerichtet habe. Das ist noch gar nicht lange her«, erläuterte Surges seine genauen Kenntnisse.

»Ja, wenn das so ist ...«, meinte Anton Weiler, »dann lasst uns nicht lange warten!«

»Prima!«, freute sich Surges, der nun zwei willige Gehilfen für die Ausführung seines Plans gefunden hatte.

»Das muss gefeiert werden. Kommt, wir begießen unseren Entschluss in der Wirtschaft!«

In einem Mayener Gasthaus tranken die drei am Nachmittag reichlich Alkohol. Dann am frühen Abend begaben sie sich zu Fuß nach Waldesch. Da der Weg dorthin lang war und zu dieser Jahreszeit bittere Kälte herrschte, kauften sie in der Kneipe noch eine Flasche Cognac, die sie unterwegs nach und nach gemeinsam leerten, um wenigstens innerlich Wärme zu spüren.

Sie gingen von Mayen aus auf der Straße durch das Nettetal, am Kloster Helgoland vorbei und bogen hinter dem Schloss Bürresheim links nach Waldesch ab.

Es war noch nicht Mitternacht, als die drei den kleinen Ort erreichten. Die wenigen Gassen waren zu dieser Zeit menschenleer. Eisiger Wind pfiff durch die Gärten des Dorfes und einige Schneeflocken wirbelten unruhig durch die klare Luft. Nur vereinzelt brannte noch Licht in den Stuben, das durch die Vorhänge gedämpft in die Vorgärten fiel.

»Diese Lichter gehen auch gleich aus!«, flüsterte Surges. »Die gehen alle gleich schlafen. Heute kommt bestimmt niemand mehr raus!«

So schlichen sich die drei zum Haus von Matthias Degen.

»Dort drüben ist es!«, flüsterte Surges. »Lasst mich einmal vorgehen und ihr wartet erst einmal im Schutz der Mauer im Vorgarten!«

Surges drückte nun mit sanfter Gewalt ein Fenster auf und kletterte in das dahinter liegende Zimmer. Die anderen verweilten noch, ohne ein Wort zu sprechen, vor der Haustür. Es dauerte einige Augenblicke, bis Surges ihnen von innen die Haustür öffnete. Er ließ seine Kumpanen eintreten und murmelte kaum vernehmbar: »Alles in Ordnung, keinerlei Gefahr. Alles ruhig hier!« Dann schloss er wieder die Tür, nachdem er einen kontrollierenden Blick nach draußen geworfen hatte.

Im Inneren des Hauses war alles ruhig, nichts regte sich. Nur das monotone, gleichmäßige Ticken einer Uhr in irgendeinem Zimmer war deutlich wahrzunehmen.

Vom Flur aus betraten die Eindringlinge zuerst ein Zimmer im Erdgeschoss und durchsuchten alle Schränke, Kommoden und Regale nach Geld und anderen Gegenständen, die sie zu Geld hätten machen können. Dabei verhielten sie sich nicht besonders ruhig. Sie konnten nach der Aussage von Surges davon ausgehen, dass der Hausherr schlafe und wegen seiner Schwerhörigkeit ohnehin nicht wach würde.

Das Durchstöbern blieb allerdings ohne Erfolg. Sie fanden nichts, was es wert gewesen wäre, mitzunehmen.

»Verdammt noch mal«; schimpfte einer der Weiler-Brüder, »kein Geld und auch nichts anderes, was man versilbern könnte. Surges, was hast du denn da ausbaldowert? Wir schlagen uns hier die Nacht um die Ohren für nichts und wieder nichts!«

»Pst, nur die Ruhe bewahren!«, beschwichtigte ihn Surges. »Würdet ihr denn Geld und andere Wertsachen im Erdgeschoss aufbewahren? Das wäre doch wegen dieser verdammten Einbrecher viel zu leichtsinnig, versteht ihr?« Nach diesen Worten grinste Surges und fuhr fort: »Wir gehen jetzt nach oben. Dort werden wir bestimmt etwas finden, glaubt es mir! Meistens bewahren diese Geldsäcke ihre Kostbarkeiten in ihrer unmittelbaren Nähe auf, dort, wo sie schlafen«.

Die schmalen, steilen Stufen ging nun Wilhelm Weiler voran, dahinter folgte ihm sein Bruder Anton. Als Letzter kam Surges. Das Licht wurde nicht eingeschaltet. Dennoch war im Treppenaufgang genügend zu erkennen, nachdem sich die Augen der Eindringlinge an die Dunkelheit gewöhnt hatten.

Wilhelm erreichte als erster die oberste Stufe der schmalen Holz-Stiege. Doch dann ereignete sich etwas, womit keiner der Eindringlinge gerechnet hatte. Da stand mit einem Male der alte Degen in voller Lebensgröße im Rahmen der geöffneten Tür zu seiner Schlafkammer. Offenbar hatten sich die drei zu leichtsinnig verhalten, waren sich ihrer Sache zu sicher gewesen. Trotz seiner Schwerhörigkeit hatte Degen sie wahrgenommen. Er hielt einen Spazierstock in der erhobenen rechten Hand. Dann ging alles sehr schnell. Unvermittelt und ohne Warnung schlug Degen mit voller Wucht auf den ersten der hinaufgestiegenen Gestalten ein, verfehlte aber sein Ziel.

Wilhelm und Surges drehten sich um und eilten hastig die Treppe hinunter. Hierbei stolperte Wilhelm über Surges und fiel unten auf dem Treppenabsatz der Länge nach hin. Derweil schlug Degen in seiner Angst unentwegt auf Anton ein, dem es offenbar vor lauter Schreck noch nicht gelungen war, sich umzudrehen und ebenfalls rechtzeitig zu fliehen.

Dann brüllte Wilhelm plötzlich von unten: »Der schießt!«

Für den Bruchteil einer Sekunde erhellte das Aufblitzen eines Mündungsfeuers den dunklen Raum, begleitet von den typischen, durchdringenden Geräuschen einer Feuerwaffe. Pulverdampf breitete sich aus.

Die drei Einbrecher stürzten eilig hinaus in die eisige Winternacht, ohne ihren ursprünglichen Plan verwirklicht zu haben.

Aufgeregt ergriff jetzt Wilhelm seinen Bruder am Mantelkragen und schrie ihn an: »Weißt du eigentlich, was du eben gemacht hast? Du hast eben einen Menschen erschossen, ja, einen Menschen getötet!«

»Das kann doch nicht sein!«, erwiderte Anton mit zitternder und vor Aufregung verzerrter Stimme. »Das kann doch nicht sein, es hat doch niemand geschrien!«

»Das werden wir gleich haben«, erwiderte Wilhelm und hastete wieder in das Haus zurück. Dort fand er tatsächlich Degen vor. Er lag regungslos auf dem Boden. Dann verließ Wilhelm, ohne nachzuprüfen, ob Degen vielleicht doch noch lebte und Hilfe benötigte, schnell das Haus.

»Schnell, kommt, schnell weg hier!«, waren Wilhelms einzige Worte, als er die Tür hinter sich ins Schloss zog.

Ohne ein Wort zu sprechen und ohne sich auch nur einmal umzusehen, verließen die drei Männer eilig den Ort ihrer Schandtat und begaben sich auf demselben Weg, auf dem sie nach Waldesch gelangt waren, zurück nach Mayen.

Das Schweigen dauerte an. Alle hatten bereits die halbe Strecke nach Mayen zurückgelegt, als Surges mit einem Male das Schweigen brach und zu reden begann: »Halt, wartet mal einen Moment!« Bei diesen Worten zog er eine Brieftasche aus seiner Jacke und reichte sie Anton. Dieser öffnete sie und fand darin 180 Mark. Keiner der Weiler-Brüder hatte bemerkt, dass es Surges doch gelungen war, eine kleine Beute zu machen. Sie gingen davon aus, dass er sie eingesteckt hatte, als dieser zuerst allein in das Haus gelangt war. Das Geld wurde an Ort und Stelle ohne größere Diskussionen aufgeteilt.

Schließlich erreichten sie bei klirrender Kälte Mayen. Zunächst säuberten die Weiler-Brüder ihre Kleidung mit einer Bürste, verabschiedeten sich und gingen noch in derselben Nacht bis an den Rhein. Von dort fuhren sie im Morgengrauen mit der Bahn zurück in ihren Heimatort Oberhausen.

Am Vormittag des 6. Februar 1928 war ein Herr Klein aus demselben Dorf mit Matthias Degen verabredet. Es sollte eine Hausschlachtung durchgeführt werden.

»Wo ist er nur, der Herr Degen? Der ist doch sonst immer pünktlich?«, fragte sich Klein. Da an diesem Tag noch andere wichtige Arbeiten zu erledigen waren, wollte er mit der Schlachtung rechtzeitig beginnen. Aber die Tür von Degens Haus blieb verschlossen. Auch auf das Klopfen an den Fenstern reagierte dieser nicht. Klein ging unverrichteter Dinge wieder nach Hause.

Als dieser gegen Mittag zufällig einen Verwandten von Degen im Dorf traf, fragte er diesen: »Franz, wo ist denn Matthias? Ich war heute mit ihm verabredet. Wir wollten doch schlachten. Langsam mache ich mir Sorgen, dass da etwas nicht stimmt. Ihr kommt doch in das Haus von Matthias. Seht doch einmal nach, ob da alles in Ordnung ist!«

»Mach ich doch!«, antwortete Franz. »Ich verwahre ja einen Schlüssel von seinem Haus, für Notfälle!«

Sogleich begab sich Franz in das Haus seines Onkels und fand dort dessen Leiche vor. Franz, der überraschenderweise in dieser Situation die Ruhe bewahrte, suchte direkt nach verdächtigen Spuren. In der Schlafkammer fand er einen unangetasteten Geldbetrag von 2500 Mark. Dieses Geld stammte aus Viehverkäufen, die Degen vor wenigen Tagen getätigt hatte.

Wie ein Lauffeuer verbreitete sich im Dorf die Kunde vom gewaltsamen Tod Degens.

Die zuständigen Behörden nahmen ihre Arbeit auf. Verwaltungsassistent Blum aus Niedermendig leitete die ersten Ermittlungen. Dieser stellte fest, dass die Leiche drei Einschüsse in der Brust aufwies. Ferner entdeckte er Glasscherben auf der Abdeckung der Dunggrube, die von einem zerbrochenen Fenster stammten. Darauf wurden mehrere Fingerabdrücke gesichert.

Weil keine Tatzeugen befragt werden konnten, gerieten die Ermittlungen schon bald ins Stocken. Der Fall erwies sich daher als ungewöhnlich schwierig. An eine Aufklärung war zu diesem Zeitpunkt nicht zu denken. Der Mordfall Degen ruhte.

Zwei Jahre vergingen. Dann sollte der immer wieder hilfreiche »Kommissar Zufall« den Ermittlungsbehörden einen großen Dienst erweisen. Es war in Obermendig, als zwei Frauen an der gemeinsamen Wäscheleine standen und über den Platzbedarf ihrer Wäsche in einen heftigen Streit gerieten. Ein Wort gab das andere, bis die eine Frau ihre Kontrahentin wutentbrannt anschrie: »Mach endlich Platz und verschwinde mit deiner Wäsche. Du bist so dumm, dass du nicht einmal ahnst, wer den alten Degen in Waldesch erschossen hat. Ich aber weiß es, also verschwinde!« Offensichtlich handelte es sich bei der einen Frau um eine Mitwisserin, die die ganze lange Zeit über geschwiegen und die Ermittlungsbehörden im Unklaren gelassen hatte, obwohl diese die Bevölkerung um Mithilfe gebeten hatten. Und der Zufall wollte es, dass zur selben Zeit eine dritte Frau unbemerkt hinter einer Hecke entlangging und das Wortgefecht der Streitenden verfolgen konnte. Sie erinnerte sich an den unaufgeklärten Fall Degen, suchte sofort die Polizei auf und gab das, was sie kurz zuvor wahrgenommen hatte, zu Protokoll.

Es dauerte nicht lange, bis man des einen Tatbeteiligten, Adolf Surges, habhaft wurde. Dieser war äußerst erstaunt, dass man nach zwei Jahren doch noch auf seine Person gestoßen war, zumal er selbst die Tat schon fast vergessen und unbehelligt und unauffällig in Mayen gelebt hatte. Nach intensiven Befragungen sah er keine andere Möglichkeit mehr und gestand die Beteiligung an der Tat. Gleichzeitig gab er seine beiden Mittäter preis.

Es war der 23. September 1930, der Tag der ersten Verhandlung im Mordfall Degen. Der große Saal des zuständigen Schwurgerichts in Koblenz war bis auf den letzten Platz besetzt. Unruhig saßen die Zuschauer – viele waren extra aus Waldesch angereist – auf ihren Bänken. Die Stimmung war angespannt in Erwartung dessen, was die Verhandlung zutage bringen würde. Die grässliche Tat war allen, trotz des zeitlichen Abstands, noch gut in Erinnerung.

Dann war es so weit. Nach langem Warten wurden die drei Angeklagten hereingeführt. Ein Raunen ging durch die Menge. Surges und die Weiler-Brüder wurden streng bewacht. Die Ketten, mit denen sie zusätzlich gesichert waren, rasselten bei jeder Bewegung. Mit einem lauten Geräusch schloss sich die Absperrtür zu ihrer Anklagebank. Dann setzten sie sich und sprachen leise mit ihren Verteidigern, den Rechtsanwälten Dr. Weber, I. Frank und Brasch jr.

Wenige Minuten später erschien ein Justizwachtmeister mit einem alten Margarinekarton und einem Spazierstock im Gerichtssaal. Alle Anwesenden gingen davon aus, dass nun die Verhandlung beginnen würde. Aber der Justizbedienstete begab sich zum Richtertisch und begann dort den Karton auszuleeren. Er legte ein blaukariertes Arbeiterhemd aus Flanell auf den Tisch, das über und über mit getrocknetem Blut befleckt war und zudem versengte Einschussstellen aufwies. Es war das Hemd des getöteten Matthias Degen, das nach dem Auffinden seiner Leiche sichergestellt worden war. Mit dem Spazierstock hatte er versucht, sich in der tragischen Nacht gegen die Eindringlinge zur Wehr zu setzen.

Nachdem alle Beweismittel zur Verfügung standen, öffnete sich die Tür zum Beratungszimmer des Gerichts und es erschienen der Landgerichtsdirektor Ludowici und der Vertreter der Anklage, Oberstaatsanwalt Stühlen.

Der Vorsitzende begann die Verhandlung mit dem Hinweis, dass mit diesem Prozess die diesjährige fünfte Session des Koblenzer Schwurgerichts beginne. Mit ausführlichen Erläuterungen zur Sachlage des Tötungsdelikts führte er die Verhandlung fort. Die Anklage lautete auf schweren Einbruch und vorsätzliche Tötung des Landwirtes Matthias Degen zu Waldesch.

Die Vernehmungen der Angeklagten zur jeweils eigenen Person und zur Tat ergaben Folgendes: Anton Weiler war am 17. März 1901 in Niedermendig geboren worden. Er war verheiratet, hatte ein Kind und war wiederholt wegen Diebstahls, verbotenen Waffentragens, schwerer Körperverletzung und anderer Delikte vorbestraft.

Von seinem Erscheinungsbild her wirkte er ausgesprochen massiv und brutal. Er hatte schwarzes Haar und buschige, stark entwickelte Augenbrauen. Ohne den Kopf zu bewegen, schweiften nur seine Augen unruhig im Gerichtssaal umher.

Bis zu seinem sechsten Lebensjahr hatte Anton Weiler in Niedermendig gelebt und war dann mit seinen Eltern nach Oberhausen verzogen. Während des Krieges hatte er in verschiedenen Bereichen in der Industrie gearbeitet. In der Nachkriegszeit »schlug er sich so durch«, was auch immer das zu bedeuten hatte. Ende 1928 verließ Anton, wohl aufgrund der begangenen Tat in Waldesch, Deutschland und wanderte nach Brasilien aus. Allerdings gelang es ihm dort in der Fremde nicht, sich richtig einzuleben, sodass er bald wieder nach Deutschland zurückkehrte.

Zur Tat führte Anton Weiler dann Folgendes aus: »Mein Bruder Wilhelm wohnt auch in Oberhausen. Eines Tages erhielt er einen Brief von unserem gemeinsamen Vetter Surges aus Mayen. Darin forderte dieser uns auf, nach Mayen zu kommen. Dort gäbe es etwas zu verdienen. Weil wir zuerst auf diese Aufforderung nicht reagierten, kam kurze Zeit später ein weiterer Brief von Surges, wieder adressiert an meinen Bruder Wilhelm. Ich selbst bekam nie einen Brief von ihm. In dem zweiten Schreiben stand, er, Wilhelm, solle doch seinen ›Br.‹ mitbringen!«

»Was hatte denn dieses ›Br.‹, diese Abkürzung, zu bedeuten?«, wollte der Vorsitzende von Anton Weiler wissen.

»Wir beide sind davon ausgegangen, dass ich damit gemeint war, also der Bruder Anton von Wilhelm«, antwortete der Gefragte.

»Dann haben wir gemeinsam den Entschluss gefasst, nach Mayen zu fahren. Treffpunkt war die Wohnung von einer Frau Laux, mit der unser Vetter zu dem damaligen Zeitpunkt zusammenlebte.«

Die Befragung zur Person ging nun weiter mit Wilhelm Weiler. Dieser wurde am 17. Mai 1893 ebenfalls in Niedermendig geboren. Bereits im Alter von vierzehn Jahren hatte dieser seine Familie verlassen und sich in eine ganz andere Gegend von Deutschland begeben. Auch er konnte auf ein stattliches Vorstrafenregister zurückblicken. Unter anderem zählten dazu einige Militärstrafen. Während der Vernehmung vor Gericht kam nun heraus, dass er einmal für eine Zeit von sechs Wochen zur Beobachtung seines Geisteszustands in der Bonner Provinzialanstalt gewesen sei, nachdem er in früheren Jahren im Affekt einen seiner anderen Brüder erschossen hatte. Damals war diese Tat als Notwehr ausgelegt worden.

Auch Wilhelm Weiler hatte bald nach der Tat in Waldesch Deutschland verlassen und war nach Brasilien ausgewandert. Sein Aufenthalt dort währte nicht lange. Er kehrte nach kurzer Zeit wieder zurück. Angeblich sei ihm das Klima in dem fremden Land nicht bekommen.

Wilhelm berichtete, wie sein Bruder Anton, ebenfalls von den Briefen von Vetter Surges. Die Abkürzung »Br.« hatte auch er als Kurzbezeichnung für »Bruder« gedeutet.

Zu den Ereignissen in der Nacht in Waldesch wusste er nur zu sagen: »Plötzlich sah ich von unten vor dem geöffneten Schlafzimmer den alten Degen. Wie ich dorthin gekommen bin, weiß ich nicht, kann ich nicht sagen!«

»Wie kann das denn sein, dass sie nicht mehr wissen, was geschehen ist, und wie?«, wollte der Vorsitzende wissen.

»Nun ja, das lag wahrscheinlich daran, dass wir zuvor größere Mengen Alkohol getrunken hatten. Zuerst in einer Gastwirtschaft in Mayen und dann noch auf dem Weg nach Waldesch. Wir hatten eine Flasche Cognac wegen der Kälte gekauft, um uns auf dem langen Fußmarsch durch die kalte Winternacht aufzuwärmen. Ich weiß nur noch, dass ich Degen plötzlich oben auf dem obersten

Treppenabsatz vor meinem Bruder Anton gesehen habe. Er war als Erster die Treppe hinaufgestiegen. In diesem Moment dachte ich, dass Degen eine Pistole in der Hand hielt. Deswegen rief ich sehr laut, ›Der schießt!‹ Dann drehte ich mich um, lief zurück stolperte noch über Surges, der die gleiche Absicht hatte. Dann habe ich schnell das Haus verlassen.

Als wir alle drei wieder draußen vor dem Haus standen und zuerst nicht so recht begreifen konnten, was geschehen war, bin ich noch einmal zurückgegangen und habe dort oben den leblosen Körper von Degen gefunden! Nach dieser Entdeckung verließ ich schnell wieder das Haus, denn mit diesem Ausgang unseres Vorhabens hatte ich nicht, hatte keiner von uns, gerechnet!«

»Was geschah dann weiter?«, forderte der Vorsitzende den Angeklagten auf, weitere Einzelheiten zu berichten.

Wahrheitsgemäß berichtete Wilhelm über das Teilen einer Beute, die Surges offenbar zu Anfang eingesteckt hatte, die gemeinsame Rückkehr nach Mayen und das Säubern der Kleidung. Von Neuwied, wohin sie noch in derselben Nacht zu Fuß gelangten, waren die Weiler-Brüder in den frühen Morgenstunden mit der Bahn zurück nach Oberhausen gefahren.

»Aus welchem Grund haben Sie denn den weiten Fußweg bis Neuwied auf sich genommen, um eine Bahnstation zu erreichen? Mayen hat doch auch einen Bahnhof, von dem sie hätten abreisen können!«, wollte der Vorsitzende wissen.

»Wir befürchteten, dass nach einer schnellen Entdeckung der Tat der Bahnhof von Mayen durch die Gendarmerie zuerst überprüft würde. Deshalb wollten wir sicher sein, nicht zu schnell entdeckt zu werden, und nahmen den langen Weg in der Nacht nach Neuwied auf uns!«

Es folgte nun die Feststellung der Personalien und Befragung des dritten Angeklagten.

Surges wurde 1903 geboren. Auch er war bei der Justiz kein unbeschriebenes Blatt. Vorstrafen wegen Einbruchdiebstahls, gemeinsamen Diebstahls und ähnlicher Eigentumsdelikte in der Vergangenheit schlugen bei ihm zu Buche. Er war verheiratet gewesen bis zum Jahr 1926, dann verstarb seine Frau, die ihm ein Kind hinterließ.

Surges war von Beruf Dachdecker und lebte nach dem Tod seiner Frau in wilder Ehe mit einer Frau Laux in deren Wohnung in Mayen. Surges gab zu Protokoll, dass Frau Laux während dieser Beziehung verheiratet und ihr Ehemann damals inhaftiert gewesen sei. Allerdings soll seine Entlassung kurz bevorgestanden haben.

Surges erklärte, dass er vor etwa zwei Jahren beim alten Degen in Waldesch das Dach des Hauses erneuert habe.

»Da sich die Arbeiten über einen längeren Zeitraum hinzogen, konnte ich beobachten, dass dieser Mann, den ich vorher noch nicht kannte, allein in diesem großen Haus lebte. Schon bald stellte ich fest, dass er zudem schwerhörig war, weil er nicht auf jedes Ansprechen sofort reagierte und ich meine Fragen oder Hinweise häufig wiederholen musste. Weil ich zu dieser Zeit mal wieder knapp bei Kasse war, eigentlich brauchte ich immer Geld, schmiedete ich einen besonderen Plan, den ich allerdings nicht allein ausführen konnte. Daher habe ich die Briefe an meinen Vetter Wilhelm Weiler geschrieben und ihm meinen Plan schmackhaft gemacht, denn auch er befand sich ständig in Geldnöten. Mit der Abkürzung ›Br.‹ habe ich eindeutig den ›Bruder‹ Anton gemeint. Dessen Namen wollte ich nicht ausschreiben, weil ich früher einen heftigen Streit mit ihm hatte, der noch nicht so richtig beigelegt war. Dennoch brauchte ich beide Weiler-Brüder für die Ausführung meines Plans.«

Der Vorsitzende überlegte und fragte dann ganz gezielt »Kann es denn nicht sein, dass sie mit der Abkürzung ›Br.‹ eine Browning gemeint haben? Es stand doch offenbar noch immer der nicht beendete Streit mit dem Bruder im Raum. Warum sollte daher er mit ›Br.‹ gemeint sein?«

»Nein, nein, das habe ich auf keinen Fall im Sinn gehabt. Nein, nein, bestimmt nicht!«, beteuerte Surges heftig. »Zu einem späteren Zeitpunkt habe ich zwar Wilhelm gebeten, mir eine Pistole zu verkaufen. Das hatte aber den Grund, weil ich mich von den Verwandten des Ehemannes von Frau Laux bedroht fühlte. Sie wissen warum!«

Die Vorgänge in der Mordnacht beschrieb Surges genauso wie die beiden anderen Angeklagten. Nur in einem wesentlichen Punkt gab es bei ihm eine erhebliche Abweichung. Er bestand darauf, dass die Brieftasche mit dem geraubten Geld, die 180 Mark, Anton Weiler gehabt habe. Er, Surges, hätte sie nie gehabt. Diese Aussage bestritten die Brüder Weiler aufs Schärfste. Hier standen nun widersprüchliche Aussagen der Angeklagten im Raum.

Als Surges spät in der Nacht nach Hause gekommen war, habe Frau Laux ihn gefragt, was mit ihm los sei. Er habe einen verstörten Eindruck gemacht. Viel später habe es dann noch an der Wohnungstür geklopft. Da hatten die Weiler-Brüder gestanden und nach einer Bürste gefragt, mit der sie ihre Kleidung säubern wollten.

Wenige Tage später war die bereits erwartete Haftentlassung des Ehemannes von Frau Laux erfolgt, der sogleich nach Mayen zurückkehrte. Kurz vor diesem Zeitpunkt hatten Surges und Frau Laux die Stadt verlassen.

Zum genauen Tathergang fragte der Vorsitzende nun den Angeklagten Surges ganz gezielt: »Kam Ihnen eigentlich nicht aufgrund des ungeplant eingetretenen Ereignisses, das Ihr Vorhaben in Waldesch zunichtemachte, der Gedanke, später noch einmal das Haus des Opfers aufzusuchen, die Leiche in die angrenzende Scheune zu schleppen und diese zur Vernichtung der Tatspuren anzuzünden?«

»Diese Überlegungen gab es wirklich!«, räumte Surges ein. »Wir haben auf unserem Rückweg nach Mayen kaum gesprochen. Es war zu kalt und wir hatten noch immer das Ereignis in Waldesch vor Augen. Dann mit einem Male brachte Wilhelm Weiler genau diese Möglichkeit zur Sprache. Wir haben aber dann diese Gedanken nicht weiter vertieft und somit diesen Plan auch nicht ausgeführt.«

Nach diesen Worten regte sich Wilhelm Weiler derart auf, dass er aufsprang und laut in den Gerichtssaal rief, obwohl ihm das Wort nicht erteilt worden war: »Dieser Plan war nicht von mir! Das stimmt doch alles nicht!«

Danach wurden die Vernehmungen zu den Personen und Sachverhalten abgeschlossen.

Später wurden einige geladene Zeugen gehört. Unter ihnen war der Steinarbeiter Nikolaus Weiler, der mit den angeklagten Weiler-Brüdern in keinem verwandtschaftlichen Verhältnis stand. Dieser erklärte, dass er Surges während eines gemeinsamen Gefängnisaufenthalts kennengelernt habe. Mehrere Male habe dieser ihn damals gefragt, ob er ihm eine Pistole beschaffen könne.

Diese Behauptung stand nun allerdings im Widerspruch zu einer früheren Aussage des Zeugen, bei der er angegeben hatte, dass Surges ihn zwei Tage vor der Tat in Waldesch aufgesucht habe, um ihn nochmals nach der Möglichkeit zu fragen, ob er ihm eine Pistole besorgen könne. Bei dieser Gelegenheit soll er Surges gefragt haben, wozu er überhaupt eine Waffe benötige. Dieser habe erwidert: »Das wirst du in den nächsten Tagen schon gewahr werden. Ich brauche unbedingt eine Pistole, und wenn ich sie noch so teuer bezahlen müsste!«

Nikolaus Weiler führte weiter aus, dass er drei Tage später in der Zeitung von der Mordtat in Waldesch gelesen habe. Dabei fiel ihm sofort die Frage von Surges wegen der Waffenbeschaffung ein. Wegen fehlender Hintergrundkenntnisse habe er aber ihn nicht damit in Verbindung gebracht.

Frau Laux war ebenfalls einer Vorladung vor Gericht gefolgt. Sie gab lediglich zu Protokoll, dass sie zwischenzeitlich von ihrem Mann geschieden und mit dem Angeklagten Surges verlobt sei. »Aus diesem Grund kann ich die Aussage verweigern!«, sagte sie. »Und davon mache ich jetzt Gebrauch!« Offenbar hatte sie sich zuvor kundig gemacht, welche juristischen Möglichkeiten, nicht aussagen zu müssen, ihr zur Verfügung standen.

Nach den Zeugenaussagen, die offenbar keine große Hilfe zur Wahrheitsfindung beinhalteten, kamen die Sachverständigen zu Wort.

Zuerst wurde Dr. Webering befragt, der seinerzeit Kreisarzt in Mayen war und die Obduktion der Leiche von Degen durchgeführt hatte. Er bestätigte drei Einschüsse in die Brust und ebenso viele Austritte der Projektile am Körper des Opfers.

»Zwei Schüsse waren unterhalb des rechten Schlüsselbeins eingedrungen. Diese haben den Körper zur linken Brustseite durchschlagen. Dabei wurden lebenswichtige innere Organe zerstört. Die Geschosse sind oberhalb der linken Hüfte wieder ausgetreten. Das dritte Projektil hat den Herzbeutel, die Herzkammer, das Bauchfell, Zwerchfell und die Leber durchschlagen. Alle drei Schüsse waren für den Tod der betroffenen Person verantwortlich. Es gab keinerlei Überlebenschancen. Der letzte Schuss muss aufgrund der Untersuchungen zudem aus nächster Nähe erfolgt sein.«

Dr. Recktenwald von der Provinzialanstalt in Bonn erläuterte danach ein Beobachtungsgutachten über den Geisteszustand von Wilhelm Weiler. Dieser war ihm bekannt, weil er vor Jahren in seiner Klinik untergebracht gewesen war: »Sechs Wochen hielt sich der Angeklagte unter meiner Aufsicht in der Nervenanstalt Bonn auf. Während dieser Zeit konnte ich meine entsprechenden Studien über seinen geistigen Zustand durchführen. Ich komme zu dem Ergebnis, dass Weiler erheblich vorbelastet ist. Schon in seiner Familie wurde Geisteskrankheit mehrfach festgestellt. Eine seiner Schwestern hat sich in diesem Zustand sogar das Leben genommen. Eine andere Schwester des Angeklagten ist auf ungeklärte Weise auf den Bahnschienen zu Tode gekommen. Schon in jungen

Jahren neigte Weiler zu Affekthandlungen. Darüber hinaus leidet der Angeklagte unter einer latenten Syphilis. Ich gehe davon aus, dass diese offenbar lange Zeit unbemerkt gebliebene Krankheit ein jetzt vorhandenes Herzleiden hervorgerufen hat. Die Anwendung des Paragrafen 51 zum Schutz des Angeklagten bei der Strafzumessung halte ich allerdings nicht für angebracht!«

Zur gleichen gesundheitlichen Schlussfolgerung kam danach auch der Gefängnisarzt Dr. Eich in seinen detaillierten Ausführungen über den Angeklagten.

Die Verhandlung wurde dann für zehn Minuten unterbrochen. Danach kam der Oberstaatsanwalt zu Wort, der in ausführlicher juristischer Terminologie die Handlung der Tat darzustellen begann:

»Die Angeklagten rechneten ganz einfach mit dem Widerstand des Opfers. Diesem wollten sie notfalls mit der Waffe begegnen. Nur darum nimmt man eine Waffe mit, um sich mit dieser verteidigen beziehungsweise die Gewalt eines anderen brechen zu können. Sie vermittelt dem Täter eine Form der Sicherheit. Typisch war zudem die Tatsache, dass Wilhelm Weiler nach der Tat nochmals in das Haus zurückkehrte, um sich zu vergewissern, ob der Einsatz der Waffe erfolgreich war. Degen lag tödlich getroffen im Flur. Raubmord kommt nach meiner Rechtsauffassung hier jedoch nicht in Frage. Es gibt zwar die Straftaten Raub und Mord, aber Raub ist eine besondere Art des Diebstahls. Stehlen heißt, einem anderen etwas widerrechtlich wegnehmen, nicht aber einem Toten. Da die Erben an dem Vermögen des Opfers noch kein Gewahrsamsrecht hatten, kann auch hier nicht von einem Diebstahl ausgegangen werden. Somit muss die Wegnahme des Geldes als Unterschlagung gewertet werden. Was die Mordfrage anbetrifft, steht fest, dass Anton Weiler geschossen hat. Hätte er die Tat mit Überlegung, also geplant ausgeführt, wäre das eindeutig als Mord zu bewerten. Das halte ich aber nach Rekonstruktion des Tathergangs für ausgeschlossen. Die gesamte Situation hat es nicht zugelassen. Die Täter waren vielmehr überrascht, als Degen plötzlich vor ihnen stand und auf sie einschlug. Waren sie doch davon ausgegangen, dass er schon schliefe und zudem seine Schwerhörigkeit ihnen ein leichtes Spiel garantieren würde. Sein Erscheinen war überraschend, Anton Weiler schoss. In diesem Fall sehe ich sehr wohl die Voraussetzungen des Paragrafen 214 Strafgesetzbuch gegeben. Die ganze Sache war wohl so vorbereitet gewesen, dass die beiden anderen Angeklagten wussten, dass bei einem Widerstand geschossen werden sollte. Warum denn auch sollte eine Waffe mitgeführt werden? Ich halte aus diesem Grund alle drei Angeklagten einer gemeinschaftlichen Tötung nach den gesetzlichen Vorgaben des Strafgesetzbuches für überführt. Hier ist eine Mindeststrafe von zehn Jahren vorgegeben. Für Anton Weiler beantrage ich eine Zuchthausstrafe von zwölf Jahren. Für die Unterschlagung fordere ich eine Gefängnisstrafe von einem Jahr und acht Monaten. Die Strafen bitte ich zusammenzufassen zu einer Gesamtstrafe von zwölf Jahren und sechs Monaten Zuchthaus.«

Es wurde deutlich, dass der Staatsanwalt die Unterschlagung, also die Mitnahme der Brieftasche mit den 180 Mark, Anton Weiler anlastete. Die endgültige Klärung dieser Frage blieb aber aus. Die Möglichkeit, die Brieftasche an sich zu nehmen, hätte zuerst Adolf Surges gehabt, als er durch das Fenster in das Haus eindrang, um seinen Mittätern die Eingangstür von innen zu öffnen. Aber auch Wilhelm Weiler wäre dies möglich gewesen, als er nach den Schüssen nochmals das Haus betreten hatte. Wahrscheinlicher allerdings war es, dass Surges die Brieftasche direkt zu Beginn der strafbaren Handlungen an sich genommen und seinen Kumpanen, möglicherweise in betrügerischer Absicht, zuerst nichts davon gesagt hatte. Dass er später auf dem Rückweg nach Mayen die Beute dennoch geteilt hatte, könnte den Grund gehabt haben, seine Kumpane wegen der misslungenen Aktion zu beschwichtigen.

Für Wilhelm Weiler und Anton Surges wurde je eine Zuchthausstrafe von zehn Jahren und sechs Monaten gefordert, zudem sollten allen drei Angeklagten die bürgerlichen Ehrenrechte für die Dauer von zehn Jahren aberkannt werden. Die Zeit der Untersuchungshaft sollte bei allen auf die Gesamtstrafe angerechnet werden.

Die Argumentation und Beweisführung räumten der Verteidigung nur wenig Spielraum ein. Alles schien so eindeutig und klar, dass die Verteidigung dem nichts entgegenzusetzen hatte und sich auf verlorenem Posten sah. So wurde lediglich auf einfachen Totschlag plädiert, für den vom Gesetz eine Mindeststrafe von fünf Jahren vorgesehen war. Diese Forderung allerdings wurde sehr schwach vorgebracht und überzeugte kaum.

Die letzten Worte vor der Beratung des Gerichts und der Urteilsverkündung standen üblicherweise den Angeklagten zu.

»Ich bitte das Gericht um Milde. Ich habe den Mann nicht töten wollen!«, waren die einzigen Worte von Anton Weiler.

Wilhelm Weiler stellte seine Notlage und seinen Gesundheitszustand in den Vordergrund, um Nachsicht beim Gericht zu erlangen.

Adolf Surges verwies auf sein Verhältnis zu Frau Laux und die damit selbst geschaffene Notlage und daraus resultierende unglückliche Lebenssituation. Auch er nahm die Gelegenheit wahr und bat das Gericht, ihm gegenüber Milde walten zu lassen.

Das Gericht zog sich daraufhin zur Beratung zurück. Nach fünfundvierzig Minuten erschienen die Richter wieder im Saal. Der Vorsitzende verkündete folgendes Urteil:

»Anton Weiler wird zu zwölf Jahren und sechs Monaten Zuchthaus, Wilhelm Weiler zu zehn Jahren und sechs Monaten Zuchthaus und Adolf Surges zu zehn Jahren und sechs Monaten Zuchthaus verurteilt!«

Somit kam das Gericht der Forderung der Staatsanwaltschaft bei der Bemessung der Freiheitsstrafen in vollem Umfang nach.

Noch während der Urteilsverkündung kam es zu einem Zwischenfall im Gerichtssaal. Anton Weiler brach plötzlich zusammen. Als er sich nach kurzer Zeit wieder erholt hatte, durfte er der weiteren Verlesung des Urteils im Sitzen folgen. Er war bleich im Gesicht und folgte den Worten des Vorsitzenden nur teilnahmslos.

Die Verhandlung endete an diesem Tag gegen viertel nach drei nachmittags.

DER MORD VON GROSSLANGENFELD

Der 6. Dezember 1928, ein Donnerstag und Nikolaustag, präsentierte sich über der westlichen Eifel trübe und grau. Ein strenger Winter stand vor der Tür. In der Nacht zuvor hatte es heftig geschneit.

Zu dieser Zeit erreichte ein fünfunddreißigjähriger Wanderer mit dem Namen Peter Michel den kleinen Eifelort Bleialf in der Nähe der belgischen Grenze. Es war ungewöhnlich, dass gerade jetzt vor dem erwarteten Winter noch Menschen auf Wanderschaft waren. Aber das hatte in diesem Fall einen besonderen Grund. Von einem Bekannten hatte Michel den Hinweis bekommen, dass er dort in der Gegend bei Leuten, die er kannte, für einige Tage unterkommen könnte. Alles Weitere würde sich dann schon ergeben.

Auch wenn Peter Michel noch ein junger Mann war, hatte er bereits eine bewegte, unrühmliche Vergangenheit hinter sich. Er war schon mit dem Gesetz in Konflikt geraten und wegen Körperverletzung vorbestraft. Seit 1925 war der Vater von zwei Kindern auf der Suche nach seiner Frau, die ihn damals nach einem heftigen Streit plötzlich verlassen hatte. Er gab nicht auf, durch die Eifel zu wandern und nach ihr zu suchen.

Obwohl die Witterungsverhältnisse zunehmend ungemütlicher wurden und er wusste, dass sie nicht besser werden konnten, trieb es Michel schon nach zwei Tagen wieder auf die Straße, weil er bestrebt war, seine Frau zu finden. In den frühen Morgenstunden des 6. Dezember verließ er das Haus der Bekannten, in dem er genächtigt hatte. Das Angebot, wegen der Witterung dort noch länger zu verweilen, lehnte er ab. Er entfernte sich in südwestliche Richtung. Dort lag nicht weit entfernt das kleine Dorf Großlangenfeld.

Michel kam wegen der über Nacht angewachsenen Schneedecke nur langsam voran. Es bereitete ihm große Mühe, dem Weg zu folgen. Dann, auf halber Strecke zum Nachbarort, erkannte er abseits des Weges hinter der dichten Wand von Schneeflocken ein einzelnes, abgelegenes Gehöft. Es war das bescheidene kleine Anwesen des Waldarbeiters Adam Heinen, der dort mit seiner Frau und fünf kleinen Kindern lebte. Adam war zu diesem Zeitpunkt schon bei seiner Arbeit im Wald. Nur seine Frau und drei der Kinder waren zu Hause. Die beiden Töchter Magdalena und Maria hielten sich zu dieser Zeit in der Schule von Bleialf auf.

Michel blieb stehen, verweilte einen Moment und blickte sich nach allen Seiten kontrollierend um. Er überlegte. Dann entschloss er sich, den Hauptweg zu verlassen und näherte sich auf einem schmalen, verschneiten, aber durch Fußspuren erkennbaren Pfad dem Anwesen. Der eisige Wind blies ihm, als er seine Richtung änderte, ins Gesicht. Die Schneeflocken fühlten sich wie stechende Nadeln auf seiner Haut an.

Das Haus schien verlassen zu sein, alles war dunkel, nichts deutete darauf hin, dass sich im Inneren jemand aufhielt. Der Fremde zögerte nicht lange und betrat leise durch die unverschlossene Tür das Innere des Hauses. Dort blickte er sich suchend in dem nur spärlich mit einer Kerze beleuchteten Raum um. Das Feuer im Herd verbreitete eine wohltuende Wärme.

In diesem Moment erschien auch schon Frau Heinen mit einem Korb Brennholz, den sie aus dem Schuppen geholt hatte, und stand hinter dem fremden Mann. Im hinteren Bereich der Stube hielten sich zwei Kinder auf. Zwischen den beiden stand eine Wiege mit einem zwei Monate alten, schlafenden Säugling. Die Kinder blickten ängstlich und stumm zu dem fremden Mann, der kein

Wort sprach und wegen des schummrigen Lichtes kaum zu erkennen war. Dann blickten sie fragend zu ihrer Mutter hinüber.

»Was wollen Sie hier?«, fragte Frau Heinen, die sich nach der Geburt ihres letzten Kindes noch nicht richtig erholt hatte, sondern seitdem ständig kränkelte und schwach auf den Beinen war.

In diesem Moment ergriff der fünfjährige Michael den Säugling und verließ mit ihm schweigend den Raum. Er blickte sich noch einmal ängstlich um, bevor sich die Tür hinter ihm schloss.

»Haben sie vielleicht Brot und Kaffee für mich?«, fragte der frühe Besucher. »Ich habe nämlich Hunger und Durst und muss auch schon bald wieder weiterziehen!«

Frau Heinen dachte daran, dass die Familie selbst nicht viel zum Leben hatte und gerade so mit dem Lohn ihres Mannes einen Monat überstehen konnte. Aber der Gast erweckte den Eindruck, dass es ihm noch schlechter ging. Sie nickte dann kurz und ging wortlos zum Vorratsschrank. Mit einem großen Küchenmesser schnitt sie zwei Scheiben von einem angefangenen Laib Brot ab und legte diese auf den blanken Küchentisch. Peter Michel hatte dort bereits unaufgefordert Platz genommen. Dann brachte Frau Heinen noch eine Tasse einfachen Malzkaffee. Hastig verzehrte der Fremde das Brot und spülte es mit dem Kaffee hinunter. Keiner im Raum sprach ein Wort. Es herrschte gespenstische Ruhe, unterbrochen nur vom Knistern des nachgelegten Holzes im Herd.

Als Michel fertig war, stand er auf, sagte nur ganz kurz »Danke« und verließ schnell das Haus, ohne sich umzublicken.

Frau Heinen atmete auf und sah dem Fremden, der ihr ein wenig unnahbar und sogar unheimlich erschienen war, durch den Türspalt hinterher, bis sie die dunkle Gestalt im dichten Schneegestöber nicht mehr erkennen konnte.

Nach einiger Zeit anstrengenden Fußmarsches in Richtung Großlangenfeld blieb Michel mit einem Male stehen und überlegte, besann sich plötzlich anders. Er wandte sich um und strebte wieder dem Haus der Familie Heinen im tiefen Schnee entgegen.

Es waren keine zwei Stunden vergangen, da erreichte er das Anwesen erneut. Frau Heinen kam gerade in diesem Moment aus der Scheune, wo sie einen weiteren Korb Holzscheite zum Heizen geholt hatte, denn die beiden Töchter, die sie gegen Mittag aus der Schule zurückerwartete, sollten es nach dem langen Fußmarsch durch die winterliche Kälte zu Hause angenehm warm haben.

Sie erkannte schon von Weitem den sich nähernden Mann, zuckte zusammen und ahnte nichts Gutes. Ob er wohl etwas vergessen hatte, fragte sie sich.

Peter Michel, der sich bei der ersten Begegnung und während des Frühstücks sehr zurückhaltend und wortkarg gezeigt hatte, trat jetzt zielstrebig auf Frau Heinen zu.

»Ich will Geld, ich brauche dringend Geld für meine Weiterreise!«, war jetzt seine unmissverständliche und lautstarke Forderung.

Angsterfüllt und über die Undankbarkeit dieses Menschen gleichzeitig erschrocken und enttäuscht, antwortete Frau Heinen: »Geld? Ich habe kein Geld! Mein Mann ist nur ein einfacher Waldarbeiter, der nicht viel verdient. Mit seinem geringen Lohn muss die große Familie ernährt und gekleidet werden. Da bleibt kein Geld übrig, das ich hier im Haus herumliegen hätte und Ihnen geben könnte!«

Michel überlegte kurz, ließ von seiner Forderung ab und machte dann ohne große Umschweife der verängstigten Frau einen unsittlichen Antrag, den sie voller Furcht und Empörung über diese Dreistigkeit zurückwies. In diesem Moment eilte sie schnell aus der Küche und rannte über den Hof zur Scheune, offenbar um sich dort zu verstecken und Schutz vor dem zudringlichen Mann zu suchen. Doch Peter Michel folgte ihr zielstrebig mit schnellen Schritten. Er war gnadenlos und bereit, seinen Willen durchzusetzen.

Der kleine Sohn der Familie, Michael, hielt sich zu diesem Zeitpunkt ebenfalls in der Scheune auf. Als er bemerkte, dass seine Mutter und der zurückgekehrte Fremde diese betraten, versteckte er sich hinter einem hohen Brennholzstapel. Von dort musste er das weitere Vorgehen des Mannes mitansehen. Ohne Worte zu verlieren, ergriff dieser einen dreibeinigen Schemel, der dort zufällig am Boden lag. Mit einem heftigen Hieb streckte er Frau Heinen nieder. Es war nur ein einziger Schlag auf den Kopf, der so gezielt und kräftig war, dass die ohnehin schon Geschwächte zusammenbrach und regungslos auf dem Scheunenboden liegen blieb.

Damit war das eigentliche Ziel des Täters aber noch nicht erreicht. Jetzt verging er sich an der hilflosen Frau. Dabei erkannte er, dass sie einen goldenen Ehering trug. Daher trennte er mit einem Messer, das er bei sich führte, dem Opfer zwei Finger der rechten Hand ab, um sich dieses einfachen Goldschmucks zu bemächtigen. Das Blut aus der verletzten Hand der Frau versickerte langsam im lehmgestampften Scheunenboden, während sie selbst alles unter heftigen Schmerzen mitbekommen musste.

Die Bedenken des Täters, dass sein Opfer ihn später hätte beschreiben können, ließ eine weitere, grausame und unmenschliche Tat folgen. Er blickte sich zunächst suchend in der Scheune um und entdeckte in einer Ecke eine Sense. Diese ergriff er und durchtrennte mit mehreren gezielten Hieben die Kehle seines Opfers, so dass das Blut, durch den Herzschlag gefördert, aus den entstandenen offenen Wunden herausspritzte. Offenbar war es das Ziel des Täters, sein Opfer an einer späteren Zeugenaussage zur Ergreifung seiner Person zu hindern. Nur der Tod war die sicherste Lösung.

In diesem Moment sprang der kleine Sohn Michael aus seinem Versteck, da er spürte, so jung er auch war, dass seiner Mutter ein Unrecht angetan wurde und er ihr trotz seiner körperlichen Unterlegenheit helfen wollte. Er lief laut schreiend auf den brutalen Täter zu und versuchte ihn von seiner Mutter wegzureißen. Ein zweites Mal ergriff Michel den Schemel, mit dem er zuvor die Frau niedergestreckt hatte, holte aus und schlug jetzt auch noch brutal auf das Kind ein. Als der Junge bereits am Boden lag und sich vor Schmerzen krümmte und laut wimmerte, ergriff er seinen Körper und schleuderte ihn in einem hohen Bogen in eine Scheunenecke. Regungslos blieb das Kind dort liegen, unweit seiner Mutter, die langsam und hilflos verblutete.

Besondere Kaltblütigkeit bewies der Täter darin, dass er nach Vollendung seiner Taten in aller Ruhe in das Haus hinüberging und dort persönliche Gegenstände des Ehemannes der gerade Ermordeten entwendete. Dazu gehörten ein Anzug, ein Paar Schuhe und eine Brieftasche. Dann entfernte er sich ungesehen in den späten Vormittag.

Nach einiger Zeit machte er Rast und rasierte sich im Wald seinen Schnurrbart mit einem Rasierer, den er ebenfalls in dem Haus entwendet hatte, ab. Er musste sein Aussehen verändern.

Am Mittag kehrten die beiden Töchter des Opfers, Magdalena und Maria, nichts ahnend aus der Schule zu ihrem Elternhaus zurück. Sie hatten an diesem Tag etwas mehr Zeit für ihren Rückweg gebraucht, weil sie in dem hohen Schnee nur langsam vorangekommen waren.

Zu Hause trafen sie zuerst auf ihren kleinen Bruder Michael, der die schlimmen Ereignisse dieses Vormittags hatte miterleben müssen. Völlig aufgelöst und mit kaum verständlicher, weinerlicher Stimme versuchte er in kindlichen Worten den beiden Schwestern von dem ungeheuerlichen Ereignis in der Scheune, dessen einziger Zeuge er geworden war, zu berichten. Zuerst fiel es den Schwestern schwer, ihrem Bruder zu glauben, was er da beschrieb. Dann nahm dieser beide Schwestern an die Hand und führte sie zum Ort des Schreckens. Was sie dort vorfanden, sollten sie in ihrem weiteren Leben niemals mehr vergessen können. Starr vor Schreck und Entsetzen standen sie vor der blutüberströmten Leiche ihrer Mutter, die sie noch wenige Stunden zuvor zur Schule geschickt und ihnen nachgeblickt hatte.

Zu diesem Zeitpunkt konnte der Waldarbeiter Adam Heinen, der Ehemann und Vater der Kinder, noch nichts von dem wissen, was sich auf seinem Hof vor wenigen Stunden ereignet hatte. Er ging seiner harten Arbeit im Wald nach. Erst bei Dunkelheit kehrte er nach Hause zurück.

Die beiden Schwestern überlegten, was zu tun sei, und wandten sich hilfesuchend an den Bürgermeister von Bleialf, der umgehend die ersten Maßnahmen am Tatort einleitete. Den genauen Tathergang erfuhr er vom kleinen Michael, der die Ereignisse in erstaunlicher Präzision schildern konnte, aber dabei noch immer am ganzen Körper zitterte.

In der Zwischenzeit war auch Dr. Buschmann, der praktische Arzt aus Bleialf, auf dem Anwesen eingetroffen. Nach einer eingehenden Untersuchung des Opfers konnte er nur noch den Tod der mit größter Brutalität misshandelten und schlimm zugerichteten Frau Heinen feststellen. Jede Hilfe kam zu spät.

Der Bürgermeister von Bleialf reagierte schnell. Er informierte umgehend die im weiteren Umkreis liegenden Bürgermeisterämter und Polizeiposten über die grausame Tat in seinem Ort.

Der exakten Beschreibung des Täters durch den einzigen Zeugen, den kleinen Michael, war es offenbar mit zu verdanken, dass der mutmaßliche Täter bereits zwei Tage später auf der Landstraße in der Nähe von Rittersdorf im Kreis Bitburg festgenommen werden konnte. Dieser war einem aufmerksamen Gendarmerieposten aufgefallen. Der Verdächtige wurde von ihm angehalten, kontrolliert und aufgrund der mitgeführten Beute festgenommen. Nachfragen bei anderen Gendarmerie-Stellen bauten einen Verdacht auf, dem man nachging und der auf den mutmaßlichen Täter von Großlangenfeld hinwies.

Die Ermittlungen zur Person und zum Tathergang wurden vorangetrieben, die Anklage für den Prozess vorbereitet.

Fast ein halbes Jahr später, am Montag, dem 2. Juni 1929, konnte der Prozess gegen den Tatverdächtigen vor dem zuständigen Schwurgericht in Trier eröffnet werden.

Der Landgerichtsdirektor Maßen führte den Vorsitz der Verhandlung. Der Vertreter der Anklage war Staatsanwaltschaftsrat Pick. Als Verteidiger des Angeklagten war Rechtsanwalt Dr. Lenz bestellt worden. Trotz der Tatsache, dass die Tat verdeckt in einer Scheune erfolgt war, konnten insgesamt vierundzwanzig Zeugen zu dem Prozess geladen werden. Diese allerdings waren selbstverständlich nicht Zeugen des direkten Tatvorgangs, sondern sollten als Sachverständige zur Aufklärung dieses abscheulichen Verbrechens beitragen. Diese waren unter anderem die Professoren Müller-Hess und Hübner sowie der Medizinalrat Dr. Baumgarten aus Trier und der Kreisarzt von Prüm, Dr. Niermann.

Die Verhandlung begann üblicherweise mit dem Abfragen der persönlichen Daten des Angeklagten wie: Lebenslauf, persönliche Verhältnisse, Wohnsitz und Vorstrafen.

Peter Michel wurde am 21. Oktober 1893 in Lothringen geboren. Aus den von ihm vorgelegten Papieren ging hervor, dass er die französische Staatsangehörigkeit besaß. Zudem war eine Vorstrafe wegen Körperverletzung aktenkundig.

Der Angeklagte stammte aus einfachsten familiären Verhältnissen. Sein Vater war Besenbinder. Dieser war redlich bestrebt, die Familie mit geringsten finanziellen Mitteln, über Wasser zu halten und ihr ein halbwegs normales Leben bieten zu können.

Peter Michel hatte die Volksschule absolviert und im Anschluss eine Lehre als Bergmann begonnen. Bei Ausbruch des Ersten Weltkrieges wurde er zum Deutschen Heer eingezogen und kam dort auch getreu den Befehlen nach. Als er jedoch kurz vor Kriegsende erkrankte und nicht mehr einsatztauglich war, wurde er vom weiteren Kriegsdienst freigestellt.

Bald nach Ende des Kriegs verschlug es ihn nach Wiesbaden, wo er auch seine spätere Frau kennenlernte. Die Hochzeit folgte schon bald danach. Beide sollen über einen langen Zeitraum hinweg eine gute und harmonische Ehe im Eifelraum geführt haben. Eines Tages kam es jedoch aus unbekannten Ursachen zu einem heftigen Streit. Dieser musste so unheilvoll gewesen sein, dass die Ehefrau Hals über Kopf ihren Mann verließ. Sie setzte sich in die Schweiz ab, wo sie in der Folgezeit viel umhergereist und ein nicht sesshaftes Leben geführt haben soll.

Da sich der nun vor Gericht stehende Peter Michel mit den vorangegangenen familiären Ereignissen nicht abfinden konnte, hatte er alles unternommen, seine Frau wiederzufinden. Er begab sich auf Wanderschaft. Unklar jedoch blieb, ob er seine Frau auch in der fernen Schweiz gesucht hatte, oder ob er davon ausging, dass sie sich noch im Eifel-Gebiet aufhalten würde. Jedenfalls gelangte er am 6. Dezember 1928 nach seinem kurzen Aufenthalt in Bleialf zum späteren Tatort, an dem er das schreckliche Verbrechen beging.

Als im weiteren Verlauf der Verhandlung die Sprache auf das Sittlichkeitsverbrechen und den Mord kam, beantragte der Staatsanwalt den Ausschluss der Öffentlichkeit. Er vertrat die Auffassung, dass die nun folgenden Einzelheiten über die Vorgehensweise des Täters für Außenstehende nicht zumutbar wären und zudem die Persönlichkeitsrechte des Opfers und der Familie verletzt hätten. Alle Prozessparteien stimmten diesem Antrag des Staatsanwaltes zu.

Der Angeklagte war vor Gericht geständig und beschrieb ausführlich, wie es zur Ausführung seiner Tat gekommen war. Den heftigen Schlag mit dem Schemel und die Vergewaltigung räumte er ohne Einschränkung ein. Mit den furchtbaren Verletzungen des Opfers, das

Abtrennen des Kopfes durch eine Sense und den abgeschnittenen Fingern wollte er jedoch nicht in Verbindung gebracht werden. Er beteuerte, dass er damit nichts zu tun habe. Auch den Sohn des Opfers, den kleinen Michael, wollte er zu der Zeit überhaupt nicht wahrgenommen und somit an ihm auch keine Gewalt ausgeübt haben.

Als der Ehemann des Opfers in den Zeugenstand gerufen wurde, konnte dieser über den Tathergang überhaupt keine Aussage machen, weil er zu dieser Zeit im Wald seiner Arbeit nachgegangen war. Alles, was er wisse, habe er später nach seiner Heimkehr aus dem Wald von seinem kleinen Sohn erfahren. Somit war es dem Ehemann des Opfers nicht möglich, zur Aufklärung des Verbrechens einen Beitrag zu leisten.

Im Anschluss wurde die achtjährige Magdalena, die älteste Tochter der Familie, in den Sitzungssaal gerufen und befragt. Offenbar hatte sie noch immer die schrecklichen Bilder in der Scheune vor Augen. Das Kind weinte ohne Unterlass und konnte sich überhaupt nicht beruhigen. Eine sachdienliche Aussage zu dem Fall konnte nicht erlangt werden. Ratlos blickten sich Richter und Geschworene an. Es wurde ihnen bewusst, dass dieses Verbrechen mit keinem anderen in der Vergangenheit vergleichbar war, sodass ihnen die entsprechende Erfahrung im Umgang und die taktische Vorgehensweise mit Kindern als Zeugen in einem Gerichtsverfahren fehlte. Es dauerte eine Zeitlang, bis sich nach längerem und beruhigendem Zureden des Vorsitzenden die Tochter des Opfers Magdalena sammelte. Sehr langsam und sehr leise sprach sie mit kaum vernehmbarer Stimme über das, was sie nach Erreichen ihres Elternhauses an dem verhängnisvollen Tag vorgefunden hatte. Im Gerichtssaal war es totenstill, da alle angespannt und aufmerksam den Schilderungen des Kindes lauschten, das weder kontinuierlich noch zusammenhängend sprach, sondern eben nur, wie ein Kind gerade in der Lage war, etwas wiederzugeben, was es als nicht Alltägliches erlebt hatte. Zwischenfragen wurden vermieden, um die kindliche Zeugin nicht unnötig zu unterbrechen und aus ihren mühevoll hervorgebrachten Darstellungen herauszubringen.

Der kleine Michael hingegen stellte sich dann als sehr aufgeweckter Junge dar, der seine Aussagen mit erstaunlicher Sicherheit und sachdienlicher Präzision vortrug. Er erkannte eindeutig den Beschuldigten, als er diesen in unmittelbarer Nähe auf der Anklagebank sitzen sah. Zudem und sogar unaufgefordert wies Michael direkt darauf hin, dass dieser Mann zur Zeit des Verbrechens in der Scheune noch einen Schnurrbart getragen habe. Dieses äußerliche Merkmal hatte sich bei dem Jungen tief eingeprägt und er erkannte den Täter trotz des fehlenden Bartes am Verhandlungstag direkt wieder.

Michael bezeichnete den Angeklagten als »bösen Mann« und berichtete, wie dieser nach dem Kaffeetrinken am frühen Morgen nach einer Zeit, deren Dauer er nicht bemessen konnte, zurückgekommen sei. Von seiner Mutter habe dieser sofort Geld verlangt, das sie ihm nicht geben konnte. Dann beschrieb er die schrecklichen Ereignisse, die sich in seiner kindlichen Psyche verfestigt hatten. Er gab eine exakte und präzise Darstellung, wie der Mann seiner wehrlosen und laut vor Schmerz schreienden Mutter zwei Finger abgeschnitten habe. Danach erfolgte das brutale »Durchsägen des Halses«, wie er es bezeichnete. Als er dann selbst in seinem Versteck entdeckt wurde, habe der Mann mit dem Schemel, der noch auf dem Boden lag, zuerst auf ihn eingeschlagen und ihn danach mit einem heftigen Schwung in eine Ecke der Scheune geschleudert.

Die anwesenden Sachverständigen und Geschworenen hatten zwischenzeitlich die strenge Sitzordnung im Gerichtssaal aufgehoben und sich um den Tisch des Vorsitzenden versammelt, um die Aussagen der Kinder, die wegen der für sie ungewohnten Umgebung sehr leise und zurückhaltend sprachen, besser wahrnehmen zu können. Dann erhob sich mit einem Male die kleine Magdalena und lief mit schnellen Schritten zur Bank des Angeklagten, den sie an diesem Tag das erste Mal sah. Dort schlug sie voller Verzweiflung auf diesen ein, bis einer der anwesenden Gerichts-Bediensteten sie von der Person zurückzog und zu ihrem Platz zurückführte.

Auch Michael wandte sich immer wieder bei der Vernehmung um und rief laut, als wollte er seine Aussage damit bekräftigen und die Verhandlung schneller vorantreiben: »Dort sitzt er, dort sitzt er!«

Der Sachverständige Professor Müller-Heß wies auf die einwandfreie Gerichtsverwertbarkeit der Aussagen des Kindes hin, da es sich um die objektive und sachliche Wiedergabe von fest eingeprägten Erinnerungsbildern handelte und ein Vermengen mit kindlicher Fantasie ausgeschlossen werden konnte.

Der Bürgermeister von Bleialf bestätigte zudem, dass die vor Gericht gemachten Aussagen mit den früheren, gleich nach der Tat erfolgten Schilderungen übereinstimmten und nichts im Nachhinein hinzugefügt wurde. Amtsgerichtsrat Kiefer aus Prüm, der mit seinen Landjägern die Ermittlungen eingeleitet und den Fall bearbeitet hatte, trug danach die Ergebnisse seiner Ermittlungsarbeit vor.

Auch nach der ersten Mittagspause blieb die Öffentlichkeit zum Schutz der anwesenden Kinder von der Verhandlung ausgeschlossen. Erst als die Befragungen der Kinder Michel und Magdalena abgeschlossen waren, durften die interessierten Zuhörer den weiteren Prozessverlauf weiter mitverfolgen. Von der Befragung der jüngeren Schwester Maria wurde mit Rücksicht auf das sehr junge Alter nach übereinstimmendem Beschluss von Gericht, Staatsanwaltschaft und der Verteidigung Abstand genommen. Man ging davon aus, dass weitere beweis- und ermittlungsrelevante Fakten durch das Kind nicht mehr erwartet werden konnten.

Nun wurden die beiden Landjäger, die den Angeklagten seinerzeit festgenommen hatten, und die Personen vernommen, die den Angeklagten vor und nach der Tat gesehen, beziehungsweise mit ihm Kontakt gehabt hatten. Da keiner unmittelbar beim Tathergang anwesend gewesen war, war das Gericht bei der Entscheidungsfindung überwiegend auf die Aussagen der Kinder angewiesen. Auf weitere Zeugenvernehmungen wurde verzichtet.

Im Anschluss folgten die Ausführungen der Gutachter. Wegen der erwarteten Detailschilderungen und wieder zum Schutz der Persönlichkeitsrechte des Opfers wurden die Zuhörer im Gerichtssaal, die mit großem Interesse den Verhandlungsablauf verfolgten, erneut aufgefordert, den Saal für diese Zeit zu verlassen.

Der Gerichtsarzt, Medizinalrat Dr. Baumgarten, verdeutlichte mit der Darlegung seines Untersuchungsberichts, dass Frau Heinen vor dem Eintritt ihres Todes von dem Angeklagten missbraucht worden war. Der Sachverständige beschrieb zahlreiche darauf hinweisende Verletzungen des Opfers. Auf die Tötungshandlung eingehend, beschrieb er, dass der Kopf der Frau letztlich nur noch durch eine schwache Hautbrücke mit dem Körper verbunden gewesen war, sodass der Tod unmittelbar nach Anwendung des scharfen Schneidewerkzeuges eintrat. Allein schon der dadurch hervorgerufene starke Blutverlust hätte zu einem raschen Tod geführt. Die Blutspuren auf der Kleidung des Angeklagten seien eindeutig identisch mit dem Blut des Opfers und somit ein klarer und eindeutiger Beweis für dessen Täterschaft.

Der Kreisarzt, Dr. Niermann aus Düren, schloss sich im Wesentlichen den Ausführungen seines Kollegen und Vorredners an und ergänzte, dass während der Beibringung der Verletzungen von einer fürchterlichen Gegenwehr des Opfers gegenüber dem Täter auszugehen sei.

Als schließlich Professor Dr. Hübner zu seiner Stellungnahme das Wort erteilt wurde, wies er zuerst auf die Klärung einer gravierenden Hauptfrage, die noch im Raum stand, hin, ob der mutmaßliche Täter überhaupt schuldfähig sei. Bei diesem sei nämlich früher mehrfach auf eine mögliche Epilepsie hingewiesen worden. Dieser Theorie wollte sich Professor Hübner mit seinem Beitrag allerdings nicht anschließen. Nach seiner Auffassung und medizinischen Überzeugung sprach alles dafür, dass die Voraussetzungen und somit die Anwendung des Paragrafen 51 des Strafgesetzbuches nicht vorlagen und deshalb die volle Schuldfähigkeit des Angeklagten anzuerkennen war.

Es folgte nun der Staatsanwaltschaftsrat Pick mit seinen Ausführungen. Zuerst hob er die hervorragende Vor- und Ermittlungsarbeit der örtlichen Behörden in Prüm und Bleialf hervor. Durch ihr zielstrebiges und rasches Handeln hatte der mutmaßliche Täter schnell in Gewahrsam genommen werden können, sodass die vollständige Aufklärung und Ahndung des abscheulichen Verbrechens kurz bevorstanden.

Nach längeren Ausführungen über den Tathergang und die Darstellung der Persönlichkeit des Angeklagten sah er es als erwiesen an, dass Peter Michel der grausamen Tat am Nikolaustag des Jahres 1928 in allen Punkten überführt und entsprechend zu bestrafen sei. Er beantragte neun Jahre Zuchthaus und fünf Jahre Ehrverlust für die Notzucht sowie ein Jahr Gefängnis für den Diebstahl der persönlichen Sachen aus dem Haus des Opfers. Als Sühne für den Mord forderte er hingegen die Todesstrafe.

Im Plädoyer vertrat der Offizialverteidiger Dr. Lenz die Auffassung, dass der Angeklagte nicht in der Absicht gehandelt habe, vorsätzlich zu töten, somit die Tatbestandsmerkmale wegen Mordes und eine Verurteilung für diese Tat nicht gerechtfertigt sei. Sein Verhalten bei der Tötung des Opfers spreche vielmehr dafür, dass er im Augenblick der Tat gänzlich ohne Überlegung, also ohne vorsätzliche Planung, gehandelt habe. Der Verteidiger plädierte daher, den Angeklagten nur wegen Totschlags zu bestrafen.

Das Gericht zog sich nach diesen Anträgen zurück, um über das mit Spannung erwartete Urteil zu beraten. Die lange Dauer dieser Besprechung ließ deutlich werden, dass es sich um einen komplizierten und nicht alltäglichen Fall handelte und es sich die Entscheidungsträger nicht leicht machten.

Dann wurde das Urteil verkündet:

»Der Angeklagte Peter Michel wird aufgrund der Verhandlung vor dem Schwurgericht in Trier wegen Totschlags, Notzucht und Diebstahls in je einem Fall zu einer Gesamtstrafe von fünfzehn Jahren Zuchthaus und zehn Jahren Ehrverlust verurteilt.«

Bei dieser Strafzumessung für Totschlag führte das Gericht in seiner Urteilsbegründung erhebliche Bedenken an. Es ist daher eher davon auszugehen, dass Richter und Geschworene bei dem Verbrechen von Großlangenfeld mehr vom Tatbestand des Mordes ausgingen.

ENTSETZLICHER FAMILIENMORD IN WALDESCH BEI MAYEN 1937

Der Landwirt Johann Michels wurde im Jahr 1897 in Hirten, einem kleinen Nachbarort von Waldesch, bei Mayen geboren. Er war strebsam und fleißig und wurde von allen anderen im Dorf geachtet. Zusammen mit seinem Vater bewirtschaftete er eine landwirtschaftliche Fläche von fünfundvierzig Morgen, die die Familie ernährte.

Gleich zu Beginn des Ersten Weltkriegs wurde er an die Westfront eingezogen und kämpfte dort tapfer für sein Vaterland. Nach einer unversehrten, glücklichen Rückkehr verrichtete er seine Arbeiten genauso fleißig und gewissenhaft wie zuvor.

Es dauerte nicht lange, bis er in Waldesch eine Frau namens Elisabeth kennenlernte, die er dann auch bald heiratete. Zuerst unterhielten beide eine kleine Landwirtschaft. Sie schafften sich nach und nach eine Kuh, ein Kalb, zwei Schweine, eine Ziege und einen Maulesel sowie ein Dutzend Hühner an, alles Tiere, die auf einem richtigen Bauernhof üblich waren.

Als dann Kinder die Familie vergrößerten – es waren Josef, Maria, Adolf und Edmund –, kauften sie für 2850 Reichsmark im Ort ein kleines, einfaches Bauernhaus mit einer Scheune. Die finanziellen Voraussetzungen ließen nicht sehr viel Spielraum zu, aber mit Sparsamkeit und Umsichtigkeit kam die Familie damals über die Runden.

Sogar ein großer Teil der Hausschulden war eines Tages abgetragen, sodass nur noch ein Restbetrag von 1500 Reichsmark auf dem Anwesen lastete. Kleinere Verpflichtungen überstiegen den Rahmen von 700 Reichsmark nicht. Zudem verfügte die Familie über finanzielle Sicherheit aus einem Erbteil. Die Pacht aus verschiedenen Feldern brachte zudem rund 1500 Reichsmark ein. Alles in allem stand die Familie in finanzieller Hinsicht nicht schlecht da.

Dennoch quälte Johann Michels ständig der Gedanke an diese Schulden. In diesem Bezug war er Pessimist, denn er glaubte nicht daran, diese eines Tages gänzlich abbezahlt zu haben, damit es ihm und seiner Familie einmal besser gehen könnte. Immer wieder betonte er, dass er »unglücklich geboren« sei. Zu diesen niederdrückenden Gedanken kam noch, dass er in einem okkultistischen Buch finstere Dinge gelesen hatte, die er offenbar auf seine Person und sein Leben bezog.

Allerlei ungerechte Sticheleien von Dorfbewohnern im Zusammenhang mit ihren vielen Kinder musste die Frau von Michels ständig ertragen. Dies wiederum machte sie ihrem Mann zum Vorwurf. Zudem behinderte sie ein lästiges Beinleiden, sodass sie der bevorstehenden Geburt des fünften Kindes mit großer Besorgnis entgegenblickte.

Als besonders schweren Schicksalsschlag empfand Michels das plötzliche Verenden seines Maulesels am 5. Juli 1937. Dieses Tier war stets sein wertvollster Helfer beim Bestellen der Felder gewesen, auf das er nun verzichten musste. Die Anschaffung eines dringend zur Arbeit erforderlichen neuen Tieres hätte gleichzeitig eine weitere finanzielle Schuld für die Familie bedeutet.

Es war tatsächlich der Tod dieses Tieres, der Michels vollkommen aus seinem Gleichgewicht brachte. Es war ihm daher wichtig zu wissen, aus welchem Grund es verendet war. Daher zerlegte er den Maulesel gleich im Stall hinter dem Haus.

Zuerst schnitt er ihm mit einem scharfen Messer den Hals auf und ließ das Blut auslaufen. Dann schlitzte er ihm den Bauch auf und entnahm die Eingeweide. Mit einer Axt zerteilte er sie anschließend in viele kleine Teile. Als Begründung dieser unsinnigen Vorgehensweise gab er später an, dass er die Reste des Tieres hätte besser auf eine Karre laden können, um sie von den Nachbarn unbemerkt aus dem Dorf transportieren zu können. Er wollte verhindern, dass jemand den Verlust bemerkte.

Die Überreste des Tieres vergrub er in einem alten Steinbruch außerhalb des Ortes.

Am nächsten Tag kam Michels wie gewohnt seiner Arbeit nach, so als sei nichts geschehen. Schon früh am Morgen fuhr er hinaus auf die Weiden, um frisch geschnittenen Klee und Gras für seine Tiere zu holen. Danach holte er sein Stempelgeld ab. Nach seiner Rückkehr setzte er eine größere Menge Kohlrabi-Stecklinge auf seinem Acker. Auch an diesem Abend saß die Familie wie gewohnt gemeinsam beim Essen zusammen. Danach brachte die Mutter die Kinder zu Bett. Um das Tagewerk abzuschließen, versorgten die beiden Erwachsenen noch das Vieh. Johann und seine Frau Elisabeth setzten sich später gemeinsam an den Küchentisch und plauderten über recht belanglose Dinge. Dann, mit einem Male, beklagte sich die Frau über ihre Venenentzündung am Bein und betonte, dass sie gerade unter Schmerzen leide.

Johann nahm das Klagen seiner Frau zwar wahr, ging aber nicht direkt darauf ein. Er begann vielmehr, sich mit allen möglichen anderen, unwichtigen Dingen in der Stube zu beschäftigen und vermittelte so seiner Frau den Eindruck, als wollte er mit all den Klagen und Jammern nichts mehr zu tun haben.

Eine halbe Stunde vor Mitternacht begaben sich beide in die gemeinsame Schlafstube. Dabei verhielten sie sich sehr leise, um ihre ebenfalls dort schlafenden Kinder nicht zu wecken.

Im Bett erwähnte die Frau nochmals das schmerzhafte Beinleiden und die bevorstehende Geburt ihres nächsten Kindes. Dann beklagten beide Eheleute die finanzielle Belastung, die auf dem Haus lag. Und auch der Verlust des Maulesels war ein Thema während des nicht sehr erbaulichen Gesprächs des Paares in dieser Nacht.

Schließlich verstummten die gemeinsamen Klagen. Noch bevor Elisabeth einschlief, flüsterte sie leise, dass sie am liebsten im Himmel wäre und die Sorgen, die sie hier tagtäglich so plagten, dort nicht mehr hätte.

Johann, der vom gleichen Kummer betroffen war, hatte diesen Wunsch seiner Frau mitbekommen und grübelte dann lange über die Worte nach. Immer wieder führte er sich die für alle scheinbar aussichtslose Situation, in der sich die Familie befand, vor Augen, wollte unbedingt eine Lösung finden. Er dachte nochmal über den Satz seiner Frau nach und glaubte mit einem Mal, darin einen Wunsch erkannt zu haben. Über eine Stunde lag er noch wach und versuchte klare Gedanken und einen Ausweg zu finden. Sein größtes Begehren war es, alle Sorgen, Ärgernisse, Vorwürfe und Nöte auf einmal loszuwerden und vor allem den noch an diesem Abend geäußerten Wunsch seiner Frau erfüllen zu können. Sie wollte im Himmel sein, erinnerte er sich an ihre leise gesprochenen Worte, im Himmel, wo Frieden und Ruhe herrschten und einen keinerlei Sorgen mehr quälten.

Zu dieser Zeit entwickelte sich bei Johann ein Plan, der eine einschneidende und unausweichliche Wende in der kleinen, fleißigen, aber mit Sorgen behafteten Eifeler Bauernfamilie mit sich bringen sollte.

Der Entschluss Johanns stand schließlich fest. Nun fragte er sich nur noch, auf welche Weise er seine Frau und die Kinder »in den Himmel« schicken könnte. Es musste auf jeden Fall schnell gehen und für alle zur gleichen Zeit.

Noch in derselben Nacht verließ er leise das Bett, um seine schlafende Frau nicht zu wecken. Lautlos zog er sich seine Tageskleidung an, die neben dem Bett über einem

Stuhl lag. Dann schlich er lautlos an den schlafenden Kindern vorbei zur Tür. Behutsam und leise öffnete er diese und ging hinunter zu einem Wandschrank im Keller. Dort bewahrte er sein Werkzeug auf, das immer wieder in Haus und Hof gebraucht wurde. Er ergriff einen großen Hammer und holte dann einige der längsten Nägel aus einer Kiste. Sein Plan war nach langen Überlegungen gereift und stand kurz vor der Ausführung: Er wollte seiner Frau und seinen Kindern im Schlaf einen langen Nagel durch die Schläfe schlagen. Johann war überzeugt davon, auf diese Weise seine Familie töten und sie und sich von allen drückenden Sorgen befreien zu können.

Mit dem Hammer und den Nägeln in den Händen schlich sich Johann zurück in das Schlafzimmer und stand nun vor seiner schlafenden Frau. Obwohl kein Licht den Raum erhellte, erkannte er sie dennoch ganz deutlich, wie sie vor ihm im Bett lag, ganz friedlich, augenscheinlich sorgenlos.

Für Johann gab es kein Zurück mehr. Sein Entschluss stand fest, er dachte nicht mehr nach, schreckte nicht mehr zurück. Er setzte seiner schlafenden Frau unbemerkt einen sieben Zentimeter langen Nagel an die Schläfe und stieß diesen mit einem heftigen Schlag durch den Schädelknochen vollkommen in den Kopf hinein.

Es war der Todesschmerz, der die Frau sich noch einmal aufrichten ließ. Sie rief den Namen ihres Mannes: »Johann!« Sie konnte nicht wissen, dass ihr eigener Mann der Ausführende dieser grässlichen Tat war. Unbeeindruckt wegen der hilflosen und aussichtslosen Lage seiner Frau, schlug Johann Michels mit dem Hammer immer weiter auf ihren Kopf ein. In seinem Blutrausch aber glaubte er, dass seine Frau noch immer am Leben wäre. So nahm er dasselbe scharfe Messer, mit dem er zwei Tage zuvor seinen verendeten Maulesel zerlegt hatte, aus der Hosentasche und fügte der Frau, die er in der Zwischenzeit aus ihrem Bett gezerrt hatte, drei mehrere Zentimeter lange Schnittwunden am Hals zu. Diese müssen die Hauptschlagader durchtrennt haben, sodass spätestens nun der Tod durch Verbluten eintrat. Johann Michels ließ seine Frau in ihrem Blut liegen.

Trotz aller Sorgfalt und Bedacht, ein derartiges Verbrechen geräuschlos und ohne zu frühe Entdeckung vollziehen zu können, war der achtjährige Sohn, der im selben Zimmer schlief, wach geworden und rief voller Schrecken: »Papa!« Ohne auf diesen »Hilferuf« seines Kindes zu achten, erhob der sich im Tötungswahn befindliche Vater den Hammer und schlug damit dem hilflosen Kind derart heftig auf den Kopf, dass es sofort bewusstlos zusammensackte und regungslos am Boden liegen blieb. Er ergriff sein Kind an den Haaren und schnitt ihm mit dem Messer derart gewaltig die Kehle durch, bis die scharfe Klinge die Knochen der Wirbelsäule knirschend berührte.

Das gleiche Schicksal ereilte im Anschluss auch die Tochter Maria, den anderen Sohn Adolf und das jüngste Kind Edmund.

Der Verlauf dieser Straftat, die fünf Menschen dahinraffte, dauerte nicht länger als zehn Minuten, ein Beispiel ungeheuerlicher, blutrünstiger und aufgestauter Entschlossenheit, wie man sie sich kaum grausamer vorstellen kann.

Später sollte Johann Michels aussagen, dass er nicht anders gekonnt hatte, als alle umzubringen. Niemand hätte zurückbleiben dürfen.

Nach dieser schrecklichen Tat war Johann Michels fest davon überzeugt, ein gutes Werk an seiner Familie vollbracht zu haben. Schließlich hatte er seiner Frau einen sehnlichen Wunsch erfüllt und seine Kinder zu Engeln gemacht. Allerdings wollte er aufgrund dieses übergroßen Verlustes nicht mehr allein zurückbleiben. Er beschloss daher, seiner Frau und den Kindern bald in eine Welt zu folgen, in der es keine Ängste und Sorgen geben sollte. Er ging nach unten, wusch sich die Hände und kehrte wieder in das Zimmer seiner Bluttat zurück. Mit absoluter innerer Ruhe durchschritt er die sich weit verteilenden Blutlachen, stieg über die Leichen seiner Familie hinweg, um den Schrank auf der anderen Seite des Raumes zu erreichen. Dort holte er sich frische Wäsche und ging denselben Weg des Grauens auf den Flur zurück. Nachdem er sich angezogen hatte, begab er sich in die Küche. Während er dort in aller Ruhe Kaffee trank, schrieb er einen Abschiedsbrief. Darin teilte er mit, dass er seine Familie in den Himmel geschickt habe, dorthin, wo es für alle besser sei. Gleichzeitig bat er darum, dass die Toten ein würdiges kirchliches Begräbnis bekommen sollten. Die Polizei wolle er selbst über seine Tat informieren.

Johann Michels verließ anschließend das Haus, fütterte noch einmal die Ziege im Stall und nahm von dort einen kräftigen Strick mit, bevor er mit seinem Fahrrad in Richtung Mayen fuhr. Irgendwo auf dieser Strecke beabsichtigte er, sich zu erhängen und damit auch seinem sorgenvollen Leben ein Ende zu setzen. Weil er von anderen Leuten nicht gesehen werden wollte, fuhr er fernab der Straße auf Feld- und Waldwegen. Schließlich überlegte er es sich anderes und fuhr über Bürresheim nach Rübenach, wo er einen seiner Kriegskameraden aufsuchte. Mit diesem unterhielt er sich über die gemeinsame Zeit während des Krieges. Dann fuhr er weiter. Zur Mittagszeit erreichte Johann Michels Koblenz. Sein Fahrrad konnte er nicht mehr benutzen, da einer der Reifen mittlerweile plattgefahren war.

Ziellos lief er nun, sein Fahrrad schiebend, in der Stadt umher und gelangte schließlich zur Herz-Jesu-Kirche, in der er im Jahre 1929 seine Frau geheiratet hatte. Beim Beten sah er im Geiste das Bild seiner Frau vor sich und erinnerte sich an die damals noch besseren Zeiten. Wenig später verließ er die Kirche und ging zum Rhein hinunter in der Absicht, dort eine Gelegenheit zu finden, sich in den Fluten zu ertränken. Er führte seinen Plan jedoch nicht aus, da dort angeblich zu viele Menschen unterwegs waren, die ihn von seinem Vorhaben hätten abhalten können. Johann ging weiter zur St.-Castor-Kirche, in der er längere Zeit verweilte und abermals betete.

Schließlich entschloss er sich, am Nachmittag bei Koblenz-Neuendorf seinem Leben endgültig ein Ende zu setzen und seinen Tod in den Fluten des Rheins zu suchen. Offenbar verließ ihn aber kurz davor der Mut. Er suchte die Kapelle Maria Hilf auf und nahm schließlich Abstand davon, sich selbst zu töten.

Johann Michels trat seinen Rückweg nach Waldesch an. Er hatte die feste Absicht, sich dort bei den Leichen seiner Familie so lange aufzuhalten, bis man irgendwann die ganze Familie vermissen, sie suchen, schließlich im Haus finden und ihn als letzten Lebenden festnehmen würde.

In Ochtendung legte er nach dem anstrengenden Fußmarsch in einer Gastwirtschaft eine Pause ein. Er erfrischte sich mit zwei Gläsern Bier und verfasste dabei verschiedene Briefe. Darin setzte er eine Familie in Waldesch unter Druck, dass er auch sie umbringen würde, wenn nicht für ein kirchliches Begräbnis der Toten seiner Familie gesorgt würde.

Auf dem weiteren Rückweg kaufte Michels in einem Krämerladen einige Kerzen, die er nach seiner Rückkehr zwischen den Toten anzünden wollte.

In Hausen wurde er erkannt. Er warf das Fahrrad, das er immer noch mit sich führte, aber wegen des defekten Reifens nicht benutzen konnte, in den Straßengraben und lief so schnell er konnte über die Felder in eine andere Richtung davon. Irgendwo auf dieser Strecke kamen ihm auch die Kerzen abhanden. Von ihm unbemerkt mussten sie aus der Jackentasche gefallen sein.

Es war zwischenzeitlich dunkel geworden. Mit einem Male sah er Lichtkegel, die unruhig die Dunkelheit durchbrachen. In diesem Moment war Michels davon überzeugt, dass sein Verbrechen bereits entdeckt worden war und schon nach ihm gesucht wurde. Er änderte daher seine Richtung, bis es ihm gelang, sich auf Umwegen über Kirchesch bis auf wenige Meter seinem Haus zu nähern. Als er hier wieder Stimmen vernahm, ergriff er erneut die Flucht. Bis zum nächsten Morgen hielt er sich in einer nahegelegenen Fichtenschonung auf, immer darauf bedacht, nicht entdeckt werden. Hatte er noch vor Kurzem mehrmals an seine Selbsttötung gedacht, so schloss er dieses Handeln jetzt endgültig aus.

Als er in der Morgendämmerung erneut versuchte, sein Haus zu erreichen, begegnete er einem Bauern aus Waldesch, der auf einer Weide Gras mähte. Die beiden kamen ins Gespräch, und schließlich gelang es dem alten Mann, Johann Michels, der ihm von seiner Bluttat berichtet hatte, davon zu überzeugen, dass es vernünftiger sei, die Flucht zu beenden und aufzugeben, da es nur eine Frage der Zeit sei, bis man seiner ohnehin habhaft würde. Immer könne er sich nicht verstecken oder weglaufen und sich der Verantwortung für seine Tat entziehen.

Der Bauer begleitete Johann Michels zur Polizei. Dort ließ er sich ohne Widerstand festnehmen.

Während der Untersuchungshaft schrieb Michels zahlreiche Briefe an seine Verwandten. Darin betonte er immer wieder, dass er ein gemeiner und hinterhältiger Mörder sei, der für seine Tat den Tod verdient habe. Es sei ihm im Nachhinein vollkommen unverständlich, wie er zu einer so grässlichen Untat überhaupt in der Lage gewesen sei, sein Liebstes, seine Frau und die Kinder, so gnadenlos hinzumetzeln.

Die Schrecken der Tat und die ständigen Gedanken daran sollten Michels noch lange beschäftigen. In einem weiteren Brief beschrieb er, dass ihm seine Frau in einem langen weißen Kleid mit einem Blütenkranz im Haar in der Gefängniszelle erschienen sei. In einer anderen Nacht habe er leise, monotone Stimmen eines Trauerzuges wahrnehmen können.

Da die Sachlage des Verbrechens eindeutig, der mutmaßliche Täter inhaftiert war und somit keine langwierigen Ermittlungen mehr erfolgen mussten, konnte schon bald Anklage gegen Johann Michels erhoben werden. Der Prozess wurde am 18. Oktober 1937 vor dem Koblenzer Schwurgericht eröffnet.

Auf die Fragen des Vorsitzenden antwortete der Angeklagte stets ruhig und sachlich. Er verharrte ohne emotionale Regung auf der Anklagebank. Allerdings änderte sich diese Verhaltensweise kurzzeitig, als ihm der Vorsitzende ein Tatortfoto, das alle schrecklichen Details aufwies, vor Augen hielt. Michels begann am ganzen Körper zu zittern und konnte schließlich das Weinen nicht mehr unterdrücken. Er starrte auf das Foto und erweckte den Anschein, als sei er im Geiste wieder in das schreckliche Geschehen am Tatort zurückgekehrt.

Eine besondere Gewichtung in diesem Prozess, vor allem für die spätere Urteilsfindung, lag auf den Ergebnissen der Sachverständigen. Dr. Peters aus Mayen beschrieb detailliert und anschaulich das Ausmaß der Verletzungen der Opfer und ließ keinen Zweifel daran, dass diese die Ursache für den schnell eingetretenen Tod gewesen waren. Danach kam Dr. Elsässer zu Wort. Er war der Anstaltsarzt der Provinzial-Heil-und-Pflegeanstalt in Bonn. Vom 1. September bis zum 12. Oktober war der Angeklagte dort zur Beobachtung seines Geisteszustandes untergebracht gewesen. Man war dort zu dem Resultat gekommen, dass es sich bei Michels um einen primitiven Menschen mit unklaren religiösen Gedankengängen handelte. Seine einfache Denkart konnte aber keinesfalls Anhaltspunkte dafür liefern, dass eine Störung seines Geisteszustands während seiner grauenhaften Tat vorgelegen habe. Depression oder Schwermütigkeit kamen bei ihm ebenso wenig in Betracht wie Schizophrenie oder Schwachsinn. Auch eine vorübergehende Bewusstseinsgetrübtheit konnte nach den Beobachtungen und Untersuchungen bei ihm nicht festgestellt werden. Ferner sei die Tat offenbar nicht in einem Blutrausch erfolgt, sexuelle Motive könnten gänzlich ausgeschlossen werden. Der Sachverständige beendete seine Ausführungen mit dem Hinweis, dass in diesem Fall einzig und allein eine Vorsätzlichkeit zur Begehung der Bluttat bestanden habe. Ganz entschieden wandte er sich gegen die Anwendung des Paragraphen 51 Absatz 1 und 2 St.G.B. Wäre dieser anerkannt worden, hätte sich das zum großen Vorteil für das Urteil über den Angeklagten ausgewirkt.

Der Angeklagte war also als voll schuldfähig anzusehen, mildernde Umstände kamen nicht zum Tragen, so dass dementsprechend ein gerechtes Strafmaß zur Ahndung seiner Tat gefunden werden musste.

War der Staatsanwalt Missong in seiner Anklageschrift zunächst bei der Beurteilung der Tat des Angeklagten von Totschlag ausgegangen, kam er nun, durch die detaillierten Inhalte der Gutachten gestützt, zu einem anderen überzeugenden Ergebnis. Er beantragte nun fünfmal, also auf jedes Opfer einmal angerechnet, die Todesstrafe wegen Mordes. Er war überzeugt, dass die Tat vom Angeklagten in voller Überlegung, festen Willens und Berechnung ausgeführt worden war. Zusätzlich sollten ihm auf Lebzeit die bürgerlichen Ehrenrechte aberkannt werden.

Der Staatsanwalt ließ es sich nicht nehmen, seine besondere Abscheu für dieses Verbrechen zum Ausdruck zu bringen und betonte, dass diese Gerichtsverhandlung das grauenhafteste und schlimmste Erlebnis während seiner gesamten Tätigkeit als Jurist gewesen sei.

Der Angeklagte nahm den Antrag des Staatsanwalts ohne besondere emotionale Regung zur Kenntnis und hielt die Augen dabei geschlossen. Er vermittelte vielmehr den Anschein, als sei er bereits in eine andere Welt übergetreten.

Entgegen der überzeugend vorgetragenen Darlegungen der Sachverständigen und des Staatsanwaltes versuchte der Verteidiger, Rechtsanwalt Schlemmer, nachzuweisen, dass die Tat entgegen der Sachverständigengutachten nicht mit Überlegung geschehen sei. Für ihn waren vielmehr die dörflichen, einfachen Verhältnisse und zusätzlich die persönliche, permanente Notlage der Familie Michels dafür verantwortlich, dass es zu diesem tragischen Ereignis gekommen war. Allerdings stand der Verteidiger mit diesen Argumenten auf verlorenem Posten. Sein Votum kam bei der Urteilsfindung nicht zum Tragen.

Die Geschworenen schlossen sich der Auffassung des Staatsanwalts an. Der unausweichliche Richterspruch lautete, dass Johann Michels fünfmal zum Tode verurteilt wurde.

Offenbar hatte der Angeklagte sich schon damit abgefunden, dass es für ihn keinen Ausweg mehr gab. So nahm er schweigend und ohne jegliche gefühlsmäßige Regung das Urteil an.

Im Zuhörerraum des Gerichtssaals hatten zahlreiche interessierte Menschen, insbesondere aus Waldesch, die Verhandlung aufmerksam verfolgt und das Urteil stumm zur Kenntnis genommen. Auch vor dem Gerichtsgebäude verharrten unzählige Menschen, die im Inneren des Gebäudes keinen Platz mehr gefunden hatten. An diesen vorbei wurde der Verurteilte nach dem Richterspruch abgeführt. Dann schloss sich das Gefängnistor hinter ihm.

DER KINDERMORD IN BAD NEUENAHR ODER DEUTSCHLANDS LETZTE TODESKANDIDATIN

Deutschland lag in Trümmern. Der Zweite Weltkrieg hatte gerade erst ein halbes Jahr zuvor ein Ende gefunden. Die vielen Opfer waren den Überlebenden noch immer im Gedächtnis. Die Hoffnung, dass jetzt alles besser werden würde, ließ die Menschen nach vorne blicken. Die Zeit der Toten und Verletzten sollte endlich der Vergangenheit angehören.

Doch in der Kurstadt Bad Neuenahr sollte es anders kommen. Mitte November 1945 wurden dort zwei Kinderleichen entdeckt. Es waren der fünfjährige Günter K. und seine neunzehn Monate alte Schwester Karin, die in einer Scheune hinter einem Fachwerkhaus neben der Hemmesser Kapelle in der Kleinstadt an der Ahr tot aufgefunden wurden. Die Totenscheine wurden auf den 16. November 1945 datiert.

Die Strangulationsspuren am Hals der beiden Kinder und deutliche Brandspuren schlossen einen natürlichen Tod. Alles deutete somit nach Beurteilung der Verletzungen darauf hin, dass der Tod der Kinder durch Strangulation herbeigeführt worden war. Zudem musste der Täter nach seinem schrecklichen Vorgehen auch noch versucht haben, sein Verbrechen durch das Verbrennen der kleinen Körper zu vertuschen, was ihm aber nicht gänzlich gelang. Die Leichen der Kinder wurden dann nach dem gescheiterten Verbrennungsversuch im lehmgestampften Boden der angrenzenden Scheune verscharrt, allerdings nur oberflächlich, weil ein Boden dieser Art sehr verdichtet und schwer aufzubrechen ist. Alles erfolgte offenbar in großer Eile. Hier wurden die Kinderleichen später auch entdeckt.

Wenige Tage zuvor war der fünfjährige Günter bereits einmal dem sicheren Tod entgangen. Er trieb am späten Vormittag hilflos auf dem Mühlbach in Bad Neuenahr, der kaum dreißig Meter von dem Haus entfernt lag, in dem er mit seiner Mutter und seiner kleinen Schwester lebte. Ein französischer Kriegsgefangener, der ganz in der Nähe zur Arbeit eingeteilt war, bemerkte zufällig, dass da etwas auf dem Wasser trieb. Zuerst glaubte er, es sei eine Puppe. Dann beim Nähertreiben der menschenähnlichen Figur war er sich dessen aber nicht mehr sicher. Mit lauten und aufgeregten Worten versuchte auf diese Situation aufmerksam zu machen. Aber offenbar hörte oder verstand ihn niemand. Daher stieg er mutig ins eiskalte Wasser, erreichte nach einigen Schritten kurz vor dem sich unaufhaltsam drehenden, mächtigen Mühlrad der Hochgürtels Mühle, den leblosen Körper eines Kindes. Er packte diesen und zog ihn ans rettende Ufer. Der Retter wusste, was er zu tun hatte. Obwohl er sich in Feindesland befand, begann er sofort mit der Wiederbelebung des Kindes Kurze Zeit später schlug der Junge die Augen auf und atmete. Durch den entschlossenen und selbstlosen Einsatz des Helfers konnte Günter K. das Leben gerettet werden.

Die Heldentat des Franzosen wurde sofort an die für ihn zuständige Stelle in Koblenz gemeldet, sodass der Lebensretter als besondere Anerkennung mit sofortiger Wirkung entlassen wurde.

Besonders tragisch erscheint deshalb das Schicksal, dass derselbe Junge wenige Tage später von seiner Mutter durch Strangulation getötet wurde.

Es konnte allerdings nicht nachvollzogen werden, ob der Mutter bereits eine Beteiligung an dem ersten Vorfall zuzuschreiben und dies möglicherweise schon ein erster Versuch gewesen war, sich des Kindes zu entledigen. Es konnte niemand ausfindig gemacht werden, der eine Mitverantwortung oder gar Tatbeteiligung hätte bezeugen können.

Bei der grausamen Tat wenige Tage später deutete nach Betrachtung der Gesamtumstände und der personenbezogenen Verbindungen alles darauf hin, dass nur die alleinerziehende Mutter, die schon vor Entdeckung der Tat spurlos verschwunden war, für den Tod ihrer Kinder verantwortlich gemacht werden konnte.

Nach der spektakulären Tat hatte Irma K. Bad Neuenahr verlassen und sich nach Quierschied, ihrem Geburtsort im Saarland zu ihren Eltern, abgesetzt. Als sie dort ohne ihre Kinder eintraf, wurde sie sofort nach deren Verbleib gefragt. Sie antwortete wahrheitsgemäß, dass die Kinder nicht mehr lebten. Auf die Frage allerdings, wie und warum es zu deren Tod gekommen sei, erklärte sie, dass beide angeblich während des Krieges bei einem Bombenangriff in Köln, wo sie sich noch zuvor aufgehalten hatte, umgekommen seien. Bei weiteren Nachfragen jedoch verwickelte sich Irma in Widersprüche und verließ dann Hals über Kopf die Wohnung ihrer Eltern, um nicht weiter nach Umständen und Einzelheiten zum Tod ihrer Kinder befragt zu werden.

Eine entscheidende Andeutung zu ihrem Aufenthaltsort machte den Behörden schließlich ihr eigener Vater. Der Inhalt eines Briefes, der von Irma zurückgelassen und vom Vater gelesen wurde, habe den eindeutigen Hinweis auf ihren Verbleib nach dem Verlassen von Quierschied gegeben. Irma K. konnte dann am 24. November 1945 am Hauptbahnhof von Saarbrücken festgenommen werden.

Bereits eine Woche später wurde vom Amtsgericht Saarbrücken ein Haftbefehl wegen Verdachts des Mordes an ihren beiden Kindern erlassen, sodass Irma K. in Untersuchungshaft genommen wurde, in der sie zunächst verblieb.

Anfang 1946 entschlossen sich die Justizbehörden dazu, Irma in die Landesnervenklinik Andernach einzuweisen. Über einen bestimmten Zeitraum sollte sie dort beobachtet und befragt werden. Den dortigen Psychologen sollte somit die Möglichkeit einräumt werden, ein Gutachten über den Geisteszustand der zweifachen mutmaßlichen Kindsmörderin zu erstellen, die sich inzwischen geständig zeigte.

Nachdem bei Irma weder krankhafte Symptome noch ein gefährlicher Handlungszwang festzustellen waren, wurde sie aus der Andernacher Klinik zwar entlassen, jedoch in die Haftanstalt Diez überführt, wo sie auf den Prozessbeginn wartete. Diese Haftanstalt war nach dem Kriegsende eines der wenigen noch verbliebenen funktionsfähigen Gefängnisse in Rheinland-Pfalz.

Zu Person und Werdegang der mutmaßlichen Täterin brachten die Ermittlungen Folgendes zutage:

Irma war das vierte von sechs Geschwistern der Familie S. im katholisch geprägten saarländischen Bergmannsdorf Quierschied, dreizehn Kilometer nördlich von Saarbrücken gelegen. Ihr Geburtstag war der 27. Juni 1920. Trotz der nicht besonders vermögenden Verhältnisse – die Familie wohnte in einer einfachen Holzhütte auf einem Acker – sollen Mutter Elisabeth und Tochter Irma gutmütige, aufgeschlossene und ihren Mitmenschen gegenüber freundliche Personen gewesen sein. Ihnen konnte nichts Schlechtes, Hinterhältiges oder gar anderen zum Nachteil gereichendes nachgesagt werden. Tochter Irma wurde als fröhliches, aufgewecktes und lebenslustiges Kind beschrieben.

Ganz anders soll es sich mit Nikolaus S., dem Vater von Irma, verhalten haben, der in dem friedlichen und harmonischen Familienverband eine ganz andere Position vertrat. Er galt bei nahezu allen Dorfbewohnern als äußerst unbeliebt, er wurde gemieden, sogar ausgeschlossen. Bei jeder Gelegenheit eckte er überall wegen seiner unsozialen Einstellung und seines auffälligen Verhaltens an. Als Außenseiter wurde er von den Menschen im Dorf sogar gefürchtet. Diese Einstellung hatte er sich selbst zuzuschreiben, weil er als Sittlichkeitsverbrecher und Gewalttäter vorbestraft war. Keiner wollte mit dieser Person etwas zu tun haben, die wegen Unzucht acht Jahre Zuchthausaufenthalt hinter sich hatte.

Diese negativen Ereignisse aus der Kindheit und die damit bösartigen Situationen im Elternhaus müssen schon sehr früh die Weichen für den späteren Lebenslauf der Tochter Irma und damit für ihre geistige und moralische Einstellung anderen Menschen gegenüber geprägt und beeinflusst haben.

Die vom normalen sozialen Umfeld abweichenden Verhältnisse mussten der Auslöser für Irmas Tat gewesen sein. Aber auch die zahlreichen anderen gesellschaftlichen Gegebenheiten und die krassen Unterschiede zwischen Arm und Reich in ihrer Heimatregion spielten wohl eine Rolle. Irma hatte eines Tages ihren Heimatort in noch minderjährigem Alter verlassen und war nach Koblenz gezogen. Dort hatte sie in einem Ausflugslokal am Deutschen Eck eine Stelle als Bedienung angetreten und damit ihren Lebensunterhalt bestritten.

Im Sommer des Jahres 1938 lernte sie dort den aus Bad Neuenahr stammenden Soldaten Josef K. kennen, der in Koblenz seinen Dienst verrichtete.

Jede freie Minute verbrachten die beiden zusammen. Irma war froh, den in ihrem Elternhaus herrschenden Bedingungen entronnen zu sein und vor allem nicht mehr in der Nähe ihres gewalttätigen Vaters leben zu müssen, obwohl das Verhältnis zu ihrer Mutter stets gut gewesen war. Lediglich zu kurzen Besuchen kehrte sie gelegentlich nach Quierschied zurück.

In der Folgezeit wurde die Beziehung zwischen Irma und dem Soldaten Josef K. immer enger. Beide dachten sogar schon an Heirat. Vorausschauend erkundigte sich Josefs Vater, ein Reichsbahnbeamter, der 1936 nach Köln versetzt worden war, in Irmas Geburtsort nach den sozialen und wirtschaftlichen Verhältnissen der Familie der möglichen Braut. Vom Pfarrer und vom Bürgermeister des Ortes erhielt er die Auskunft, dass die Familie von ihrem Umfeld als asozial eingestuft galt. Eine familiäre Verbindung unter diesen negativen Voraussetzungen war für den rechtschaffenen Reichsbahnbeamten nicht akzeptabel.

Er versuchte mit diesen Kenntnissen seinen Sohn von der beabsichtigten Heirat mit dieser Frau abzubringen. Trotz aller Bedenken, Einwände und Versuche vom Vater des Bräutigams, die eheliche Verbindung zu verhindern, heiratete Josef am 24. Februar 1939 seine damals noch immer minderjährige Irma in Bad Neuenahr. Aus Protest und als deutliches Zeichen der Ablehnung gegenüber der Schwiegerfamilie blieben allerdings Josefs Familienangehörige, obwohl sie ortsnah lebten, der Hochzeit fern. Damit sollte deutlich hervorgehoben werden, dass man zu einer Braut aus derartigen Kreisen keinen näheren Kontakt wünschte. Da die Ehe noch kinderlos war, erschien dies ohnehin überflüssig. Selbst als später die beiden Kinder Günter und Karin geboren wurden, und das ursprüngliche Argument der Zurückweisung nicht mehr so schwer wog, wollten die Großeltern aus Köln ihre Enkel dennoch nicht sehen.

Es dauerte allerdings nicht lange, bis die Ereignisse des Zweiten Weltkriegs das Paar trennte. Josef wurde an die Front beordert, um das Vaterland zu verteidigen. Irma blieb zurück in Bad Neuenahr und arbeitete als Aushilfskraft bei der Post. Um ihre lebensnotwendigen Einkünfte etwas aufzubessern, betätigte sie sich zusätzlich als Näherin.

Am 1. April 1940 brachte sie ihren Sohn Günter zur Welt, der rein rechnerisch noch von ihrem Mann gezeugt worden sein musste.

Aber schon bald rankten sich zahlreiche Gerüchte um Irmas Lebenswandel, der als unmoralisch galt, damals ein nicht seltenes Phänomen bei zurückgelassenen Frauen, deren Männer an der Front waren. Immer wieder wurde ihr nachgesagt, dass sie während der Abwesenheit ihres Mannes Verbindungen zu unterschiedlichen Männern gehabt habe. Bereits in ihrem Geburtsort Quierschied sollen derartige Kontakte bemerkt worden sein, als sie sich zu dieser Zeit mehrmals zu Besuchen dort aufhielt. Es soll eine Beziehung zu einem Franzosen beobachtet worden sein. Es wurde behauptet, dieser habe sich einmal dahingehend geäußert, dass er sie, Irma, schon wolle, aber das Kind nicht, das müsse »weg«. Offenbar stand das Kind einer wilden Ehe im Weg. Diese Äußerung sollte später im Strafprozess bedeutsam werden und die Angeklagte belasten.

Josef wurden die Gerüchte über das angeblich unmoralische Verhalten und den ehewidrigen Lebenswandel seiner Frau an der Front zugetragen. Er schien diesen Mitteilungen Glauben zu schenken. Deshalb beschloss er, sich von Irma zu trennen. Sie hingegen wollte an der Ehe festhalten.

Bei seinem letzten Fronturlaub 1943 sprachen Josef und Irma in Bad Neuenahr ausführlich über die böswilligen Anschuldigungen, Verdächtigungen und Behauptungen. Offenbar war es ihnen aber gelungen, bestehende Probleme zur beiderseitigen Zufriedenheit zu klären. Zweifel wurden ausgeräumt und wieder ein Vertrauensverhältnis aufgebaut. Gestärkt durch die gefestigte Treue seiner Frau kehrte Josef ohne weiter Zweifel und Bedenken zu haben an die Front zurück. Kurze Zeit später allerdings wurde er bei Kämpfen in Russland so stark verwundet, dass er wenig später seinen schweren Verletzungen erlag. Posthum wurde dann nach dem damalig gültigen Ehegesetz vom 18. März 1943 durch ein Gericht die sogenannte »Totenscheidung« ausgesprochen.

Am 14. April 1944 gebar Irma ihr zweites Kind, das noch den Familiennamen seines gefallenen Vaters tragen durfte.

Die Gerüchte, dass Irma ein liederliches und unmoralisches Leben führte, verstummten auch in dieser Zeit nicht. Verschiedene Verbindungen zu russischen Männern wurden ihr nachgesagt.

Nach Ende des Krieges erhöhte sich merklich der »Besucherstrom« von männlichen, überwiegend US-amerikanischen Personen in dem kleinen Fachwerkhaus im Ortsteil Hemmessen. Es blieb da nicht aus, dass bald bestimmte Vermutungen über eine neue Einkommensquelle von Irma aufkamen, die sich in der Kurstadt schnell verbreiteten. Diese Tatsache und die unmittelbare Nähe zu der verursachenden Person gefielen einer Familie, die im Parterre desselben Hauses wohnte, überhaupt nicht. Weil sie mit derartigen, zweifelhaften Machenschaften nicht in Verbindung gebracht werden wollte, erwirkte diese schließlich bei Gericht, dass sich Irma nicht mehr in der ebenerdig gelegenen geräumigeren Gemeinschaftsküche aufhalten durfte. Sie musste sich nach Betreten des Hauses auf direktem Weg in ihre Wohnung in der ersten Etage begeben.

Zu Prozessbeginn am 1. Juli 1947 wurde Irma aus der Haftanstalt Diez nach Koblenz gebracht, wo vor der Zweiten großen Strafkammer die Verhandlung gegen sie eröffnet wurde. Einen Rechtsanwalt konnte sie sich damals aus finanziellen Gründen nicht leisten, sodass sie sich selbst hätte verteidigen müssen. Allerdings wurde ihr nach dem sogenannten Armenrecht ein Pflichtverteidiger zur Seite gestellt. Zu diesem Zeitpunkt galt nach dem damalig herrschenden Recht für Schwerverbrechen noch die Todesstrafe.

In der Verhandlung schilderte Irma emotionslos und ohne ein Zeichen von Reue den Tathergang. So berichtete sie, dass sie am Tattag ihre Kinder wie gewohnt morgens geweckt und angezogen habe. Danach seien sie alle in die kleine Küche gegangen, um ihnen das Frühstück zuzubereiten. Nach Beendigung der Mahlzeit sei sie zunächst allein nach draußen gegangen und habe eine Wäscheleine geholt und sich damit in das Schlafzimmer in der ersten Etage des Hauses begeben. Aus mehreren Stücken der dünnen Kordel habe sie etwas stärkere Stricke gedreht und diese an den Lampenhaken an der Decke befestigt. Dann habe sie die ahnungslosen Kinder zu sich gerufen. Diese, die ihrer Mutter immer vertraut hatten, waren völlig arglos gewesen und hatten nicht geahnt, was mit ihnen im nächsten Moment geschehen sollte. Sie vermuteten nichts Böses, als sie da auf dem Bett standen, sodass der fünfjährige Günter, unmittelbar bevor er den Strick um den Hals gelegt bekam, seine Mutter ansah und in kindlicher Gutmütigkeit wissen wollte, was sie da mache. Selbst diese letzte Frage ihres eigenen Kindes hielt Irma nicht davon ab, ihre Tat zu vollenden.

Nachdem sie die Schlingen um die Hälse der Kinder befestigt hatte, schubste sie die beiden schnell entschlossen vom Bett, sodass sich die Leinen strafften und den ahnungslosen Kinder den Tod brachten, bevor ihr Leben überhaupt richtig begonnen hatte.

Eine derart skrupellose und gefühlslose Vorgehensweise einer Mutter hatte der Staatsanwalt nach eigenem Bekunden in seiner zwanzigjährigen Berufspraxis noch nicht erlebt, sodass dieser sich höchst empört zu entsprechenden Kommentaren und emotionalen Äußerungen hinreißen ließ.

Als Begründung für ihre Tat führte die Angeklagte Irma K. ihre außerordentliche wirtschaftliche Not in diesen schlechten, entbehrungsreichen Zeiten an. Da sie ihren Kindern angeblich nicht ausreichend Nahrung zum Überleben bieten konnte, hatte sie befürchtet, dass diese deshalb eines Tages verhungern würden. Sie hatte sich Gedanken gemacht, wie sie diesen schleichenden Tod verhindern könnte und war zu dem Schluss gekommen, dass ihr keine andere Wahl bliebe, als diese schlimme Tat aus Liebe und Fürsorge ihren Kindern gegenüber zu wählen. Sie hatte sie dadurch angeblich vor größerem Leid und eben vor dem langsam eintretenden Hungertod bewahren wollen. Deshalb habe sie sich für diese für eine Mutter ungewöhnliche Tat entschieden, die ihr angeblich auch nicht leichtgefallen sei. Dies sei aber ihrer Meinung nach zwingend erforderlich gewesen. Einen anderen Ausweg hätte sie nicht gesehen.

Dieser Darstellung der eingeschränkten Versorgung an Lebensmitteln allerdings widersprach ein Nachbar, dem die damaligen wirtschaftlichen Verhältnisse der Frau Irma K. bekannt waren. Dieser berichtete, dass es der Angeklagten zu dieser Zeit an nichts gefehlt habe. Für sie und ihre Kinder seien stets ausreichende Mengen an Lebensmitteln vorhanden gewesen. Das Maß ihrer Versorgung soll sogar noch darüber hinaus gegangen sein. So soll Irma einen einwandfreien Kinderwagen, wie ihn sonst niemand in dieser Gegend hatte, besessen haben, mit dem sie ihrem jüngeren Kind frische Luft bei Spaziergängen habe gönnen können. Auch Schokolade und andere Süßigkeiten, die

Kinder besonders schätzen, sollen ihr, woher auch immer, zur Verfügung gestanden haben. Deshalb war von einem Mangel an Versorgung mit den alltäglich notwendigen Lebensmitteln nicht auszugehen.

Der Nachbar bezeichnete die Argumentation, die Kinder durch die Tötung vor dem Hungertod bewahren zu wollen, als »dreckigste Lüge«. Denn hätten wirklich die erforderlichen finanziellen Mittel gefehlt, um Lebensmittel zu beschaffen, hätte das Veräußern eines Teiles der großen Mengen an Stoffen und Nähmaterial, die in dem Haus lagerten, eine Lösung bringen können.

Der Staatsanwalt beurteilte das in gleicher Weise und pflichtete dem Zeugen bei, dass jede natürlich empfindende Mutter alles unternommen hätte, ihre Kinder vor dem Hungertod zu bewahren. Niemals hätte sie ihre Kinder aus diesem Grund getötet. Die Beweggründe für die Tat mussten einen anderen Ursprung gehabt haben.

Das Gericht kam vorerst zu dem Ergebnis, dass es der Wahrheitsfindung zuträglicher sei, die Verhandlungen näher an den Tatort zu verlegen. Deshalb wurden ab Samstag, dem 4. Juli 1947, die Sitzungen im alten Saal des Amtsgerichts von Ahrweiler gegenüber dem Bahnhof abgehalten. Ursprünglich hatte das Gericht geplant, einen gemeinsamen Termin am Tat- und Auffindeort der getöteten Kinder durchzuführen. Die Angeklagte sollte nämlich dort ihr Vorgehen am Tattag noch einmal demonstrieren. Allerdings fasste das Gericht dann aus Rücksicht auf den Vater, den gefallenen Ehemann der Angeklagten, den Entschluss, diese Form der Beweisführung zum Tathergang nicht anzuwenden.

Am gleichen Tag unternahm die Angeklagte in einer Verhandlungspause ganz überraschend einen Selbsttötungsversuch. Anzeichen für dieses Vorhaben waren zuvor während der Verhandlung nicht erkennbar gewesen. In einem Toilettenraum hatte sie Handtücher zusammengeknotet und daraus einen starken Strick gefertigt. Als sie sich die Schlinge gerade um den Hals legen wollte, stürmte ein Justizbeamter in den Raum. Ihm war die Zeit bis zu ihrer Rückkehr verdächtig lang erschienen. Ihm gelang es noch im letzten Moment die Vollendung der Verzweiflungstat der Angeklagten zu verhindern. Offenbar hatte sie erkannt, dass den Argumenten ihrer eigenen Verteidigung beim Gericht nur wenig oder überhaupt kein Glauben geschenkt wurde und sie sich dadurch in einer aussichtslosen Lage befand.

Richter Gräfe betonte nach Bekanntwerden dieses Zwischenfalls, dass er dem Ganzen ein Ende bereiten wolle und schon in der vierten Sitzung des Verfahrens ein Urteil sprechen werde.

Der Pflichtverteidiger Weber stellte nun angesichts des zeitlichen Drucks das psychiatrische Gutachten infrage. Um Zeit zu gewinnen, zweifelte er die Schlüssigkeit des Inhalts an und beantragte, ein neues Gutachten zu erstellen, in dem mehr auf den Gemütszustand seiner Mandantin eingegangen werden sollte. Hierbei hob der Verteidiger zudem die unterschiedlich zu bewertenden Tatbestandsmerkmale von Tötungsdelikten hervor, und dass im vorliegenden Fall deutlicher zwischen Mord oder Totschlag unterschieden werden müsse, was ein ganz anderes Strafmaß zur Folge hätte.

Der Antrag auf ein weiteres Gutachten wurde vom Gericht abgelehnt.

Der Verteidiger ließ vom Vorsitzenden zwei weitere Zeugen aufrufen, die aber keine relevanten und verwertbaren Aussagen machen konnten.

Die ursprüngliche Absicht des Richters, an diesem vierten Verhandlungstag das Verfahren abschließen zu können, konnte nicht umgesetzt werden. Nach fünfzehn Stunden wurde die weitere Verhandlung auf den 14. Juli vertagt.

Der Staatsanwalt forderte in seinem Plädoyer die Todesstrafe für die Angeklagte. Der Verteidiger hingegen machte zum wiederholten Mal darauf aufmerksam, dass trotz seines Hinweises nicht ausführlich darauf eingegangen worden war, ob es sich in dem vorliegenden Fall um

Mord oder Totschlag handelte. Aus diesem Grund forderte er nur eine Zuchthausstrafe für seine Mandantin.

Das letzte Wort vor der Urteilsfindung stand der Angeklagten zu. Hatte diese sich während der Verhandlungen kalt und emotionslos gezeigt, brach sie jetzt in Tränen aus und beteuerte, dass sie immer gut zu ihren Kindern gewesen sei. Sie wolle auch für die Tötung ihrer Kinder büßen, gestand sie ein. Was sie getan hatte, sei keineswegs wegen eines anderen Mannes geschehen.

Das Urteil im Bad Neuenahrer Kindermordprozess erging im Namen des Volkes: zweimal Todesstrafe.

Nachdem der Pflichtverteidiger Rechtsmittel eingelegt hatte, die aber abgelehnt wurden, war für ihn der Fall abgeschlossen und sein Mandat beendet.

Ein Anfang März 1948 gestelltes Gnadengesuch einer Rechtsanwältin aus Bad Neuenahr wurde abgelehnt.

Nun gab es anscheinend kein Zurück mehr für die rechtskräftig verurteilte Irma K. Es blieb ihr in der Justizvollzugsanstalt Diez nur noch das Warten auf ihre Hinrichtung.

Wie sie in dieser Zeit dort lebte, ist nicht bekannt. Kommunikation in irgendeiner Art nach draußen gab es nicht, zumal die Familie ihres Mannes seit jeher den Kontakt zu ihr abgelehnt hatte, ihr Mann und ihre Kinder nicht mehr lebten.

Bei den Vorbereitungen zur Hinrichtung ergaben sich massive Probleme, was auch mit der selten praktizierten Hinrichtungsart in Zusammenhang stand. Es wurde von den zuständigen Stellen nämlich bald festgestellt, dass in ganz Rheinland-Pfalz kein funktionsfähiges Guillotine-Gerüst zur Verfügung stand. Zudem war das entsprechende Fallbeil nicht vorhanden. Aber auch über den Ort einer Hinrichtungsstätte hatten sich die Verantwortlichen der Justiz offenbar nicht rechtzeitig Gedanken gemacht. Schließlich tauchte auch noch die Frage auf, wer denn das Urteil vollstrecken solle. Ein Henker stand nämlich ebenfalls nicht zur Verfügung.

Die Hinrichtung verzögerte sich durch diese Umstände immer wieder. In ganz Deutschland wurden alle für den Strafvollzug zuständigen Stellen kontaktiert. War ein Guillotine-Gerüst verfügbar, fehlte jedoch das entsprechende Fallbeil, ohne das das Urteil nicht erfolgreich vollstreckt werden konnte. Mehr als zehn Schmiede, die zur Herstellung dieses Beils in der Lage gewesen wären und denen ein entsprechender Auftrag hätte erteilt werden können, weigerten sich, die Aufgabe anzunehmen. Schließlich, als auf freiwilliger Basis kein Erfolg abzeichnete, wurde ein Schmied ausgewählt und dazu zwangsverpflichtet.

Diese Schwierigkeiten nahmen eine Zeit von mehr als 620 Tage in Anspruch, eine Zeit, in der die Verurteilte auf die Vollstreckung ihres Urteils warten musste. Die ganzen Umstände ließen die Vermutung zu, dass die Vollstreckung immer wieder verschoben und somit hinausgezögert werden sollte. Vielleicht ein Glück für die Verurteilte, wenn man in dieser ausweglosen Situation überhaupt davon sprechen konnte.

Anfang April 1949 war es dann soweit. In der Zelle 27 der Mainzer Haftanstalt stand die Hinrichtungsmaschine funktionsfähig bereit. Das dazugehörige Fallbeil war geliefert und montiert worden, ein Henker gefunden und verpflichtet worden. Der Hinrichtung stand nichts mehr entgegen.

Zur selben Zeit erhielt die Leitung der Haftanstalt Diez die Anweisung, die zweifache verurteilte Kindesmörderin umgehend nach Mainz zu ihrer Hinrichtung zu bringen. Gleich am nächsten Tag wurde aber von einer Vollzugsbeamtin telefonisch mitgeteilt, dass man nicht in der Lage sei, die Gefangene nach Mainz zu bringen, weil die Haftanstalt nicht über einen ausbruchsicheren Transportwagen verfüge. Eine weitere Verzögerung trat ein. Dieser war es letztlich zuzuschreiben, dass die Verurteilte vor ihrer Vollstreckung und dem sicheren Tod bewahrt wurde. Ihr kam zur Hilfe, dass am 23. Mai 1949 das Grundgesetz der Bundesrepublik Deutschland verabschiedet wurde. In diesem besagt Artikel 102, dass die

Todesstrafe in Deutschland abgeschafft sei. Aus diesem Grund musste das Todesurteil in eine lebenslange Zuchthausstrafe umgewandelt werden. Diese wurde schließlich im Jahr 1969 von dem damaligen Ministerpräsidenten von Rheinland-Pfalz, Helmut Kohl, auf dem Gnadenweg in eine dreißig-jährige Zuchthausstrafe umgewandelt.

Bereits ein Jahr später, 1970, wurde Irma K. im Alter von fünfzig Jahren vorzeitig aus der Haft entlassen. Sie verließ das Rheinland und siedelte sich in Niedersachsen an, wo sie wieder als Kellnerin ihren Lebensunterhalt verdiente.

Sie lebte noch dreißig Jahre und verstarb schließlich, von Demenz gezeichnet, in einem Altenpflegeheim.

Das Amtsgericht Ahrweiler.

ÜBERFALL AUF DEN BURGERHOF BEI ANDERNACH

Einsame Höfe, Mühlen und fernab von Städten oder größeren Dörfern gelegene Anwesen galten schon immer als willkommene und beliebte Objekte von Gestalten, die nicht bereit waren, sich an die geltenden Gesetze zu halten. Überfälle zusammen mit mehreren gleichgesinnten Personen, die überall anzutreffen waren, also in Banden, häuften sich gerade in der Nachkriegszeit ab 1945. Als Recht und Ordnung noch nicht in geregelte Bahnen zurückgefunden hatten oder eben erst beschlossen waren, war es nicht schwer, auf diese Weise schnelle Beute zu machen. Viele charakterschwache Gestalten glaubten, noch einmal schnell »zugreifen« zu müssen, bevor es durch überwachte gesetzliche Regelungen schwerer werden würde. Wahrscheinlich durch die kriegerischen Ereignisse und Erlebnisse und von einer Zeit voller Unsicherheit und Zweifel geprägt, fanden manche Zeitgenossen noch nicht den Anschluss an die sich langsam normalisierenden und friedlicher werdenden Zeiten. Sie führten Anarchie und Brutalität als eine als normal angesehene Gegebenheit fort. Der Umgewöhnungsprozess hatte sich bei vielen noch nicht durchgesetzt. Es war nicht nur die Einstellung zu Hab und Gut anderer, auch der Wert eines Menschenlebens wurde gering angesehen und bemessen.

Damals, unmittelbar nach dem Zweiten Weltkrieg, hatten die auf dem Land lebenden Menschen, im Vergleich zu denen in den Städten, einen größeren Vorteil bei der Beschaffung der täglich erforderlichen Lebensmittel. Draußen vor den Städten waren die Menschen größtenteils unabhängige Selbstversorger. Ihr zur Verfügung stehendes und zu bestellendes Land lieferte ihnen nach harter körperlicher Arbeit die meisten Nahrungsmittel, um auch schlechtere Zeiten zu überdauern.

Die Versorgung in den Städten erwies sich da schon als komplizierter und aufwendiger. Dort musste die Menge der in die Städte verbrachten ländlichen Waren unter einer großen Anzahl an Menschen gerecht und proportional aufgeteilt werden, was zwar durch Bezugsscheine und Lebensmittelkarten geregelt wurde, aber was war, wenn alles vorzeitig aufgebraucht war. Die letzten gingen leer aus und mussten auf nachfolgende Lieferungen warten.

Um diese bürokratische, aber dennoch gerechte Hürde zu umgehen, begaben sich daher zahlreiche Stadtbewohner, wenn ihnen die Möglichkeit dazu gegeben war, auf das Land, um sich vor Ort direkt selbst mit Gemüse und Obst einzudecken. Wegen der zu dieser Zeit noch schwierigen Logistik, eigene Fahrzeuge waren selten vorhanden, beteiligten sich meistens mehrere Familien an gemeinschaftlichen »Einkäufen«, die dann, wo vorhanden, mit der Bahn abtransportiert und nach Hause gebracht wurden. Da sich aber auch die finanziellen Möglichkeiten in einem engen Rahmen hielten, dienten häufig Gegenstände aus eigenem Besitz, die man entbehren konnte, als Zahlungsmittel. Das bedeutete, dass Dinge, die auf dem Land nicht so leicht zu bekommen waren, wie Möbel, Porzellan, Bestecke oder Schmuck, mitgenommen und mit den wichtigsten Nahrungsmitteln getauscht wurden.

Auch das stattliche bäuerliche Anwesen Burgerhof, das sich damals vier Kilometer südlich von Andernach befand, war bekannt als Anlaufstelle für derartige Tauschgeschäfte und wurde von Städtern gerne in Anspruch genommen. Die Geschäfte liefen gut und für alle Beteiligten zufriedenstellend.

Es war zwischen 20 und 21 Uhr am 1. April 1946. Der Neumond stand am wolkenlosen Himmel und war nicht in der Lage, auch nur etwas die Nacht zu erhellen. Die undurchdringliche Dunkelheit erwies sich als beste Voraussetzung für einige finstere Gestalten, die nichts Gutes im Sinn hatten. Vier Männer hatten es in dieser Nacht auf den Burgerhof abgesehen, der sich im Besitz des Bauern W. Windheuser befand. Langsam und dabei ständig nach allen Seiten Ausschau haltend, schlichen sich die vier an und waren darauf bedacht, bis zum Erreichen ihres Ziels unbemerkt zu bleiben.

Es war kurz vor 21 Uhr, als die vier bewaffneten Männer ihr Ziel erreichten. Das weitere Vorgehen hatten sie offenbar vorher genau abgesprochen. Plötzlich und ohne lange zu zögern, stürmten sie durch die Küchentür in das Innere des Haupthauses. Die ahnungslosen Hausbewohner und die vier zu dieser Zeit dort anwesenden Gäste waren so erschrocken und überrascht, dass sie nicht in der Lage waren, sich erfolgreich zur Wehr zu setzen. Zu unverhofft war dieser Angriff und die damit verbundene Überrumpelung erfolgt. Zudem hatte nichts an diesem Abend darauf hingedeutet, dass sich derartige Gestalten dem Haus näherten und ein ungewöhnliches Ereignis bevorstand. Die Hunde, die als Erste hätten draußen Verdächtiges bemerken und deshalb anschlagen müssen, lagen zu dieser Zeit unter dem Küchentisch und schliefen. Zudem verhinderte währenddessen sehr laute Musik aus dem Radio das Wahrnehmen verdächtiger Geräusche. So kamen mehrere unglückliche Umstände zusammen, die eine verheerende Bluttat zur Folge haben sollten.

Die drei Männer in normaler, ziviler Kleidung und einer in einer grün-bräunlichen Uniform trugen keine Masken, die ihre Gesichter verbargen. Diese Vorgehensweise ließ erfahrungsgemäß schon die Befürchtung zu, dass es nach diesem Überfall keine Zeugen mehr geben würde, die die Eindringlinge später hätten beschreiben können. Die Angreifer waren offenbar bereit, bis zum Äußersten zu gehen. Das bedeutete: Keiner sollte am Leben bleiben.

Kaum hatten die Männer das Haus gestürmt, erfolgte von einem der Bande der kurze Befehl in deutscher Sprache, dass alle Anwesenden die Hände über dem Kopf erheben und sich mit dem Gesicht flach auf den Boden legen sollen. Angesichts der massiven Bedrohung mit in Anschlag gehaltenen Waffen wurde diese eindeutige und ausweglose Aufforderung von allen sofort widerspruchslos befolgt. Dies ging sehr schnell und wortlos vonstatten, da die Opfer durch Fragen, eventuelle Diskussionen oder sogar Gegenwehr die bewaffnete Übermacht nicht zu unberechenbaren und unvorhersehbaren Handlungen provozieren wollten. Das nutzte aber nichts. Schnell warfen die Eindringlinge im Raum umherliegende oder an Wandhaken aufgehängte Kleidungsstücke über die Körper der Opfer und eröffneten unvermittelt das Feuer.

Zuerst wurde der Hofbesitzer, Walter Windheuser, getötet, wobei der Schütze in Ausführung seiner Tat laut und hasserfüllt schrie: »Du Kapitalist!« Die aus nächster Nähe in schneller Folge abgegebenen Projektile durchschlugen Kopf, Nacken und Rücken des ersten Opfers, sodass nicht die geringste Überlebenschance bestand. Außer der Schwester des Hofbesitzers, die sich totstellte und offensichtlich dadurch der Aufmerksamkeit der Angreifer entging, wurden alle anderen auf dem Boden liegenden Personen von den Schüssen getroffen und getötet.

Danach eilten die brutalen Verbrecher in die erste Etage des Hauses, wo sie die Mutter, die Ehefrau und die Schwägerin von W. Windheuser antrafen. Diese ereilte das gleiche Schicksal. Die beiden Kinder wurden nur leicht verletzt.

Weiter oben im Dachgeschoss entdeckte die brutale Meute schließlich noch einen Mann aus Andernach, der dort zufällig nächtigte. Auch diesen trafen gezielte Schüsse, die ihm sofort den Tod brachten.

Insgesamt sechs Menschen wurden an diesem Abend ohne Grund auf dem Burgerhof von dieser Verbrecherbande regelrecht hingerichtet.

Nach dem Blutbad sahen sich die Täter auf der sicheren Seite. Sie hatten keinerlei Widerstand mehr zu erwarten und begannen ihren eigentlichen Plan auszuführen. Sie zerschlugen alle Einrichtungsgegenstände in den Räumen, wie Truhen, Kommoden und Schränke, und suchten nach brauchbaren Dingen, die sie mitnehmen wollten. Unter anderem packten sie auch Lebensmittel, ein Radio und mehrere Kleidungsstücke ein.

Die Überlebenden der Bluttat rührten sich nicht, solange die Täter in den Räumen des Hauses ihr Unwesen trieben. Sie verhielten sich ruhig, da sie befürchten mussten, bei ihrer Entdeckung ebenfalls getötet zu werden.

Schließlich zogen die Männer mit ihrer Beute, die sie in Säcken und Kisten verpackt hatten, ab.

Etwa eine halbe Stunde vor Mitternacht gelangte ein schwerverletzter, blutüberströmter Mann zum Haus des Bürgermeisters von Eich, einem kleinen zwischen Andernach und dem Laacher See gelegenen Ort. Als ihm nach mehrmaligem, heftigem Klopfen die Tür schließlich geöffnet wurde, berichtete er völlig erschöpft, dass am Abend der Burgerhof überfallen und die dort weilenden Menschen brutal mit Schusswaffen niedergestreckt worden seien. Er selbst konnte nur noch schwer verletzt entkommen, habe sich an den Telefonmasten am Straßenrand orientiert, und sich mit großer Mühe und letzter Kraft nach Eich geschleppt. Er wollte Hilfe holen, um vielleicht noch Überlebende des Blutbades zu retten.

Da es nicht der erste Überfall auf diesen Hof war, wusste der Bürgermeister sofort, was er zu tun hatte. Er handelte schnell und alarmierte die Polizei und den Krankenwagen in Andernach.

Der Andernacher Kommissar R. Pickel übernahm den Fall und eilte mit seinem Kollegen, Polizeiwachtmeister Nachtsheim und dem Arzt Dr. Nuppeney, zum Tatort. Zuvor informierte Pickel die in diesem Bereich zuständige französische Gendarmerie.

Schon von Weitem erkannten sie in der dunklen Nacht, dass der Burgerhof hell erleuchtet war. Als sie sich dem Tatort näherten, hörten die drei Männer zunächst verzweifelte Kinderschreie und durchdringende Hilferufe.

Sie betraten das Innere des Gebäudes, wo sich ihnen ein Bild der blinden Zerstörungswut bot. Alle Behältnisse waren gewaltsam geöffnet und der Inhalt, der es offenbar nicht wert war, entwendet zu werden, in den Räumen verstreut worden, dass große Mühe bestand, sich einen Weg hindurch zu bahnen. Was die Täter alles mitgenommen hatten, konnte zu dieser Stunde noch nicht eindeutig festgestellt werden. Zunächst war es vorrangig, sich um die Überlebenden zu kümmern.

Nachdem schließlich die Verletzten von Dr. Nuppeney untersucht und erstversorgt worden waren, ließ er diese mit einem Rot-Kreuz-Wagen nach Andernach ins Krankenhaus transportieren. Der Krankenwagen allerdings musste mehrmals den Weg zwischen Tatort und Krankenhaus zurücklegen, da nicht alle Verletzten zugleich in dem Wagen Platz fanden. Zwei der Überlebenden konnten nicht mehr gerettet werden und starben wenig später im Krankenhaus von Andernach an dem durch die schweren Verletzungen verursachten, hohen Blutverlust.

Als eine halbe Stunde nach Mitternacht die französischen Gendarmen am Tatort eintrafen, wurde zuerst das gesamte Anwesen mit Haupthaus und allen Anbauten durchsucht. Dabei wurde sehr schnell festgestellt, dass die Täter lediglich das Wohnhaus als Ziel hatten. Ställe, Anbauten und Scheune zeigten keine Spuren eines gewaltsamen Eindringens.

Während der ganzen Nacht bewachte und sicherte die französische Gendarmerie den Tatort und die nähere Umgebung.

Schon früh am nächsten Tag erschienen Vertreter der zuständigen Stellen, zu denen der Kreisgouverneur Mayen, ein Sicherheitsoffizier und höherrangige Beamte der Gendarmerie gehörten. Die Verstärkung der Wachen erfolgte durch das Militär der französischen Besatzungszone.

Die Leichen lagen zu diesem Zeitpunkt noch immer so in den Räumen, wie man sie kurz nach der Tat vorgefunden hatte. Ihre Lage wurde aus unterschiedlichen Richtungen und Einstellungen zur Beweissicherung fotografiert und zusätzlich Lagezeichnungen erstellt. Gleich im Anschluss daran führte der Kreisarzt Dr. Hausmann die sogenannte Leichenschau durch, die zur Feststellung und zur Bestimmung der Ursache und näheren Umstände des Todes erforderlich war. Danach wurden die Toten in Särgen nach Andernach gebracht.

Kriminalassistent Beyer stellte außerhalb des Tatorts fest, dass die Telefonleitung zum Hof durchgeschnitten und der Telefonapparat im Haus zusätzlich zertrümmert worden war. Er bewertete dieses als vorausschauendes Vorgehen der Täter. Sie wollten durch diese Vorsichtsmaßnahme sichergehen, nach Entdeckung der Tat über einen ausreichenden Fluchtvorsprung zu verfügen. Auf der Suche nach einem Motiv für die Tat äußerte Beyer die Vermutung, dass es sich vielleicht um einen Racheakt gehandelt haben könnte, da schon im Sommer zuvor ein Überfall auf den Hof versucht worden war. Damals hatte es sich bei den Tätern um russische Kriegsgefangene und andere Fremdarbeiter gehandelt. Ob diese zuvor auf dem Hof gearbeitet hatten, war zum Zeitpunkt der Ermittlungen nicht zu klären, zumal der Eigentümer nicht mehr dazu befragt werden konnte. Außerdem war nicht verborgen geblieben, dass der Hofbesitzer durch seinen Handel mit den Städtern nicht unvermögend geblieben war. Dafür sprach auch die Tatsache, dass lediglich das Haupthaus von den Verbrechern heimgesucht worden war, da dort offenbar die größeren Werte vermutet wurden.

Dem brutalen Blutbad am 1. April 1946 waren vier Erwachsene und drei Kinder lebend entkommen. Die Ermittler standen vor einem Berg von Fragen. Deshalb hofften sie, durch am 3. und 4. April durchgeführte Zeugenvernehmungen in diesem Fall Fortschritte zu machen.

Drei Personen wurden zu dem grausamen Tathergang in der verhängnisvollen Nacht und zu den Beschreibungen der Täter unabhängig voneinander befragt. In einigen Punkten stimmten ihre Aussagen überein, eine Tatsache, die die Ermittler zunächst hoffen ließ, einer wichtigen Spur nachzugehen. Andere Details allerdings wichen wiederum gravierend voneinander ab, sodass keine aussagekräftige, verlässliche und einheitliche Spurenzusammenführung oder Täterbeschreibungen zustande kamen. Übereinstimmend hingegen waren die Beobachtungen und Aussagen in Bezug auf die Uniform, die einer der Täter getragen hatte, und dass es sich möglicherweise um einen Polen gehandelt haben könnte.

An diesem Tag waren die Behörden noch weit von einem Erfolg entfernt.

Einen Tag später wurde der neunundzwanzigjährige Herbert P. aus Andernach vernommen, der die Ermittler mit seiner Aussage einen kleinen Schritt voranbrachte. Er berichtete, dass er am späten Vormittag des 1. April unterwegs gewesen war, um auf den Wiesen südlich von Andernach Grünfutter für seine Kaninchen zu holen. Vor ihm waren in Sichtweite sechs Personen gegangen, von denen zwei bräunliche Uniformen getragen haben sollen. An der Kreuzung Eich/Deubachsiedlung habe er diese Personengruppe eingeholt. Der Zeuge will wahrgenommen haben, dass sich die Männer untereinander in polnischer Sprache verständigten. Er beschrieb sehr detailliert die Bekleidung und Kopfbedeckungen der Männer. Bei den beiden Uniformträgern will er Waffen, die ein wenig sichtbar aus ihren Hosentaschen herausragten, gesehen haben. Er betonte, dass er selbst Soldat gewesen und sicher sei, dass es sich um 08-Pistolen gehandelt habe. Er war davon überzeugt, dass er diese Männer wiedererkennen würde.

Nach einem Zeitungsartikel im Rheinischen Merkur vom 5. April 1946, also vier Tage nach dem Überfall, wurde die Staatsanwaltschaft Koblenz erstmalig auf das Verbrechen auf dem Burgerhof aufmerksam. In einem sofort abgesetzten Telegramm an die Polizei in Andernach wurde angefragt, warum man es versäumt habe, bei einem derartigen Kapitalverbrechen die Staatsanwaltschaft als höchste Ermittlungsbehörde sofort zu verständigen. Pickel wehrte ab und erinnerte die Staatsanwaltschaft daran, dass doch der Landrat des jeweiligen Kreises für die polizeilichen Angelegenheiten zuständig sei und er selbst diesen gleich nach Meldung der Tat informiert habe, sodass kein Versäumnis vorliege und alles in den richtigen Bahnen laufe.

Die Ermittlungen gerieten ins Stocken, man kam einfach nicht weiter. Über Jahre konnte kein Fortschritt im Fall Burgerhof erzielt werden. Offenbar spielten hier auch Kompetenz- und Zuständigkeitsfragen sowie fehlende Kommunikation zwischen den Besatzungsmächten und den örtlichen deutschen Behörden eine erhebliche Rolle. Die Ordnung im Nachkriegsdeutschland hatte zudem noch nicht ihren optimalen Stand erreicht.

Erst im Jahre 1951 schien in diesem Fall eine Wende einzutreten. Einem Wladimir I., der in der Haftanstalt Werl wegen Mordes einsaß, war zugetragen worden, dass sein jahrelanger Mitkumpan, Michail N., ihn wegen der Tat, für die er verurteilt worden war und wegen der er jetzt einsaß, an die Behörden verraten habe. Wladimir I. wollte deshalb Rache an N. nehmen. Er gestand daher, im Jahr 1945 mit Michail N. einen gemeinsamen Überfall auf den Burgerhof begangen zu haben. Dieses Geständnis musste er aber wenig später, als er zum Tatort gebracht wurde, widerrufen, denn es hatte sich damals um den Marienstädterhof gehandelt, auf den der Überfall verübt worden war. Es lag also die Verwechslung eines Tatortes vor.

Der Zeuge Herbert P., der am 1. April 1946 sechs Personen in er Nähe des Burgerhofes gesehen haben wollte, erkannte nach Vorlage von Polizeifotos I. und N. wieder.

Er betonte zudem, dass eine Person am Arm tätowiert gewesen sei. Dieser markante Hinweis war sogar auf der Rückseite des Fotos handschriftlich vermerkt. Zwar schien nun etwas Licht ins Ermittlungsdunkel zu kommen, doch konnten andere Überlebende des Überfalls auf den Burgerhof nicht eindeutig und übereinstimmend die Personen auf den Polizeifotos wiedererkennen.

Als im selben Jahr die französischen Behörden Teile der Ermittlungsakten der Staatsanwaltschaft in Koblenz zur Verfügung stellten, wurde deutlich, dass am damaligen Tatort Patronenhülsen vom Kaliber 9 und 7,65 mm gefunden und sichergestellt worden waren. Weiter ging aus den schriftlichen Unterlagen hervor, dass am 15. Juli 1945 Polen oder Russen den Burgerhof überfallen hatten. Da es in Andernach keine französische Gendarmerie gab, bat Oswald Windheuser, der derzeitige Eigentümer des Hofes, bei den Militärbehörden um Hilfe. Wenige Wochen später erhielt die Familie Gegenstände zurück, die ihr am 15. Juli geraubt worden waren. Ein festgenommener Verdächtiger wurde nach einer Gegenüberstellung wieder auf freien Fuß gesetzt, da er nicht als Täter identifiziert werden konnte.

Für die Tat am 1. April 1946 entwickelten sich immer wieder neue Motivtheorien. Ein Racheakt eines Ausländers wurde in Erwägung gezogen. Dieses Motiv wurde dann aber doch nicht weiterverfolgt, da bekannt wurde, dass Kriegsgefangene, die auf dem Burgerhof gearbeitet hatten, von der Familie Windheuser immer gut behandelt worden waren, was auch Befragungen von ehemals dort beschäftigten Gefangenen bestätigten.

Oder war es eine größere Menge Bargeld gewesen, auf die die Täter es abgesehen hatten? Nach dem Überfall am 15. Juli 1945 hatte Windheuser gegenüber anderen erwähnt, dass ein Betrag von 12000 Mark von den Tätern nicht gefunden worden sei. Genau diesem Betrag erwähnte einer der Eindringlinge beim Überfall am 1. April 1946.

Von 1951 bis 1954 kamen die Ermittlungen erneut zum Erliegen. Wertvolle Zeit verging, ohne dass weitere Beweismittel gesichert oder die direkt nach der Tat erfolgten Befragungen ausgewertet und zusammengeführt werden konnten.

Intensivere Ermittlungen begannen erst wieder Anfang 1955. Beim Aufarbeiten alter Vernehmungsprotokolle und durch länderübergreifende Kontaktaufnahme mit anderen Dienststellen verdichtete sich erneut der Verdacht, dass Wladimir I. und Michail N. mit dem Überfall am 1. April 1946 in Verbindung gebracht werden mussten.

Neun Jahre nach der Tat wurden gegen die beiden die Voruntersuchungen unter anderem wegen Mordes durch die Oberstaatsanwaltschaft Koblenz eingeleitet. Ein Problem dabei war allerdings, dass sich Michail N. offenbar nach Kanada abgesetzt hatte. Wladimir I. saß nach wie vor im Gefängnis von Werl. Es gab wieder mal kein Weiterkommen. Die Akten mit den Voruntersuchungen wurden 1956 ohne weiterführende Ergebnisse geschlossen.

Eine Wiederaufnahme der Ermittlungen begann 1961 durch das Landeskriminalamt Rheinland-Pfalz. Dort wurde allerdings festgestellt, dass unmittelbar nach Entdeckung der Tat eine sorgfältige und systematische Suche nach Spuren und deren Sicherung offenbar nicht erfolgt war. Es waren Fehler und Lücken in der Aufklärungsarbeit entstanden, die nach so langer Zeit nicht mehr zu korrigieren waren. Die vorgefundenen Patronenhülsen aus den Tatwaffen hatte die deutsche Polizei an die französischen Behörden übergeben. Diese wichtigen Beweismittel waren später allerdings nicht mehr auffindbar, standen somit nicht mehr zur Verfügung.

Ein großes Versäumnis wurde auch darin erkannt, dass nie zuvor versucht worden war, Tatverdächtige mit entsprechenden Täterbeschreibungen zu vergleichen. Nicht einmal bei den höchst Tatverdächtigen I. und N., die möglicherweise beide eine Uniform getragen haben könnten und gesehen worden waren, fehlte die genaue Festlegung, welcher von beiden im Haus gewesen war oder draußen Wache gehalten hatte. Jeder hätte unter diesen Umständen sagen können, draußen und nicht an dem Blutbad im Inneren des Hauses beteiligt gewesen zu sein. Bei einer Gerichtsverhandlung hätte dieser Punkt besondere Berücksichtigung und Aufarbeitung finden müssen.

Weiteres Material aus Frankreich, das dem Landeskriminalamt 1966 zur Verfügung gestellt wurde, brachte die Ermittler auch keinen Schritt weiter.

Wladimir I. war offenbar 1957 wieder in seine Heimat zurückgekehrt, Michail N. soll, wie erwähnt, nach Kanada ausgewandert sein.

Am 31. März 1986 wurde der Fall wegen Verjährung eingestellt, und somit die Täter nie gefunden. Ein brutales Verbrechen blieb ungesühnt, offenbar, da damals das Zusammenspiel von mehreren beteiligten Behörden, insbesondere unmittelbar nach der Tat, im Nachkriegsdeutschland nicht funktioniert hat.

DER TOD EINES AMERIKANISCHEN PILOTEN IN PREIST

Es war der 15. August 1944. Ein viermotoriger amerikanischer Bomber, Typ »Liberator« (consolidated B – 24M-20-CO) überflog die Eifel und begann nahe dem Ort Preist, im heutigen Eifelkreis Bitburg-Prüm, Verbandsgemeinde Speicher, aus unerklärlichen Gründen zu brennen. Da vom Boden aus kein Angriff erfolgt war, konnte nur ein technischer Defekt die Ursache sein, der drei amerikanische Soldaten dazu zwang, vor einem unvermeidbaren Absturz mit den Fallschirmen das immer heftiger qualmende Flugzeug zu verlassen. Alle konnten rechtzeitig die Reißleinen ihrer Fallschirme ziehen. Zwei von ihnen gelang es, sicher und unversehrt den Boden zu erreichen. Die tatsächliche Ursache für diesen dramatischen Zwischenfall wurde nie geklärt. Kurz vor dem Aufprall auf freiem Feld stand das Flugzeug in vollen Flammen. Es blieb kaum etwas davon übrig.

Einer der amerikanischen Soldaten allerdings konnte einem großen Baum, der mitten auf einem Getreidefeld stand, nicht mehr ausweichen. Die Leinen des Schirms verfingen sich in den Ästen, sodass der Abgestürzte nicht den Boden erreichen konnte. Selbst war er nicht in der Lage, sich zu befreien. Zu dicht war das Leinengewirr. Zwei deutsche Soldaten eilten ihm zu Hilfe und befreiten ihn unverletzt aus seiner misslichen Lage.

Vor dem Absturz hatten von unten zahlreiche Menschen die heikle Situation in der Luft beobachtet und schon damit gerechnet, dass das gewaltige Flugzeug irgendwo in der Nähe aufprallen würde.

Zur gleichen Zeit rottete sich im nahegelegenen Ort Preist eine Menschenmenge zusammen, die zu der unfreiwilligen Landestelle eilte. Ihr Anführer war ein Peter Back, der offensichtlich gehbehindert war. Mit einem Motorrad fuhr er vor den anderen her, die ihm aufgebracht folgten. Aus seinen Bewegungen und der körperlichen Haltung ergab sich eine gewisse Ähnlichkeit zu Joseph Goebbels.

Bei Back handelte es sich um den Nazi-Führer des Ortes Preist, der Goebbels als großes Vorbild ansah und diesem streng und unabweichbar folgte. Natürlich war Back die besondere Einstellung seines Vorbilds zu amerikanischen Fliegern bekannt, der sie stets als »Luft-Hunnen« beschrieb. Daher konnte Back seine Einstellung angesichts des Absturzes Preist nicht unterdrücken und bemerkte: »Es wird viel zu viel verlangt von uns, dass wir nach der deutschen Polizei rufen, um diese Mörder von dem Schicksal, das sie verdienen, zu schützen.«

Back stand unerschütterlich hinter seiner Einstellung. Das ließ nichts Gutes erahnen, als er sich zusammen mit der ihm folgenden, grölenden Meute dem Bereich der unfreiwilligen Landung der amerikanischen Flieger näherte.

Ohne jegliche Ankündigung, Vorwarnung oder auch verteidigungsmäßiger Notwendigkeit schoss Back zweimal auf den in der Zwischenzeit aus der Baumkrone befreiten amerikanischen Piloten. Zweimal gelang es diesem, von den Projektilen getroffen, wieder aufzustehen, um den Soldaten, die sie in Obhut nehmen wollten, zu folgen. Aber damit waren die Attacken noch nicht beendet. Ein anderer Deutscher aus der tobenden Menge, sein Name war Kohn, nahm, offenbar angestachelt von den anderen, die Gelegenheit wahr, ohne jegliche Veranlassung auf den von den Schusswunden geschwächten und keinen Widerstand leistenden Amerikaner einzuknüppeln. Von den schmerzhaften Hieben getroffen, stolperte das Opfer und schlug mit dem Gesicht auf den Boden. Auch ein weiterer Deutscher namens Gierens beteiligte sich an den hasserfüllten Angriffen mit einem schweren Steinhammer, den er in das Gesicht des Amerikaners schlug. Der vierte Deutsche, Krein, dem eigentlich die Bürgerwehr-Verantwortung übertragen war, Gefangene zu bewachen und für ihre Unversehrtheit zu sorgen, stand hingegen teilnahmslos daneben und unterließ jeden Versuch, in das unrechtmäßige Vorgehen einzugreifen. Somit traf ihn dennoch eine Mittäterschaft durch Unterlassen.

Der Amerikaner war zwischenzeitlich durch die Angriffe so schwer verletzt, dass es ihm nicht mehr gelang, sich vom Boden zu erheben. Er blieb ohne jegliche Hilfe und Versorgung dort liegen. Es ist nicht bekannt, wie lange er dort noch leiden musste. Später wurde sein Körper an dieser Stelle tot aufgefunden und geborgen.

Ein Veteran aus dem Ersten Weltkrieg, dem bekannt war, dass mit Kriegsgefangenen in menschlicher Weise umgegangen werden musste, sprach Back an, dem das ganze unmenschliche Verhalten angelastet werden musste. Dieser aber äußerte sich abfällig zu diesem Einwand und spottete in niedrigster Art und Weise weiter. Er antwortete dem Altgedienten, dass diesem ja freistehe, den Toten zu begraben und eine Vergissmeinnicht-Pflanze auf seinem Grab einzusetzen.

Wegen des illegalen und gegen die Menschlichkeit gerichteten Vorgehens gegenüber feindlichen Gefangenen eröffnete am 1. Juni 1945 eine militärische Kommission der Amerikaner ein Verfahren gegen die Verantwortlichen Peter Kohn, Matthias Gierens und Matthias Krein. Weil Peter Back nach den Ereignissen nicht mehr auffindbar war und erst am 6. Juni gefasst werden konnte, wurde sein Verfahren einige Tage später eröffnet und endete am 16. Juni.

Im Verhandlungssaal in Ahrweiler, dem Ort wo sich auch das Hauptquartier der amerikanischen Besatzungszone befand, war alles für den Prozess gegen Kohn, Gierens und Krein vorbereitet. Der Saal befand sich in dem alten Gebäude der heutigen Kreisverwaltung in der Wilhelmstraße. Fotos zeigen die noch heute existierenden bleiverglasten Fensterscheiben. Die Wände waren mit amerikanischen Flaggen geschmückt, um der hier tätig werdenden Gerichtsbarkeit Ausdruck zu verleihen.

Auf einem Tisch waren Ausrüstungsgegenstände des getöteten amerikanischen Piloten, wie Fluganzug, Erkennungsmarke, Identifikationsmarke, Fliegerstiefel und andere Gegenstände, die mit dem Opfer in Verbindung standen, abgelegt.

Die zur Rechtsfindung berufene Kommission wurde nach Leutnant General Gerow der 15. Armee benannt. Die Anklage erfolgte durch Captain Milton J. Mehl und Major Theodore K. Irwing.

Der Kommission gehörten an: die Colonels Horace Woodward, L. Holmes Ginn, Louis J. Compton, Russel Paterson, Robert A. Schow, Charles H. Bryan, Leutnant Colonel George Hecker, Major Arnold Davis.

Hauptbestandteile der Anklage waren die Vergehen gegen die zehn Gebote, die Gesetze des Anstands, die Gesetze und Sitten des Krieges und die Regelungen der Nazi-Deutschen zur Behandlung von Gefangenen.

Zur Verteidigung in diesem Prozess war Dr. Franz Mehn bestellt.

Am ersten Verhandlungstag zeigte sich der Angeklagte Krein hilfsbereit und half seinem Verteidiger sogar in seine Robe. Obwohl sich beide zuvor nie gesehen oder auch nur ein Wort gewechselt hatten, war der Verteidiger engagiert und muss sein Bestes gegeben haben. Der Armee-Vertreter war Major Richard Becker, der sich kurz vor Verhandlungsbeginn mit Dr. Mehn in Verbindung gesetzt hatte. Auch ein Dolmetscher war zugegen, der sich allerdings sehr nervös gezeigt haben soll.

Zunächst wurden die Angeklagten Kohn, Gierens und Krein von ihren Verteidigern zu dem Tathergang befragt. Der Pflichtverteidiger, der das Handeln seiner Mandanten nicht billigte und auch deswegen große Abscheu empfand, gab diese Einstellung verbal deutlich zu erkennen.

Peter Kohn soll vor Prozessbeginn vor Aufregung heftig gezittert, Matthias Gieren sogar bitterlich geweint haben.

Weil alle Angeklagten katholisch waren, wurde auch Pfarrer Johann Delge aus Auw zu der Verhandlung gebeten. Dieser informierte Dr. Mehn, dass Verwandte von Gierens als geisteskrank bekannt seien. Dem Angeklagten sei aber in dieser Hinsicht nichts nachzusagen.

Neun Zeugen aus Preist waren vorgeladen, die die Vorkommnisse aus nächster Nähe beobachtet haben sollen.

Die Verhandlungsdauer war für einen Tag vorgesehen. Während der Mittagspause wurden die Angeklagten mit dem gleichen LKW, mit dem sie aus dem Rheinbacher Gefängnis hertransportiert worden waren, zum Essen in das MP-Hauptquartier gebracht.

Am frühen Nachmittag wurde die Verhandlung fortgesetzt.

Zur Verteidigung von Kohn führte der Verteidiger Dr. Mehn an, dass die Zeit bei der Wehrmacht seinem Mandanten die Nerven zerstört habe und ihm der Verlust des linken Arms an der russischen Front ein unbeschwertes und sorgenfreies Leben nicht mehr ermöglichte. Aus diesem Grund dürfe ihm die Tat in Preist nicht angelastet werden.

Bei Gierens führte er an, dass diesem, von seiner geistigen Verantwortung geleitet, eine verminderte Schuldfähigkeit anzurechnen sei.

Allein bei Krein konnte die Verteidigung einen Einfluss auf den späteren Urteilsspruch geltend machen. Als Krein den Versuch unternahm, schwerere Eingriffe auf den Piloten durch die anderen aufzuhalten oder zu verhindern, griff Back ein, um ihn davon abzuhalten. Dieser persönliche, schlichtende Einsatz wurde dem Angeklagten Krein zugutegehalten und fand Berücksichtigung bei der späteren Strafzumessung.

Da die Rechtslage eindeutig war und die Zeugen übereinstimmend keinen Zweifel an den verhängnisvollen Vorgängen ließen, zog sich die Kommission zur Beratung zurück.

Einige Zeit später stand das Urteil fest, wurde aber nicht verkündet, sondern noch geheim gehalten. Um sicher zu gehen, dass bei der Wahrheitsfindung alles berücksichtigt wurde, sollte General Gerow nochmals eingehend alle Fakten, Aussagen und Protokolle überprüfen.

So kam es schließlich zu dem Urteilsspruch, dass Kohn und Gierens zum Tode verurteilt wurden. Bei Krein wurde die mindere Beteiligung und der Versuch, weiteres Unheil zu verhindern, berücksichtigt, so dass für diesen das Urteil »lebenslang« lautete.

Nach Peter Back, dem Anstifter und eigentlichen Verantwortlichen der grausamen Übergriffe am 15. August 1944 wurde zu diesem Zeitpunkt noch gefahndet. Aber nachdem die amerikanische Armee in aller Eile Handzettel an die Bevölkerung verteilt hatte, kam es bald zu seiner Festnahme und der Prozesseröffnung. Sein Verteidiger war ebenfalls Rechtsanwalt Dr. Mehn.

Weil die Beweislage in diesem Fall ebenso eindeutig war, konnte auch gegen Peter Back schnell ein Urteil gefunden werden. Gegen ihn sollte nicht nur wegen der Beteiligung, sondern auch wegen seiner führenden Initiative und eigener verbrecherischer Vorgehensweise gegen den amerikanischen Flieger bei Preist erwartungsgemäß die Todesstrafe verkündet werden.

Der Tag, an dem die Urteile vollstreckt werden sollten, war der 29. Juni 1945. Alle Vorbereitungen für die Umsetzung waren von der Gefängnisverwaltung in Rheinbach vorgenommen und abgeschlossen worden.

Es war 5 Uhr morgens, die Sonne ging zu dieser Jahreszeit schon auf, als der zweiunddreißig-jährige Kranführer Kohn, Vater von vier Kindern und einem weiteren ungeborenen, das seinen Vater niemals von Angesicht zu Angesicht sehen würde, zur Vollstreckung geführt wurde. Er war der Täter, der dem amerikanischen Flieger wiederholt auf den Kopf geschlagen und ihm dadurch schwerste Verletzungen beigefügt hatte. Es war Kohn anzusehen, dass er sich mit dem zu erwartenden Schicksal abgefunden hatte.

Zuerst wurde die Schlinge an seinen Hals angepasst., um einen schnellen und leidenslosen Tod herbeizuführen. Diese Maßnahme war bei jedem wegen der unterschiedlichen Körperformen erforderlich. Er äußerte sich letztmalig und drückte den Wunsch aus, dass Gott der amerikanischen Armee die Kraft gebe, seiner Frau und seinen Kindern nach seinem Ableben nicht weiter zu schaden. Er hoffte, dass seine Untat mit seiner Hinrichtung gesühnt sei. Nach der katholischen Segnung bat Kohn mit lauten und verständlichen Worten, dass Gott Erbarmen mit ihm habe. Nach fünfzehn Minuten war für ihn alles überstanden.

Um 5.45 Uhr wurde der siebenunddreißigjährige Gierens zum Galgen geführt. Er hatte drei Kinder, war zuvor als Bahnarbeiter tätig gewesen und verrichtete im Nazi-Labor-Corps seine Dienste. Später wurde er schließlich dazu abkommandiert, beim Reichsarbeitsdienst Festungen, Bunker und sichere, militärische Unterkünfte zu bauen. Er war derjenige, der mit dem Steinhammer auf sein amerikanisches Opfer eingeschlagen hatte.

Auch er schien sich mit seiner Bestimmung abgefunden zu haben, so dass er wortlos die dreizehn Stufen zu seiner Hinrichtungsstätte emporstieg. Als er dort angelangt war, bat er darum, seiner Frau noch zwei von ihm verfasste Briefe übergeben zu dürfen.

Danach wurde ihm die schwarze Kapuze über den Kopf gestülpt. Sein Ende stand kurz bevor. So stand regungslos auf der Falltür, die sich beim Betätigen durch den Henker nach unten öffnen und sofort die Strangulierung vollziehen würde. Es war damals Vorschrift, dass Delinquenten nach der totbringenden Maßnahme noch fünfzehn Minuten am Strick hängend verbleiben mussten. Es sollte sichergestellt sein, dass der Tod tatsächlich eingetreten war. In der Vergangenheit war es nämlich wiederholt vorgekommen, dass der Tod nicht durch einen Genickbruch hervorgerufen wurde. Darum musste das Ableben durch das anschließende fünfzehnminütige Hängen schließlich durch Ersticken eintreten. Diese letzte Viertelstunde bedeutete für den Betroffenen immer einen qualvollen Todeskampf. Um diesen, der mit Zucken und krampfhaften Bewegen aller Gliedmaßen und mit Versuchen, den Strick zu lockern, einhergehen konnte, der Öffentlichkeit zu ersparen, wurden Gehängte für diese Zeit mit einem Segeltuch-Vorhang verdeckt. Bei Gierens war dieser verlängerte Todeskampf tatsächlich eingetreten. Nach Öffnen der Falltür und der Einleitung des eigentlichen Hinrichtungsvorgangs, des Genickbruchs, schlug sein Herz noch weiter, der Tod trat erst später ein. Das veranlasste einen anwesenden amerikanischen Soldaten zu der Aussage, dass einige dieser verdammten Deutschen schwer kaputt zu kriegen seien.

Nachdem bei Gierens der Tod festgestellt worden war, wurde er in einem alten Matratzenbezug eingehüllt und von Gefängnisbediensteten weggetragen.

Zuletzt wurde Peter Back, der eigentliche Initiator und Auslöser der Attacke auf den amerikamischen Flieger, zur Vollstreckung geführt. Sein Gang dorthin war langsam und schwerfällig, zögerlich und verhalten. Die MPs waren kurz davor, ihn zu tragen. Während seiner letzten Schritte äußerte er die Sorge, ob die amerikanische Gewalt auch noch seine Familie zur Rechenschaft ziehen und leiden lassen würde. Da nach dem amerikanischen Rechtssystem nur unmittelbare Täter und an einer Tat beteiligte Personen zur Rechenschaft gezogen werden konnten, antwortete einer der beiden begleitenden MPs mit einem einfachen und kurzen »Nein«. Diese Antwort beruhigte offenbar den Vorgeführten. Dann erklärte er, dass er die amerikanische Armee und Armeeverwaltung respektiere. Er führte aber noch den Wunsch an, dass er nach seinem Tod feierlich aufgebahrt werde wolle. Es ist davon auszugehen, dass er seiner Gefolgschaft von Preist, deren Nazi-Führer er lange gewesen war, letztmalig ein kleines Erinnerungsdenkmal setzen wollte.

Bevor auch ihm erst die Schlinge am Hals angepasst wurde, erhielt Peter Back den letzten Segen des Priesters. Dieser kniete vor ihm und sprach ein kurzes Gebet, bevor dann die schwarze Kapuze über den Kopf des Verurteilten gestülpt wurde. Der gewaltige Henkersknoten über dem Kopf des Verurteilten ließ keinen Zweifel mehr daran, dass das Ende bevorstand, es kein Zurück mehr gab. Mit gedämpfter Stimme, die durch die Kapuze hervorgerufen wurde, rief Back zum letzten Mal: »Lebt wohl, Katharina, Angela und Ursula!« Damit meinte er seine Frau und seine beiden Töchter, von denen er sich verabschiedete. Dann folgten noch drei Worte: »Jesus, nimm mich!«

Die offiziellen Zeugen nahmen stets an den Hinrichtungen teil und mussten auch die fünfzehn Minuten danach im Hof des Gefängnisses in Rheinbach verbleiben.

Er war kurz nach 7 Uhr an diesem Morgen des 29. Juni 1945. Die letzte Vollstreckung an diesem Tag hatte den Henker so mitgenommen, dass dieser zu weinen begann.

An der schwarzen Kapuze des zuletzt gehängten war ein Loch in Höhe der Stirn herausgeschnitten worden, damit der Priester nach katholischem Brauch die letzte Ölung vornehmen konnte. Es sollte ihm nicht zugemutet werden, das Gesicht des Toten nochmals zu sehen, weil es erfahrungsgemäß völlig entstellt und verfärbt war.

Zur absoluten Sicherheit, dass der Tod des Gehängten tatsächlich eingetreten war, musste zusätzlich eine medizinische Untersuchung erfolgen. Diese wurde noch an Ort und Stelle durchgeführt, aber zur Wahrung der Persönlichkeitsrechte unter Ausschluss der Öffentlichkeit. Die Blicke wurden dafür wieder durch einen Vorhang abgehalten.

Damit war der Teil der für die Hinrichtung und Todesfeststellung bestimmten Stellen beendet. Für die Bestattung mussten die Familien sorgen. Auch bei Back wurde ein alter Matratzenbezug verwendet, um den Leichnam der Familie zu übergeben.

Um 7.19 Uhr des 29. Juni 1945 war die Ahndung des Mordes an dem amerikanischen Piloten abgeschlossen.

Ein amerikanischer Liberator-Bomber.

Das alte Kreishaus Ahrweiler,
der Verhandlungsort im Fall Preist.

GANOVENRACHE

Es war Freitag, der 4. März 1966, als zwischen Eupen und Ternell nur wenige Meter neben der Monschauer Straße ein Sportflugzeug in einem Waldgebiet abstürzte. Dabei wurde eine weibliche Person getötet. Der Pilot und sein Sohn kamen mit dem Leben davon und wurden nur leicht verletzt geborgen. Schon eine Zeitlang vor dem Absturz fiel das Flugzeug zahlreichen Menschen auf, wie es im Tiefflug über der späteren Absturzstelle kreiste. Wie sich herausstellte, hatte der Pilot wegen eines technischen Defekts Probleme und suchte daher eine geeignete Stelle für eine Notlandung. Schnell sammelten sich nach dem Absturz viele Schaulustige am Unglücksort. Kurze Zeit später wurde diese Stelle für weitere Untersuchungen von Gendarmen gesichert und Schaulustige in einem bestimmten Abstand zurückgehalten.

Nicht weit davon entfernt, nördlich der Monschauer Straße in Höhe des Kilometersteins 5.6, fand zwei Tage später, am Sonntag den 6. März, ein Eupener Bürger namens Schmitz einen Filzhut, der durch und durch mit Blut getränkt war. Der Finder blickte sich suchend um und sah keine zwanzig Meter entfernt eine Person, die auf dem Boden lag. Langsam ging er näher heran und stellte fest, dass diese tot war. Es handelte sich um einen männlichen Körper, der völlig unbekleidet war. Lange konnte dieser dort noch nicht gelegen haben, denn es zeigten sich keinerlei Verwesungsspuren. Der gesamte Kopf und somit auch das Gesicht des Toten waren nur noch eine einzige blutige Masse und offenbar mit großer Gewalt bis zur Unkenntlichkeit zerstört und verstümmelt worden.

Der erschütterte Zeuge nahm die Gelegenheit wahr und lief die wenigen hundert Meter zu den Gendarmen, die noch den Absturzbereich des vor zwei Tagen abgestürzten Sportflugzeuges bewachten, und berichtete diesen von seinem grausigen Fund.

Nach kurzer Inaugenscheinnahme des Fundortes und der Leiche informierten die hinzugerufenen Polizeikräfte die Staatsanwaltschaft und die Mordkommission von Verviers. Nur kurze Zeit später trafen sie ein. Der leitende Beamte stellte anhand des eingenähten Etiketts in dem blutdurchtränkten Hut fest, dass dieser nur dem Toten zugeordnet werden konnte. Da die Kopfbedeckung aus einer deutschen Manufaktur in Hannover stammte, schaltete er gleich die Kriminalpolizei-Dienststellen von Aachen, Monschau und Schleiden ein. Denn es sprach alles dafür, dass das Opfer aus Deutschland stammte.

Das Absuchen und die Begutachtung des Umfelds rund um die Fundstelle brachten frische Spuren von Autoreifen und unterschiedliche Schuhabdrücke von mehreren Personen zutage. Zur Beweisführung wurden diese sofort gesichert. Die gesamte Spurenlage sprach dafür, dass die beteiligten Personen es sehr eilig hatten. Sie entledigten sich der Leiche unmittelbar neben der Stelle, an der sie ihr Fahrzeug anhielten, also direkt am Straßenrand, ohne sich die Mühe zu machen, diese weiter in den Wald hineinzubringen. Das hätte jedenfalls mit Sicherheit zur Folge gehabt, dass die Leiche in dem dichten Unterholz erst viel später, wenn nicht sogar nur noch eines Tages das Skelett zufällig gefunden worden wäre. Während der oder die Täter sämtliche Kleidungsstücke des Opfers mitgenommen hatten, war der Hut offenbar übersehen worden und nahe der Leiche liegen geblieben.

Nach Sicherung aller Spuren wurde das Opfer in die Eupener Friedhofshalle gebracht, wo der Gerichtsarzt, Dr. Lambert, die Obduktion durchführte. Diese ließ zwar keinen Hinweis auf die Identität des Opfers zu, aber wenigstens konnte die genaue Todesursache festgestellt werden. Die unbekannte männliche Person wurde demnach durch einen aufgesetzten Genickschuss mit einer

Faustfeuerwaffe getötet. Offenbar zur Erschwerung der Identifizierung war das Gesicht mit einer Axt oder einem ähnlich massiven Gegenstand brutal zerschlagen worden. Danach wurde es noch zusätzlich mit Salzsäure übergossen. Die Mitnahme aller Kleidungsstücke, die bei Fahndungen häufig beschrieben werden und bei der Identifizierung hilfreich sind, sollte offenbar eine Zuordnung des Toten verhindern, zumindest erschweren und somit den Tätern einen zeitlichen Vorsprung einräumen.

Am Dienstag, dem 8. März 1966, waren die Ermittlungen bereits so weit fortgeschritten, dass die Eupener Zeitung *Grenz-Echo* Folgendes mitteilen konnte:

»Heute kann mit Sicherheit gesagt werden, dass der Unbekannte an der Fundstelle ermordet wurde (…) Das Alter des Mannes wird auf 30 bis 40 Jahre geschätzt. Er ist 1,78 m groß. Dies sind die einzigen Angaben, über welche die Kriminalpolizei gegenwärtig verfügt. Das ist natürlich sehr wenig. Zunächst stellt sich die Frage, aus welcher Richtung die Täter mit ihrem Opfer an die Mordstelle gelangten. Kamen sie über die Grenze, wie man geneigt ist, anzunehmen? Sind sie an einer offiziellen Grenzübergangsstelle vorbeigefahren oder haben sie einen Seitenweg benutzt, um die Grenzkontrolle zu vermeiden? Die Kriminalpolizei neigt mehr und mehr zu der Annahme, dass es sich bei dem Mord um eine Abrechnung zwischen Verbrechern von jenseits der Grenze handelt, was natürlich nicht ausschließt, dass mehrere andere Hypothesen aufgestellt werden können. Man braucht kein begeisterter Leser moderner Kriminal- oder Spionageromane zu sein, um auch die Möglichkeit eines politischen Mordes oder der Liquidierung eines unbequem gewordenen Agenten in Erwägung zu ziehen. Dies ist vielleicht etwas weit gegriffen, aber die mit der Untersuchung des Falles beauftragten Beamten dürfen grundsätzlich keine Möglichkeit ausschließen. Dass die Kriminalpolizei dies- und jenseits der Grenzen fieberhaft arbeitet, um zunächst einmal die Identität des Ermordeten festzustellen und seine Mörder zu finden, ist selbstverständlich. Die ganze Umgebung der Mordstelle wurde abgesucht, um eventuell ein oder sogar mehrere Kleidungsstücke zu finden. Bisher allerdings vergebens.«

Die hervorragende Arbeit der Kriminalpolizei unter der Leitung von Kriminalhauptkommissar Demez führte dazu, dass bereits zwei Wochen später zwei mutmaßliche Täter festgenommen werden konnten. Sahen sich die Ermittler anfänglich vor große Probleme gestellt, da die Täter durch die Entstellung des Kopfes ihres Opfers eine Identifizierung verhindern wollten, kam man durch andere kriminaltechnische Maßnahmen in dem Fall weiter.

Der blutige Hut mit dem Etikett einer Manufaktur in Hannover war zunächst die einzige konkrete Hauptspur, die einen Hinweis auf Deutschland erlaubte. Die Täter hatten nur die anderen Bekleidungsstücke des Opfers mitgenommen und den Hut möglicherweise in der Eile vergessen oder später, vielleicht auch schon zuvor aus ihrem Fahrzeug geworfen. Dieser lag nämlich rund zwanzig Meter von der Leiche entfernt.

Die Täter verstümmelten zwar das Gesicht ihres Opfers, bedachten dabei aber nicht, dass auch Kleinigkeiten wie Fingerabdrücke zu einer Identifizierung beitragen konnten. Die Vermutung lag nahe, dass die von den Tätern mitgeführte Salzsäure nicht für das zusätzliche Entstellen des Gesichtes des Opfers bestimmt war, sondern eben damit die Fingerkuppen zerstört werden sollten. Das wurde offenbar von ihnen versäumt, möglicherweise wegen der Eile, in der sie handeln mussten. Vielleicht näherte sich beim Entledigen der Leiche ein Fahrzeug oder mangels konkreter Absprache der Aufgabenverteilung zwischen den Tätern. Die Identifizierung des Toten konnte dennoch am 15. März 1966 erfolgen.

Das Opfer war der achtundzwanzigjährige Claus Lenzen, wohnhaft in Köln. Er war verheiratet, hatte ein Kind und war von Beruf Anstreicher.

Jetzt hatte die Kripo den ersten konkreten Ansatzpunkt, den sie zur Klärung des Falls benötigte. Der leitende Kriminalbeamte Demez aus Verviers und Inspektor Martin Gehlen aus Eupen begaben sich nach Köln. Von diesem Zeitpunkt an war ihnen klar, dass nur eine enge Zusammenarbeit mit der Kölner Mordkommission und Staatsanwaltschaft zu einem für alle Seiten erfolgversprechenden Ergebnis führen konnte.

Demez überbrachte der achtzehnjährigen Frau Lenzen die traurige Nachricht vom Tod ihres Mannes. Sie war zutiefst geschockt und konnte sich verständlicherweise erst nicht beruhigen. Später befragte Demez sie zu Bekannten und Menschen aus dem allgemeinen Umfeld des Opfers. Spontan konnte sie zwei Namen nennen, Franz Neurohr und Rudolf Schmitz.

Damit wurde eine vielversprechende Ermittlungsmaschinerie in Gang gesetzt. Das Hauptaugenmerk der weiteren kriminalistischen Arbeiten lag nun auf diesen beiden Personen.

Es kam zutage, dass Franz Neurohr eine schlimme Kindheit gehabt haben soll. Nach der Verhaftung seines Vaters durch die Gestapo, hatte sich seine Mutter scheiden lassen. Im Alter von drei Jahren war Neurohr deshalb in einem Heim untergebracht worden. Später begann er eine Schlosserlehre, wurde aber zu diesem Zeitpunkt schon straffällig. Mehrere Diebstähle hatten ihn für sechs Monate in ein Jugendgefängnis gebracht. Nach seiner Entlassung hatte er sich als Fremdenlegionär in Indochina und Nordafrika verpflichtet. Diese Tätigkeit in Kriegsgebieten konnte nicht gerade seine Einstellung gegenüber Menschen fördern, sondern eher zu seiner Entmenschlichung und Rohheit beitragen.

Nach seiner Rückkehr heiratete er und wurde Vater von drei Kindern. Die Fürsorge seiner Familie trug nicht dazu bei, dass er sich für ein geregeltes Leben entschied. Immer wieder beging Neurohr Straftaten, hatte ständig mit der Polizei zu tun, stand häufig vor Gerichten.

Während eines seiner zahlreichen Gefängnisaufenthalte lernte er in Aachen Rudolf Schmitz kennen. Schnell wurde beiden bewusst, dass sie sich, was das Rechtsempfinden betraf, auf einer Wellenlänge befanden und verabredeten noch zu Haftzeiten, nach ihrer Entlassung »etwas gemeinsam zu machen«.

Als sich beide wieder auf freiem Fuß befanden, fand Neurohr eine Anstellung in der Firma von Schmitz, einem Abschleppunternehmen.

Von nun an stand Neurohr in der Abhängigkeit seines Arbeitgebers, der gleichzeitig sein Wohnungsvermieter war. Dieser Umgang brachte Neurohr immer weiter auf die schiefe Bahn, denn sein zwanzig Jahre älterer Chef hatte ihn fest in der Hand.

Rudolf Schmitz war der Sohn eines Webereibesitzers. Schon früh hatte er durch Betrügereien Bekanntschaft mit der Polizei, der Justiz und diversen Gefängnissen gemacht. Eine zeitlang, während des Zweiten Weltkriegs, hatte er bei der Organisation Todt gearbeitet, eine nach militärischem Vorbild organisierte Bautruppe für den Festungs- und Bunkerbau. Seine spätere, eigene Unternehmensgründung endete in der Insolvenz. Seinen Lebensunterhalt hatte er danach als Versicherungsagent bestritten, gefolgt von zahlreichen Gelegenheitsbeschäftigungen. Die Geschäfte, die er in dieser Branche machte, waren allerdings durchweg unkorrekt und unsauber.

Dann startete er erneut eine Firmengründung. In Rösrath-Rambrücken, in der Nähe von Köln auf rechtsrheinischer Seite, eröffnete er eine Autoreparaturwerkstatt mit dazugehörigem Abschleppdienst. Aber sein unseriöses und undurchsichtiges Geschäftsgebaren brachten ihm bald einen schlechten Ruf ein, sodass er wegen der ausbleibenden Aufträge wieder in eine finanzielle Schieflage geriet. Zunehmender Ärger mit den Behörden war die Folge.

Um wieder schneller Aufträge zu kommen, unterhielt Schmitz auf der Autobahn ständig einen mit Funk ausgerüsteten Wagen, um bei Pannen vor allen anderen Unternehmen gleicher Art als Erster seine Dienste anbieten zu können.

Später stellte sich heraus, dass er das Abschleppunternehmen nur zum Schein führte, weil er weitere verbrecherische Aktionen beabsichtigte. Da das für ihn aber nicht allein zu bewältigen war, benötigte er »Mitarbeiter«. Neben Franz Neurohr waren noch zwei weitere Personen in diesem kriminellen Verbund, der zahlreiche Einbrüche, Autodiebstähle und Banküberfälle durchführte.

Eines Tages war Claus Lenzen zur Bande gestoßen. Er war sechsundzwanzig Jahre alt und hatte ein erst siebzehnjähriges Mädchen namens Annerose geheiratet. Wegen des Aufbaus eines eigenen Hausstandes hatten sich beide hoch verschuldet. Schon nach einem Jahr kam ihr erstes Kind zur Welt.

Es dauerte nicht lange, bis Neurohr und Schmitz bei ihnen in der Wohnung erschienen. Annerose empfand die beiden Männer als unsympathisch. Später sagte sie aus, dass sie sogar Angst vor ihnen hatte. Immer wieder tauchten sie abends in der Wohnung auf und holten ihren Mann ab. Manchmal dauerte es bis in die frühen Morgenstunden, bis er wieder zurückkehrte. Besonders beunruhigte Annerose, dass sie nicht wusste, was er und die beiden anderen Männer in dieser Zeit machten. Claus sprach nicht darüber. Annerose hatte häufiger vergeblich versucht, ihren Mann davon zu überzeugen, diesen zweifelhaften Umgang abzubrechen.

Aber die finanzielle Lage des jungen Paares wurde immer auswegloser. Claus konnte seiner Frau nur so wenig Geld geben, dass die Raten für den erworbenen Hausstand kaum noch zu begleichen waren. Es kam sogar so weit, dass sie manchmal mit dem Kind zu ihrer Mutter zum Essen ging, damit sie nicht Hunger leiden mussten.

Wieder einmal, was die besorgte Annerose aber nicht wissen konnte, befand sich die Bande auf einem nächtlichen Raubzug. Dieses Mal hatten sie es auf die Wohnung des Bauunternehmers Jakob N. in Köln-Bickendorf abgesehen. Lenzen war bei diesem vor längerer Zeit einige Monate beschäftigt gewesen. Da sich der Bauunternehmer ihm gegenüber immer als guter und gerechter Chef gezeigt hatte, beschlich Lenzen ein ungutes Gefühl, nun mit den anderen zusammen diese verbrecherische Tat zu begehen. Als Schmitz Lenzens Zurückhaltung während der Tatausführung bemerkte, drohte er ihm mit empfindlichen Konsequenzen und zwang ihn dadurch weiter mitzumachen.

Aber Gewissensbisse trieben Lenzen einige Tage später zu Jakob N. In einem vertraulichen Gespräch unter vier Augen erwähnte er den Einbruch, und dass er mehr darüber wisse. Er sei nicht der eigentliche Einbrecher gewesen, beteuerte er, und habe nur draußen Schmiere gestanden. Er teilte N. mit, dass die anderen Mittäter ihm jetzt misstrauten und in der Lage wären, ihn als Mitwisser zu töten. N. riet Lenzen, zur Polizei zu gehen und alles aufzudecken.

Nun saß Lenzen sinnbildlich zwischen zwei Stühlen. Einerseits fürchtete er um sein Leben, gleichzeitig brachte er es aber nicht fertig, die anderen, die er als Freunde bezeichnete, auffliegen zu lassen. Er nahm daher davon Abstand, zur Polizei zu gehen.

Schmitz, der Anfang des Jahres 1966 wieder einmal dringend Geld benötigte, plante den finanzkräftigen Exportkaufmann Busch, einen alten Bekannten, zu ermorden. Er hatte auch schon eine bestimmte Vorstellung, wie er das Verbrechen durchführen wollte und besprach das Vorhaben mit seinen Komplizen. Busch sollte in einen Wohnwagen gelockt werden. Dort wollte Schmitz ihn unter Zwang einige Schecks einer Schweizer Bank unterschreiben lassen. Während Schmitz diese auf der Bank einlösen wollte, sollten die anderen ihn festhalten und die vorzeitige Flucht des Opfers verhindern. Nach der Rückkehr sollte Busch erschossen werden, damit er sie nicht identifizieren konnte.

Es war geplant, das Gesicht des Opfers zuerst mit einem Spaten zu zerschlagen und dann zusätzlich mit Salzsäure zu übergießen. Dann sollte die Leiche in einer Grube verscharrt werden.

Allerdings kam es nicht zur Ausführung dieses brutalen Plans, da Unvorhergesehenes dazwischenkam.

Lenzen war dadurch aber klar geworden, dass Schmitz nicht davor zurückschreckte, für seinen Vorteil bedenkenlos Menschenleben zu opfern.

Eines Tages hatten Schmitz, Neurohr und Lenzen den Plan, die Sparkasse in Marmagen bei Nettersheim zu überfallen. Vorher hatten sie ein Auto gestohlen, um zum vorgesehenen Tatort zu gelangen. Als sich die drei bereits in dem Eifelort befanden, brachen sie plötzlich ihr Vorhaben ab, weil sie glaubten, beobachtet zu werden.

Lenzen war allerdings fest von dem Erfolg des Überfalls ausgegangen, denn auch er benötigte wieder dringend Geld, das er auch schon verplant hatte. Darum schlug er vor, noch am selben Tag in Kesternich eine Bäckerei zu überfallen. Er wollte die Verkäuferin niederschlagen und das Geld aus der Kasse mitnehmen. Aber Neurohr fand diesen Plan zu gefährlich. Lenzen gab daraufhin unmissverständlich zu verstehen: »Wenn ich hereinfalle und gefasst werde, seid ihrmit dran!« Dann steckte er den gestohlenen Wagen auf einem Seitenweg in Brand, um ihre Spuren zu verwischen.

Neurohr zweifelte an Lenzens Verhalten. Er befürchtete, dass er »weich« werden könnte. Würde er aus dem gemeinsamen kriminellen Verbund aussteigen, bestünde die Gefahr, dass er die anderen schon bald als Mitwisser zahlreicher Straftaten bei der Polizei verraten könnte. Dieses Risiko wollte und konnte er nicht eingehen und entwickelte einen Plan. Lenzen musste in einfachster Weise verschwinden. Er sollte sterben.

Dann besprach er mit Schmitz seine Bedenken und die Einzelheiten des weiteren Vorgehens. Beide dachten daran, den möglichen Verräter nach Belgien zu locken und dort umzubringen. Pistole, Salzsäure und Spaten waren die Utensilien, die zur Tatausführung erforderlich waren.

In ruhiger und harmloser Art sprach Schmitz den nichtsahnenden »Todeskandidaten« an und erklärte ihm, dass sie gemeinsam in Belgien ein »großes Ding« drehen wollten. Er stellte in Aussicht, dass die ständigen Geldprobleme endlich einmal auf Dauer erfolgreich beendet werden könnten. Lenzen erklärte sich bei diesen Aussichten sofort bereit, mitzumachen.

Es war die Nacht vom 3. auf den 4. März 1966, als die drei Gangster in Mützenich oberhalb von Monschau die Grenze nach Belgien passierten. Schmitz fuhr seinen Mercedes, Lenzen saß rechts daneben, Neurohr auf den hinteren Sitzen. Schweigend verlief die Fahrt in Richtung Eupen. In der Höhe von Meyers Kreuz sagte Schmitz, er müsse mal austreten. Das war das mit seinem Komplizen zuvor verabredete Zeichen. Als Neurohr aber zögerte, fragte Schmitz energisch, was denn los sei. Daraufhin schoss Neurohr zwei Kugeln von hinten in Lenzens Nacken und zog über Hut und Kopf ein Nylontuch, denn die Sitze des Wagens sollten vor dem heftig austretenden Blut verschont bleiben. Dann gab er noch einen Schuss von der Seite durch das Tuch in die linke Schläfe ab. Dass die Projektile im Schädel stecken blieben und nicht austraten, lag offenbar daran, dass es sich um ältere, abgelagerte Munition handelte, deren Durchschlagskraft nachgelassen hatte.

Rückwärts fuhr Schmitz dann den Wagen in eine Schneise. Die beiden brutalen Täter schleiften sodann ihr Opfer an den Füßen packend über den Boden an den Waldrand. Lenzen lebte zu diesem Zeitpunkt zwar noch, war aber nicht mehr bei Bewusstsein. Schmitz reichte Neurohr den Spaten. Mit diesem schlug er viermal mit großer Wucht auf Lenzens Kopf ein, sodass dieser vollkommen entstellt wurde. Das Gesicht wurde mit Salzsäure übergossen und so zusätzlich unkenntlich gemacht. Um die Identifizierung anhand der Kleidung unmöglich zu machen, nahmen sie diese mit. Ebenso Papiere, Armbanduhr und Ehering des Opfers.

Nach der Tat fuhren sie mit hoher Geschwindigkeit in Richtung Lüttich davon. Sie beabsichtigten, dort die Kleidungsstücke des Ermordeten in der Maas zu versenken. Da sie aber keine günstige Stelle dafür fanden, sich der verräterischen Beweisstücke zu entledigen, vergruben sie sie später an einer Müllgrube bei Theux. Über Verviers und Eynatten fuhren sie über die Autobahn zurück nach Deutschland. Noch vor dem Grenzübertritt warfen sie aus dem fahrenden Wagen den blutigen Spaten, der auf einer Wiese liegenblieb.

Neurohrs Gesicht wies noch zahlreiche Blutspritzer auf. Diese wusch er sich alsbald an einem Bachlauf ab.

Nach der Ankunft in Rösrath wechselte Schmitz die Reifen seines Autos und war sich sicher, dass dieses Verbrechen perfekt durchdacht und ausgeführt worden war und ihnen nicht nachzuweisen sei.

Als den beiden allerdings am nächsten Morgen der Gedanke kam, dass sie die Leiche nicht vergraben und somit ein zu frühes Entdecken riskiert hätten, fuhren sie nachmittags mit einem Tieflader und einem Spaten nochmals zur Ablagestelle der Leiche zurück. Dort mussten sie feststellen, dass ihnen schon jemand zuvorgekommen war. Der Tote war entdeckt und weggeschafft worden.

An der Flugzeugabsturzstelle bei Ternell hielten sich zu diesem Zeitpunkt immer noch zahlreiche Schaulustige auf. Schmitz und Neurohr fuhren ebenfalls zu dieser Menschenansammlung und stellten ihren Wagen etwas abseits ab. Sie mischten sich unter die Leute und versuchten vorsichtig in Erfahrung zu bringen, ob schon etwas über die Leiche, die unweit gelegen hatte, bekannt geworden war, denn bei derartigen sensationellen Ereignissen wurden erfahrungsgemäß Einzelheiten schnell untereinander ausgetauscht.

Offenbar konnten sie dort nicht die gewünschten Informationen erlangen. Deshalb fuhren sie nach Eupen und kauften französischsprachige Zeitungen, um zu prüfen, ob schon etwas über das Verbrechen berichtet wurde.

Danach hatte es genau zwei Wochen gedauert, bis die beiden Mordkomplizen festgenommen werden konnten. Die wichtigsten Hinweise auf die beiden kamen aus dem nächsten Umfeld des Opfers. Es war die Lenzens Frau, die sie als Verdächtige benannt hatte.

Nach ihrer Festnahme leugneten Schmitz und Neurohr zuerst die gemeinsame Tat, gestanden aber wenig später unter dem Druck der vorliegenden Fahndungsergebnisse, das Verbrechen in Belgien verübt zu haben. Sie hatten in ihre Tat einkalkuliert, dass es der Kriminalpolizei des kleinen Landes Belgien an großer kriminalistischer Erfahrung mangelte und die Ermittlungen bei derart schwerwiegenden Verbrechen weniger effizient sein könnten. Darin hatten sie sich getäuscht, weil eine länderübergreifende Arbeit zu dem Erfolg geführt hatte.

Bei einer Hausdurchsuchung bei Neurohr wurde die Tatwaffe, eine seltene Liberty-Selbstlade-Pistole, Kaliber 6,35 im Hohlraum einer Musiktruhe gefunden. Diese Waffe war den Tätern bei dem Einbruch beim Bauunternehmer Busch in Köln in die Hände gefallen.

Es dauerte insgesamt ein Jahr, bis die Ermittlungen in diesem Kriminalfall erfolgreich abgeschlossen und die Anklageschriften erstellt werden konnten.

Im März 1967 begann der Prozess gegen die beiden mutmaßlichen Mörder Neurohr und Schmitz.

Neurohr vermittelte den Eindruck, dass er nichts mehr zu verlieren habe. Mit leiser, unterdrückter Stimme gestand er alles, was ihm in der Anklageschrift vorgehalten wurde. Er zeigte sich sehr ruhig und beantwortete höflich alle Fragen des Vorsitzenden und der Staatsanwältin.

Schmitz hingegen gab sich sehr locker, selbstsicher, in auffälliger Weise gleichgültig, dennoch siegessicher. Er kehrte selbst in der gegenwärtigen Situation vor Gericht den gerissenen Geschäftsmann heraus und fand auf alle Vorhaltungen eine seiner Ansicht nach passende Antwort. So beteuerte er wiederholt und erstaunt auf den

Vorwurf der Straftaten, dass er von diesen an jenem Tag das erste Mal höre. Besonders entrüstet war er über die Vorwürfe und Anschuldigungen seines Komplizen Neurohr und stellte alles als Märchen und Lügengespinst dar. Selbst bei konkreten und eindeutig zu beantwortenden Fragen erklärte er, dass er diese beim besten Willen im Augenblick nicht beantworten könne, ohne dadurch anderen Leuten Schwierigkeiten zu bereiten.

Der Vorsitzende verwies hingegen auf die Geständnisse bei der Kriminalpolizei, die der Angeklagte ja eigenhändig unterschrieben habe. Auch darauf blieb Schmitz keine Antwort schuldig. Er führte an, bei den polizeilichen Verhören von den Beamten derart »fertiggemacht« worden zu sein, dass er alles unterschrieben habe, was man ihm vorlegte, um endlich in Ruhe gelassen zu werden. Dann steigerte er sich noch in seinen beschuldigenden Aussagen und gab an, dass er in eine sogenannte Schwitzzelle eingesperrt worden sei, um ihn auf diese Weise »weich zu kochen« und geständig zu machen. Bei dieser Anschuldigung fiel Neurohr seinem Mitangeklagten ins Wort und führte an, dass auch er unzählige Male verhört worden sei, aber dabei keine Unregelmäßigkeiten in der Vorgehensweise der diensthabenden Beamten hatte erfahren müssen. Alles sei stets korrekt, nach Recht und Gesetz abgelaufen.

Als Neurohr ihn als Kopf der Bande bezeichnete, wehrte Schmitz ab und schüttelte den Kopf. Er kehrte den Sachverhalt um und behauptete, er selbst sei Neurohrs Opfer gewesen, der ihn in der Hand gehabt hätte. Dieser habe ihn dazu gezwungen, bei den Verbrechen mitzumachen.

Schmitz zeigte sich in seinen Aussagen vor Gericht in Bezug auf seine Verteidigung sehr fantasievoll und ideenreich und präsentierte zu bestimmten Vorgängen bis zu vier verschiedene Versionen. Selbst seine widersprüchlichsten Aussagen verteidigte er voller Überzeugung. Die Behauptung, dass ein Mann wie er überall gute Beziehungen und Verbindungen habe, konnte das Gericht nicht beeindrucken. Als die Staatsanwältin zum Schluss eine lebenslange Zuchthausstrafe forderte, grinste Schmitz, als würde er nicht begreifen, was ihn wirklich nach der Urteilsverkündung erwartete.

Neurohrs Aussagen waren stets korrekt, ohne Widersprüche und geradlinig. Sie stimmten mit den Angaben in den Vernehmungsniederschriften genau überein und wurden von Zeugen bestätigt. Von einem Kölner Kriminalbeamten wurde besonders betont, dass sich Neurohr nach seinem Geständnis als sehr kooperativer Mensch gezeigt, sogar seine Tat bereut habe.

Neurohrs achtundzwanzigjährige Ehefrau war ebenfalls zum Prozess geladen worden und sagte aus, dass sie von den Machenschaften und Verbrechen ihres Mannes überhaupt nichts mitbekommen, nicht mal etwas geahnt habe. Sie stehe aber trotzdem weiter zu ihm, werde sich, ganz gleich welches Urteil gefällt würde, nicht von ihm trennen. Sie betonte, dass er immer gut zu ihr und den drei Kindern gewesen war. Als der Ehemann Franz diese emotionale Aussage vernahm, verbarg er mit hochrotem Kopf sein Gesicht in den Händen.

Erwartungsgemäß wurden beide Angeklagten, Neurohr und Schmitz, wegen gemeinsam begangenen Mordes zu einer lebenslangen Zuchthausstrafe verurteilt. Die bürgerlichen Ehrenrechte wurden ihnen auf Lebenszeit aberkannt.

LITERATUR- UND RECHERCHEHINWEIS

Bonner General-Anzeiger, Tageszeitung für Bonn und Umgebung, 16.11.1945.

Grenz-Echo, einzige deutschsprachige Tageszeitung in Belgien, Eupen: Ausgaben vom 07.03.1966, 08.03.1966, 10.03.1966, 18.03.1966, 21.03.1966, 22.03.1966, 28.03.1066.

Heimatjahrbuch für den Kreis Ahrweiler: 1956, 1994, 1996, 1999.

Kreisjahrbuch Bernkastel-Wittlich, 1998.

Heimatjahrbuch Kreis Daun 1998.

Heimatjahrbuch Kreis Daun-Vulkaneifel, 2012.

Heimatjahrbuch Cochem-Zell, 2012.

Können, Anton, Historische Kriminalfälle in der Nordeifel, Sutton Verlag, Erfurt, 2012.

Kranz, Gisbert; Morde im Wald, HELIOS Verlag, Aachen, 2002.

Pitzen, Hubert, Fluch der bösen Tat, HELIOS Verlag, Aachen 1997.

Bürger, Udo, Rheinische Unterwelt, Emons-Verlag, Köln, 1997.

Müller, Helmut, Der Stumpfarm – ein Wilderer, Streuner und Mörder, Mannebach 2008

Schmitt, Günther, Redakteur Bonner General-Anzeiger, Redaktionsbüro Rhein-Ahr in Bad Neuenahr-Ahrweiler.

Zeitschrift des Geschichtsvereins Prümer Land, Prümer Landbote, 1995, 1996, 1997, 2000.

Jahrbuch des Plaidter Geschichtsvereins, Plaidter Blätter, 2010, 2011.

Wikipedia.

eigene Recherchen, Gerichtsakten.

ABBILDUNGSNACHWEIS

Abbildung 01: Jahrbuch Vulkaneifel 1979; *Abbildung 02*: Privatarchiv des Verfassers; *Abbildung 03*: https://de.wikipedia.org/wiki/Johann_Mayer_(Serienm%C3%B6rder)#/media/Datei:Mayer_Johann_1886-1923_Verhaftung_19220810_bearb.jpg; *Abbildung 04*: Rheinisches Bildarchiv Köln; *Abbildung 05*: Privatarchiv des Verfassers; *Abbildung 06*: Privatarchiv des Verfassers; *Abbildung 07*: HELIOS Verlagsgesellschaft Aachen; *Abbildung 08*: HELIOS Verlagsgesellschaft Aachen; *Abbildung 09*: HELIOS Verlagsgesellschaft Aachen; *Abbildung 10*: Von unbekannt Rad-Welt, 3. September 1907, PD-alt-100, https://de.wikipedia.org/w/index.php?curid=782002; *Abbildung 11*: Von unbekannt-privat, PD-alt-100, https://de.wikipedia.org/w/index.php?curid=7819224; *Abbildung 12*: HELIOS Verlagsgesellschaft Aachen; *Abbildung 13*: Von ArthurMcGill – Eigenes Werk, CC

BY 3.0, https://commons.wikimedia.org/w/index.php?curid=25527950; *Abbildung 14*: Privatarchiv des Verfassers; *Abbildung 15*: https://commons.wikimedia.org/wiki/File:B-24M-20-CO_USAAF.jpg; *Abbildung 16*: Privatarchiv des Verfassers.

Ebenfalls im Eifeler Literaturverlag erschienen

Nanny Lambrecht

Die Gespensterbrücke

Wiederentdeckte Texte
Band 1

114 Seiten, 12,00 EUR

ISBN: 978-3-96123-035-8

Gespenstisch ist's im Venn …

Nanny Lambrecht war in den ersten drei Jahrzehnten des zwanzigsten Jahrhunderts eine überregional bekannte und erfolgreiche Autorin. Sie veröffentlichte zwanzig Romane und mehrere Bände mit Kurzprosa, in denen sie das harte Leben der Menschen im Venn und im Hunsrück in naturalistischer Art und Weise abbildet.

Neben der titelgebenden Schauergeschichte über die »Gespensterbrücke« hat der Herausgeber Manfred Moßmann unter anderem die Erzählung »Das Lumpenfränz«, in der es um die erdrückende Armut der Protagonistin und ihres Jungen geht, und die Novelle »Der Hirt im Moor« ausgewählt, die durch Wortneuschöpfungen und eine gelungene Literarisierung der Landschaft besticht.

Ebenfalls im Eifeler Literaturverlag erschienen

Antonie Haupt

Hexe und Jesuit

Erzählung aus der Zeit des Dreißigjährigen Krieges

194 Seiten, 15,00 EUR

ISBN: 978-3-96123-014-3

Die Heimatschriftstellerin Antonie Haupt nimmt uns mit auf eine Zeitreise in die Ära der Gegenreformation und des Dreißigjährigen Krieges vor nun fast 400 Jahren, in der auch der berühmte Jesuitenpater und »Hexenanwalt« Friedrich Spee wirkte. Sein Leben und vor allem sein Einsatz als Fürsprecher für die während der Hexenverfolgung Bedrängten stehen im Mittelpunkt der Erzählung.

Sein menschliches, manchmal obrigkeitswidriges Handeln kann uns dabei auch heute noch dazu veranlassen, prüfend auf die Gegenwart zu schauen. Diese von Elmar Lübbers-Paal sorgsam bearbeitete und herausgegebene Ausgabe von »Hexe und Jesuit« stellt eine originalgetreue Ausgabe des Werkes der Schriftstellerin Viktorine Endler dar, die es unter dem Pseudonym Antonie Haupt erstmals im Jahre 1893 publizierte.